方格法の渡来と複合形古墳の出現

古墳時代の成立とは

椚《くぬぎ》 國男［著］

築地書館

口絵（著者撮影）

❶佐紀・盾列古墳群の丘陵上の佐紀陵山古墳（日葉酢媛陵型）
❷佐紀・盾列古墳群の平地の宝来山古墳（応神陵型・第1号）
❸古市古墳群の軽里大塚古墳（前方部の開きが大きい新応神陵型）
❹古市古墳群の野中ボケ山古墳（　〃　）

❶

❷

❸

❹

方格法の渡来と複合形古墳の出現

古墳時代の成立とは

はじめに

古墳には円墳・方墳などの単一形古墳と、前方後円墳・前方後方墳・双方中円墳などの複合形古墳がある。何でもない分類のようであるが、両者の間には時代や社会を大きく変えたものがあり、それが、本書の書名にした中国漢代の発明「方格法」のわが国への渡来である。

単一形古墳は半径や辺の長さを変えるだけでさまざまな規模のものをつくることができるが、複合形古墳は方格（方眼）を媒体とした設計と拡大が必要である。しかし、その結果、地上に巨大な複合形相似物をつくることが可能になり、この技法と技術が急速に日本列島各地に広がって、古墳時代が成立したのである。

一七歳ごろから画家志望だった私が、勤務していた高校の生徒たちのつよい要望で考古学部をつくったのは一九六一年の春であり、三〇代の半ばであった。以来、東京都八王子市内の川口川下流域遺跡群を二五年間掘りつづけたが、四年目の夏、中野《なかの》犬目《いぬめ》境《ざかい》遺跡でつくりと保存状態のよい鬼高《おにだか》期（六世紀）の竪穴住居を掘り、「設計されている！」とおもった。

これが私の考古学研究のきっかけであり、藤森栄一・三木文雄両先生の勧めと指導で論文にし、『考古学雑誌』第五二巻第四号と第五三巻第二号に「竪穴住居の設計計画」の題で発表した。

翌年の八月、ふと、「民衆の竪穴住居に設計がある以上、支配階級の建造物や築造物にも……」とおもったことから、前方後円墳の設計研究に入り、まず竪穴住居から学んだタテ・ヨコ設計基準線の位置探しからはじめた。

そのときから早くも四〇年。この間、研究結果を書にする好運に恵まれ、一九七五年には築地書館から『古墳の設計』、一九八三年には六興出版から『古代の土木設計』を出すことができた。

一九九一年からは、近藤義郎編『前方後円墳集成』(山川出版社)のおかげで全国的な研究が可能になり、二年かけて約一七〇〇基の設計を分析し、古墳時代の様相を概観した。

三〇年以上ほとんど理解者がいなかった私の研究に光が差し、新しい局面が開けてきたのは二〇世紀末から二一世紀初めにかけてである。それは二つのことからで、一つは一九九九年の夏から纒向《まきむく》古墳群の研究に着手したことである。その結果、後円部側が正円でない纒向型前方後円墳にも方眼を使った墳丘長八分比設計がおこなわれていることが明らかになり、三世紀のこの古墳群が方位角と戦国・前漢尺(二三・一センチ)によって位置決定されていることもわかった。もう一つは二〇〇一年にジョゼフ・ニーダム著『中国の科学と文明　第6巻　地の科学』(思索社)を読んだことである。この書によって私の「方眼設計法」が中国漢代の「方格法」だったことを知り、その渡来がわが国の時代を変えたことに気づかせてくれた。方格法はおそらく二世紀後半ごろ、測地術などとともに渡来したのであろう。

二〇〇三年には、『前方後円墳集成』全五巻と『補遺編』で纒向型前方後円墳探しをはじめた。その結果一六〇基以上あることと、南は鹿児島県から北は宮城・山形両県までの各地に分布していることがわかり、その多くが古墳出現期のものであった。検討ミスが少なくないとおもうが無視できない数であり、後円部を正円として前方後円墳の設計・企画論を立てた人たちは纒向型前方後円墳の設計法をどのように説明するのだろうか? 前方後円墳は正円の後円部をもとに設計したのではなく、拡大相似形と縮小相似形を作図する媒体である方眼=方格を使って設計したのである。

二〇〇五年からは、纒向古墳群で知った古墳の位置決定法をもとに、すでに二五年前検討した佐紀《さき》・盾列《たてなみ》、古《ふる》市《いち》、百舌鳥《もず》三大古墳群の工事基準点間距離に方位角を加えて再検討し、設計型・位置決定・築造順などから歴史への接近を図った。

本書は竪穴住居の設計からはじまった四一年間の研究を四部に構成し、すべて新しく書きなおした。第Ⅰ部は『古墳の設計』『古代の土木設計』の二書に収めた一七年間の研究にその後の研究を加えた約三〇年間のまとめ、第Ⅱ部は新しい局面を開くことができた纒向型前方後円墳の約一〇年間の研究であり、第Ⅲ部は畿内三大古墳群の形成を再検討して歴史の一端を探った最近の研究である。第Ⅳ部は南関東弥生時代の竪穴住居の設計研究に、第Ⅲ部までのなかに収まらなかった漢・晉《しん》時代の方格法、組み合わせ使用と複合形文化、先行学説への疑問と批判、前方後円墳起源説などを加えたものであり、前二書から省いたものもあるが、これまでの研究のまとめと到達点である。

——この書は、三六年間お世話になり、考古学研究へのあり方を教えていただいた三木文雄先生に捧げます。

二〇〇九年三月

著者

付記

＊市町村名は『前方後円墳集成』（近藤義郎編、山川出版社）に準じた。

＊三設計型古墳の表記は、設計型の説明箇所をのぞいて「設計」を省略した。

目次

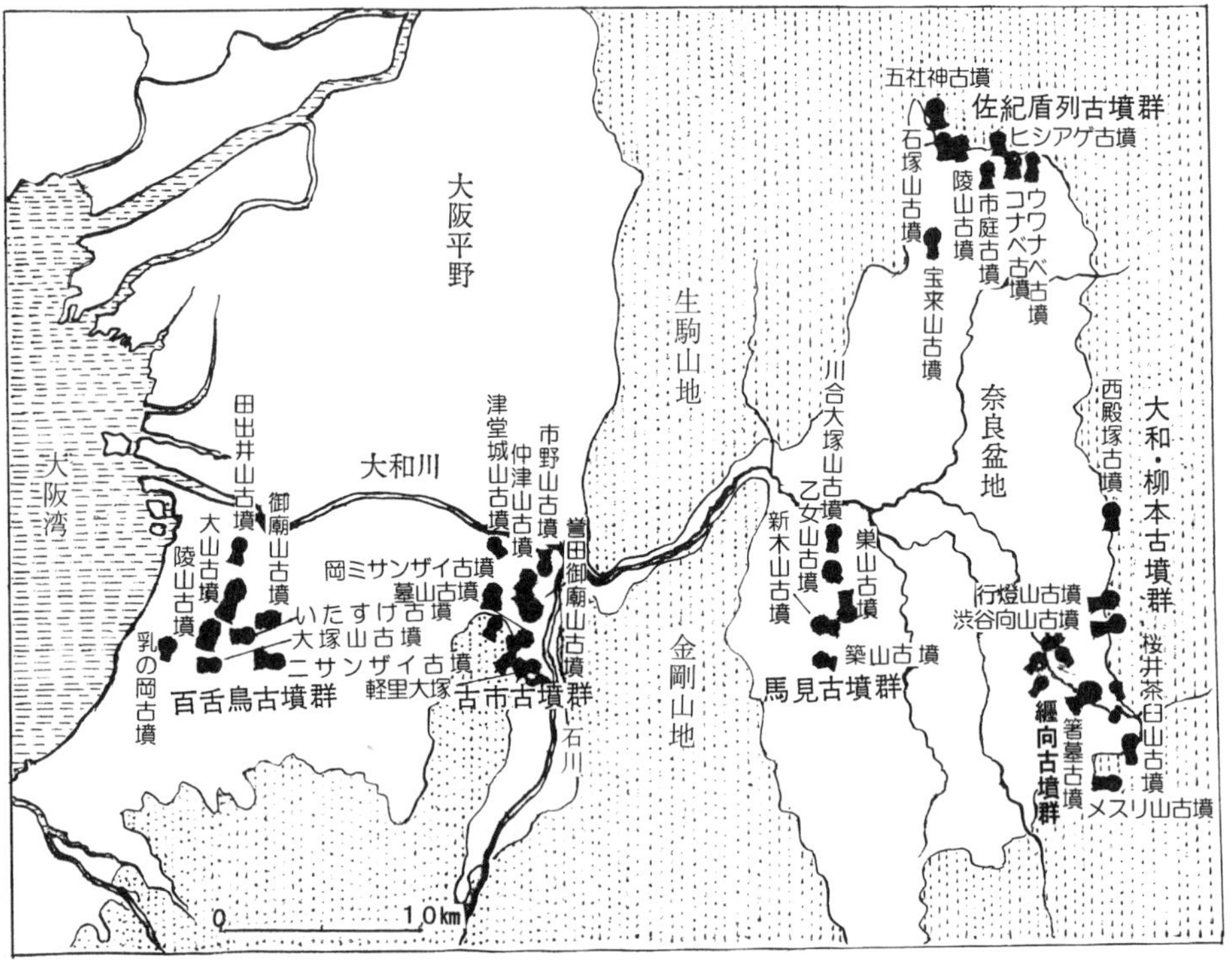

大和と河内・和泉の主要古墳群

序章　謎を秘める纒向古墳群

三輪山麓の出現期古墳

奈良盆地の南東、三輪山麓に巨大な墳丘を横たえる箸墓《はしはか》古墳は、この地を訪れる人びとに築造当時の壮観な光景をしのばせ、心を神話や古代史の世界にさそう（**図1**）。

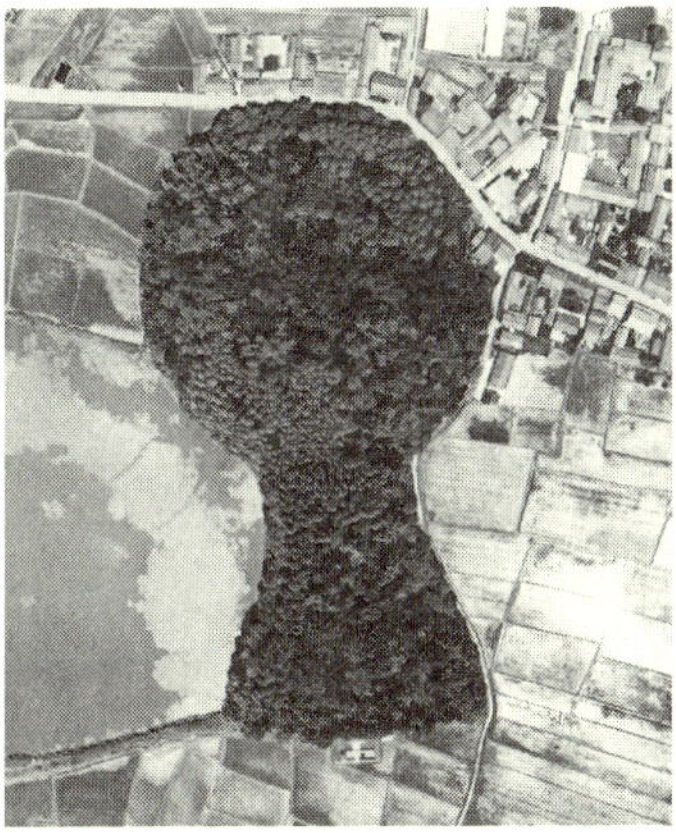

図1　空からみた箸墓古墳（末永雅雄先生撮影：1968）

箸墓古墳は桜井市箸中にあって倭迹迹日百襲姫命《やまとととひももそひめのみこと》大市墓と伝えられ、笠井新也氏の卑弥呼《ひみこ》の墓説や『日本書紀』崇神紀の〈日《ひる》は人作り、夜は神作りき〉の記述で知られている。

かつては同市外山《とび》の桜井茶臼山古墳とともに鳥見《とび》・三輪古墳群と呼ばれたが、北西部の纒向《まきむく》遺跡や纒向石塚古墳の調査が進むなかで纒向古墳群の名が使われはじめ、箸墓古墳もこのなかにふくめられた。

山麓といっても一見平地にみえる微傾斜地で、纒向古墳群はこ

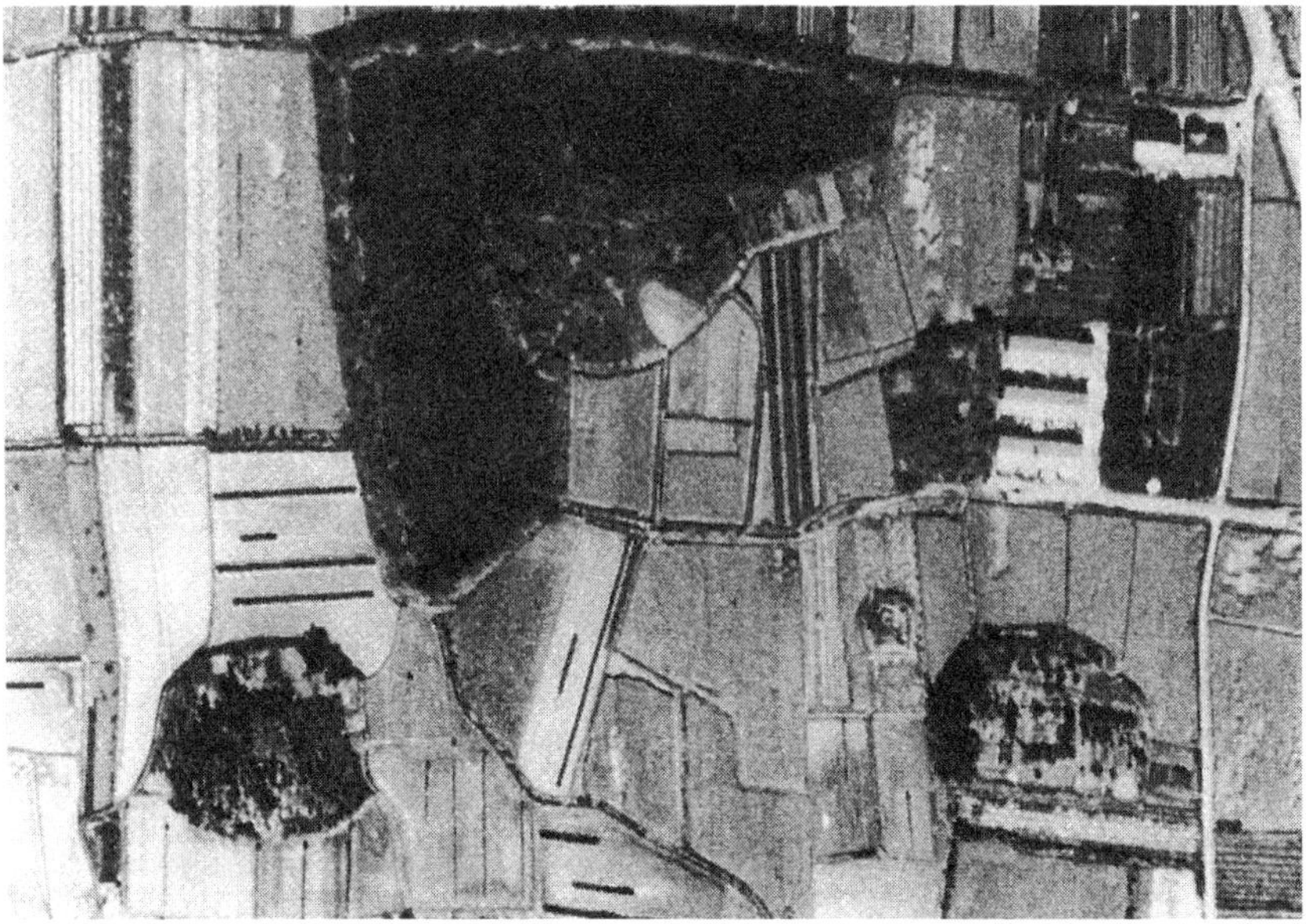

図2　空からみた纒向の石塚・勝山・矢塚三古墳（右下から左回りに）（奈良県史跡名勝天然記念物調査報告第42冊『磯城・磐余地域の前方後円墳』奈良県立橿原考古学研究所編、1981より）

の広がりのなかに約八〇〇メートル隔てて北西部と南東部に分布する。両グループの古墳がいつごろどのように形成されたかについては後述するが、前者は近距離に集まる石塚・勝山・矢塚三古墳（**図2**）と、やや離れて位置する東田大塚古墳からなり、東田大塚古墳をのぞき古墳名の上に纒向がつく。後者は箸墓古墳とホケノ山・茅原大墓《ちはらおおはか》両古墳で、茅原大墓は墳丘や周濠から古墳時代中期の遺物が出ていることから中期古墳とされてきたが、後円部側が纒向型で位置からみても一連のものである。

　これらは、箸墓古墳と約一二〇メートルの墳丘をもつ勝山古墳をのぞいて、長さが一〇〇メートル前後で墳丘が低く、後円部が正円でないのが顕著な特徴である。これに対し箸墓古墳は二七八メートルあって、後円部が正円五段づくりで二五メートルの高さをもつ。前方部は二段づくりで低いが、それでも途中からハの字に開く台状部は一五メートルあり、体積はほかの三〇倍をこえる。そのため、箸墓古墳の築造は画期的な大土木事業といえ、背後にきわめて重要な歴史があり、解き明かさなければならない謎であり、課題である。

纒向石塚古墳の発掘

今から四〇年ぐらい前の写真をみると北西グループの古墳は水田地のなかにあり、墳丘上は木や草で覆われている。遺存状態は耕作や農道工事などで削られてよくないが、それにしても一八〇〇年の歳月によく耐えて残ってきたとおもう。そのなかの一基、纒向石塚古墳が調査されたのは、人口増加で纒向小学校の移転と改築が決まったためで、一九七一年から一九七六年にかけて奈良県立橿原考古学研究所によって実施された。後に桜井市教育委員会にひきつがれて現在にいたっているが、この遺跡は東西二キロ、南北一・五キロの広がりをもち、当時の大溝跡や土孔群とともにおびただしい量の土器が出土している。

石塚古墳の調査が決まったのは小学校の建設用地からこの古墳の幅二〇メートルの周濠跡がみつかったためで、第二次調査では後円部南側の墳丘裾と周濠、第三次調査では周濠とともに前方部を確認する調査がおこなわれた。第四次からは整備事業としての調査がつづけられ、第八次調査では墳丘の主軸方向にトレンチを入れ、盛り土層や埋葬施設の有無などを調べる調査がおこなわれ、その後史跡として整備された。

こうして前方後円形の墳形が明らかになったが、後円部側はすでに書いたように正円でなく、前方部がやや小型でくびれ部が細く、両側線は曲線的に開き、先端部まで曲線的につくられている。

墳丘は戦時中高射砲陣地に使われて削られ、高さが五メートルぐらいしかなく、埋葬施設がみつからなかったのはそのためであろう。報告書によると葺《ふ》き石も埴輪《はにわ》もないが、盛り土から多くの古式土師器《はじき》が出土している。

また、周濠からは木製の鍬・鋤・横槌・有頭棒・鶏形製品・建築部材などが出ている。めずらしいものに「弧文円板」があり、弧線と透かし彫りの装飾がみごとである。なお、矢塚古墳の周濠も調査された。

古墳か？　墳丘墓か？

纒向の古墳は、箸墓古墳や近隣の大型古墳のために影がうすく、地元の研究者以外にはほとんど知られていなかった。しかし、纒向遺跡の調査がはじまり、石塚古墳の発掘が報道されるとしだいに全国の目が集まった。新聞の紙面に〝最古の前方後円墳か？〟というタイトルが躍ると、さらに関心が高まったが、このとき、箸墓古墳の築造を「前方後円墳時代」のはじまりとみる岡山大学の近藤義郎教授から、「古墳でなく墳丘墓である」という反論があがった。これに対し調査にあたった石野博信氏は、出土した土器の編年などから発生期の古墳であるとし、岡山県の黒宮大塚古墳を調査した倉敷博物館の間壁忠彦氏も同様な見解を示した。

近藤教授の論拠は、時代区分はその時代を特徴づけ普遍化していく重要なものによらなければならないとし、その指標が前方後円墳で、墳丘形態・長大な割竹形木棺・中国鏡の多量副葬・儀器化した土器などを具体的な内容とした。

この論争は、双方に支持者があったが、このとき私は、石塚古墳にも千葉県市原市の神門《ごうど》4号墳にも方眼を使った墳丘長八分比設計がおこなわれていることを知りながら、箸墓古墳と墳形・立体構造などが異なり、規模がかけ離れているため、箸墓古墳の築造を画期的とみる論文を書いた。ところが一九九九年から、纒向古墳群のすべての古墳を設計分析して、矢塚・東田大塚・ホケノ山三古墳の後円部が箸墓古墳のようにA・C・D三点を通っていることを知った（八章**図45・46**参照）。違いはC・D両点から下を連結弧で前方部とつないでいるところだけで、箸墓古墳と石塚古墳との間にあった大きな距離が一挙に縮まった。

「纒向型前方後円墳」

纒向古墳群では箸墓古墳をのぞいてなぜ後円部が正円でないのだろうか？　弥生時代には円を使った図形があり、弧をつないだり向かい合わせにしたりしているので、石塚古墳の作図法を調べたとき、後円部が正円になる前の形ではないかとおもった。ところが前項に書いたように、すべての古墳の設計法を調べて矢塚・東田大塚・ホケノ山三古墳も、のちに纒向型であることに気づいた茅原大墓古墳も後円部がA・C・D三点を結ぶ過半円（半円より大きい円）であることを知った。そのため正円になる一歩手前の墳形とみられないこともないが、いずれもC・D両点から下を連結弧で前方部とつないでいるのは、正円よりも卵形にちかい円弧連結形を意図して求めたものである。

作図としては正円のほうが容易であるのに、なぜこのような形にしたかについては後述するが、さまざまな墳形の設計とその拡大相似形化ができる中国の「方格法」の渡来を示すものであり、方格法は私が三九年前に古墳の測量図から帰納した「方眼設計法」と同じである。方格法は漢代の発明の一つで、後漢の張衡《ちょうこう》（ＡＤ七八〜一三九）の創始とされているが、馬王堆《まおうたい》三号墓出土の地図からみて前漢初期までさかのぼりそうである。

なお、卵形が定形化した東田大塚古墳より前につくられた石塚・勝山・矢塚三古墳の墳形が顕著に異なっているのは、当時の人たちが方格法につよい興味をもっていたことを示すものであろう（**図45**参照）。器物の形になぞらえると石塚古墳は蓋つき高杯形、勝山古墳は飯盛りシャモジ形、矢塚古墳は後円部の比率が大きい帆立貝形である。

箸墓古墳をのぞく六古墳の後円部側の形は、図形的に正円より進んだもの、凝《こ》ったものといえ、いずれも方眼を使った墳丘長八分比設計がおこなわれており、両者を一時期別あつかいしたのは誤りであった。

論争開始から早くも三〇余年。いつごろからこう呼ばれるようになったのかわからないが、現在では「纒向型前方後円墳」の名で通っている。その提唱者についても知らないが、後円部の形の違いを「纒向型」として、前方後円墳とみたのは正しいとおもう。

第Ⅰ部　竪穴住居の設計から古墳の設計へ

一章　竪穴住居の設計研究

研究のキッカケ

前方後円墳の設計研究をはじめて四〇年余りたったが、その原点は勤務校の生徒たちと六世紀後半ごろのつくりと保存状態がよい鬼高期の竪穴住居を掘ったことからである（**図3**）。一九六五年の八月で、この遺跡は私の家の南側約三〇〇メートルを流れる川口川の下流域左岸の段丘上にあり、一部には縄文時代中期などの遺跡もあるが弥生時代後期から平安時代中ごろにかけての遺跡地である。そして、八王子市の中野町と犬目町の境にあるので中野犬目境遺跡と名づけた。

一辺が七・三メートル前後の正方形プランで、関東ローム層を二五センチほど掘り下げてつくっていた。北側の辺の中央には粘土づくりのカマドが当時の形をよくとどめ、その右側には貯蔵穴が掘られていた。なによりも目を引いたのは四個整然とならんだ柱穴の位置で、住居の外側に沿って浅い小柱穴がややふぞろいにならび、東南隅近くから南側に排水用とおもわれる溝がZ字状にのび、その末端部が深くなっていた。これまで掘った弥生時代後期や平安時代の竪穴住居に比べて大きく堂々とし、つくりのすばらしさに目を見張った。

翌年の夏、七、八メートル離れたところでふたたび鬼高期の竪穴住居を掘った。ほぼ同じころのもので2号住居とした。正方形プランを意図したのであろうが辺がふぞろいで歪み、カマドはつぶれていた。しかし、掘りが深く周壁の高さが二倍もあった（**図4**）。

2号住居の発掘から三カ月たった文化祭の日、社会科教室で「中野犬目境遺跡展」を開いた。わざわざみに来てくれた橋本義夫氏（ふだん記運動の創始者）に壁に貼った両竪穴住居の拡大測量図を説明していたとき、ふと、「物尺《モノサシ》を使って設計したのではないだろうか?」という疑問がわいた。「平面形をなぜ正方形にしたのだろうか?」「どのように作図したのだろうか?」ともおもった。

その夜、家で両住居の測量図を検討すると、大きさはすこし違っていたが、柱穴間隔は同じで、貯蔵穴も長辺

図3　中野犬目境遺跡の鬼高期1号住居跡

図4　中野犬目境遺跡の鬼高期2号住居跡

と長軸、短辺と短軸が等しかった。さらにカマドの位置は、一九六六年の夏に中田遺跡で掘ったものも北側の辺の中央にあった。

使用尺は森浩一著『古墳の発掘』（中央公論社）で知った中国晉《しん》代の二四センチ尺がよく適合した。1号住居が三〇尺、2号住居が二九尺で、中田遺跡で掘ったものは二〇尺であった。つづいてカマドと貯蔵穴の晉尺の適合状態を調べ、こうして私の竪穴住居の設計研究がはじまった。

測量図の検討

図5は一九六五年に掘った1号住居の測量図である。みごとな正方形プランで、各辺の長さはカマドがある北側の辺から右回りに七・三〇メートル、七・四〇メートル、七・二一メートル、七・三四メートルで、最長辺と最短辺の差が一九センチあった。つぎに図に南北の中心線（一点鎖線）を記入して測ると七・二九メートルで、北側の辺とほとんど同じであり、四辺の平均長は七・三一メートルであった。

カマドは北側の辺の中央に位置し、その中心軸と住居の中心線は一致し、整然とならぶ四柱穴は対角線上にも、その交点を中心点にして描いた円周上にも正しく位置していた。

柱穴の間隔は位置を決めたときと掘ったときの中心にズレができ、正確な数値はのぞめないが、北東隅から右回りに三・八四メートル、三・八七メートル、三・七五メートル、三・七五メートルである。深さは九三センチ、一メートル、八九センチ、一・〇七メートルで、一〇センチ前後の差があるが、埋めこみが深く、しっかりしたつくりの家であったろう。

つぎに晉尺の適合状態をみてみよう。図の寸法線には実測値（センチ）と晉尺数と誤差を併記した。各辺の長

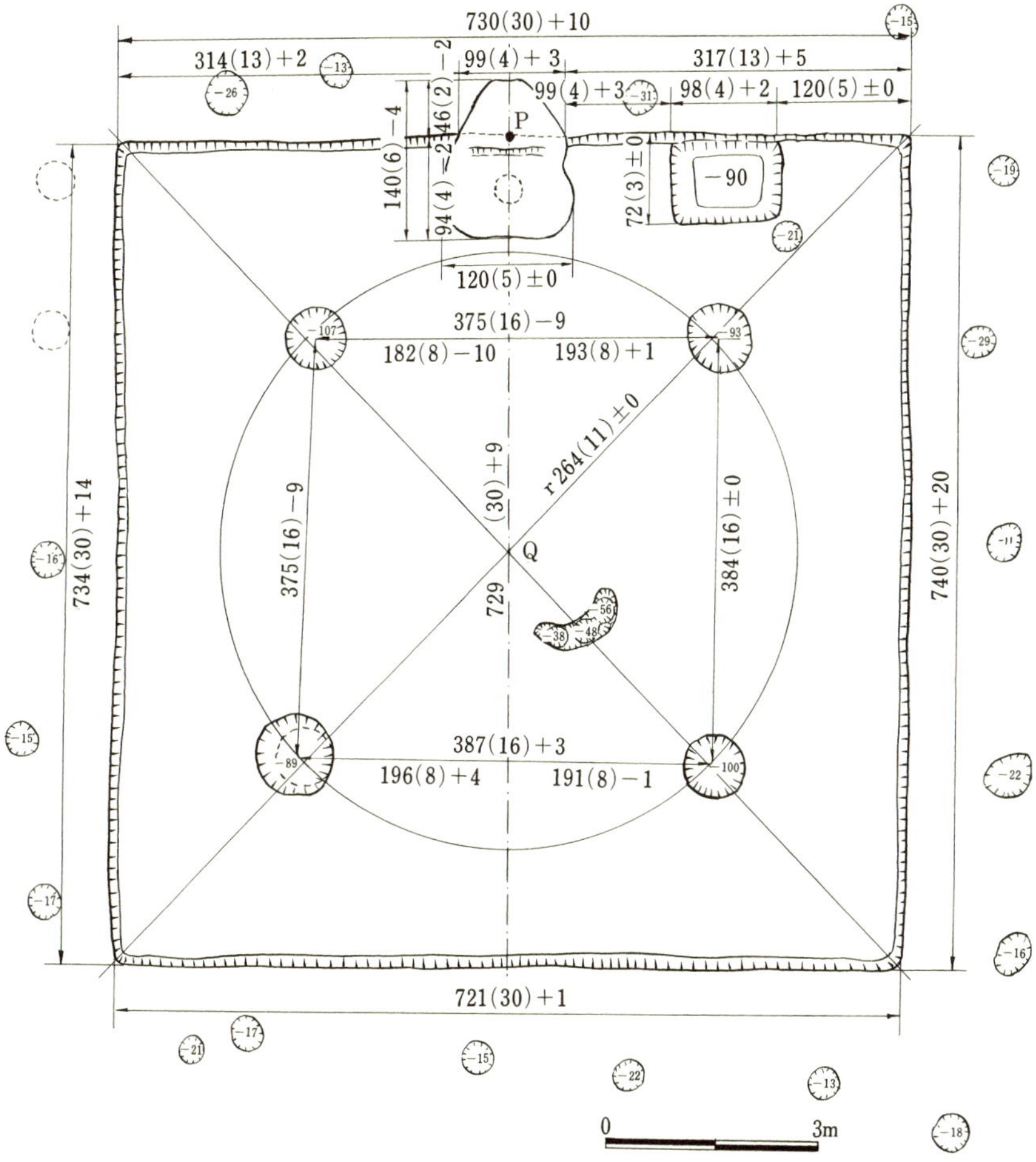

図5　中野犬目境遺跡１号住居跡実測図の検討

さはやや誤差がめだつが、三〇尺に相当し、北側の辺から右回りに＋一〇センチ、＋二〇センチ、＋一センチ、＋一四センチである。

カマドは長さ一・四メートル（六尺－四センチ）で、周壁を境に内側九四センチ（四尺－二センチ）、外側四六センチ（二尺－二センチ）で、幅は周壁で九九センチ（四尺＋三センチ）、炊き口で一・二メートル（五尺±0）である。

貯蔵穴は北側の周壁に接してつくられ、長辺九八センチ（四尺＋二センチ）、短辺七二センチ（三尺±0）、深さ九〇センチ（四尺－六センチ）である。

カマドや貯蔵穴が並ぶ北側の辺は、四尺幅のカマドをなかにはさんで左右一三尺で、その誤差は左側＋二センチ、右側＋五センチである。右側は一三尺をカマドと貯蔵穴の間四尺（＋三センチ）、貯蔵穴四尺（＋二センチ）、残り五尺（±0）に分け、これを比で表すと13：4：13（4＋4＋5）になる。辺の長さと柱穴間隔はやや誤差が大きいが、二、三センチであり、晋尺の適合率が高い。また、柱穴の周壁からの位置はタテ・ヨコともに辺の長さの四分の一であり、柱穴の間隔は二分の一である。そして四柱穴はすでに書いたように対角線の交点を中心点とした円周上に正しく位置する。こうした事実は、竪穴住居というと原始的な住居の感じを受けるが、設計してつくったことを示しており、晋尺が使われた可能性が高い。

カマドがあることも床面に炉をもつ竪穴住居より技術的に高度であり、熱効率、安全性、煙の排出などが図られている。そのうえ、周壁の高さが一尺であるためにカマドを二段づくりにし、一段目は火床部で床面より少し掘り下げ、二段目は煙道部で煙は斜めの煙道をあがって屋外に出る。この構造は須恵器窯と同じである。

図6は2号住居の測量図で、1号住居よりすこし小さく形が歪んでいる。もっとも長い辺は北側で六・九六メートル、もっとも短い辺は東側で六・六〇メートル、三六センチの差がある。しかし、南北の中心線は西側の辺

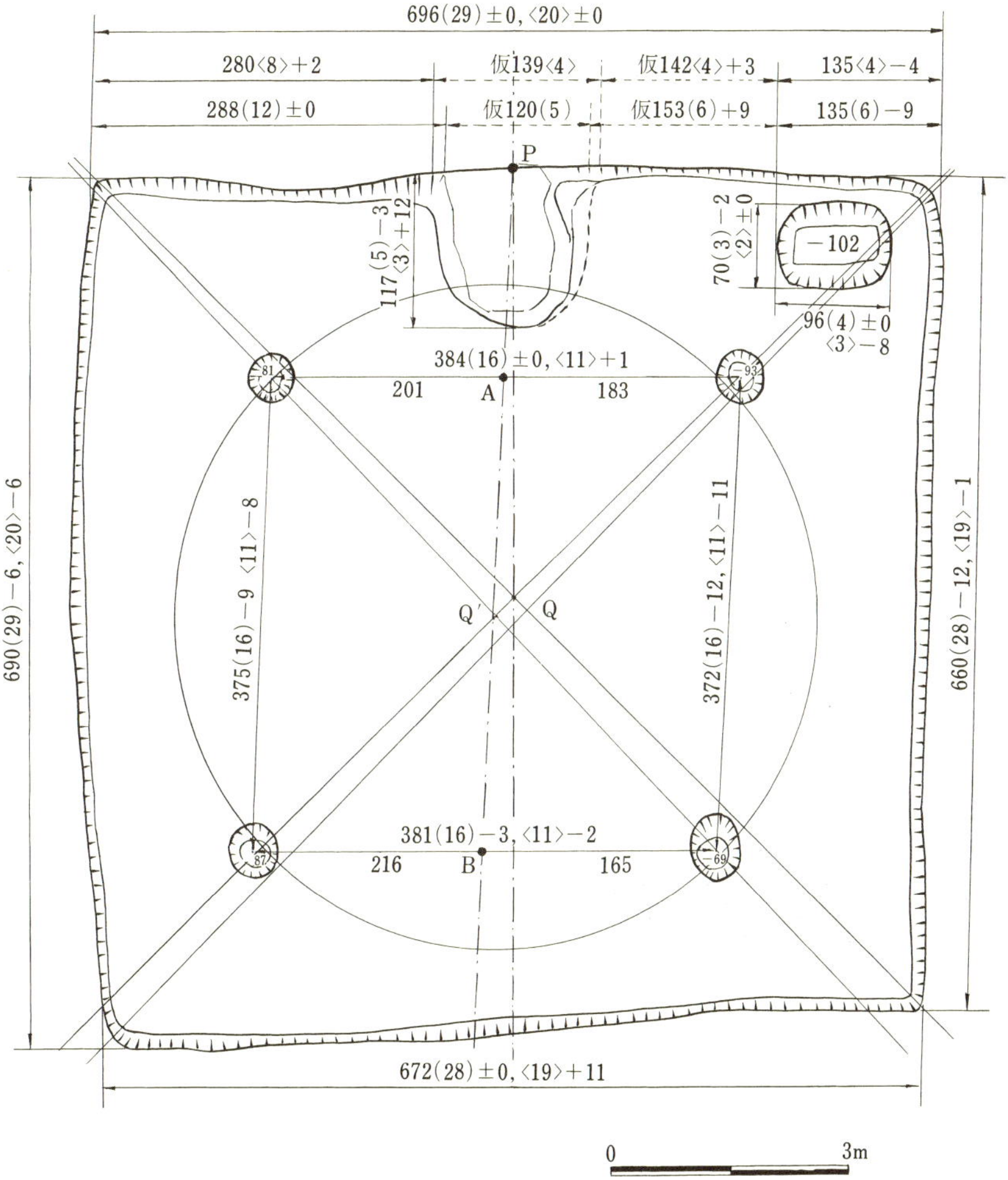

図6　中野犬目境遺跡２号住居跡実測図の検討

とともに六・九〇メートルで、正方形を意図したものとおもわれる。北側の辺は晉尺の二九尺であるが、この長さは高麗《こま》尺（約三五センチ）の二〇尺であるので両者の適合状態を調べてみたが、晉尺が貯蔵穴にもカマドの周壁での幅にも適合するのに対して、高麗尺は後者に適合しないため晉尺とみなした。なぜ二九尺にしたのかわからないが、カマドの幅が1号住居より一尺広い五尺であるので、両側を一二尺にしたのかもしれない。

柱穴はきちんとならび、間隔は1号住居とほぼ同じであるが、住居と四柱穴の南北の中心線（一点鎖線）がズレていた。柱穴の位置は竪穴が掘り上がったあと決めるのでこうしたことが生じるのであり、ズレの角度を知るために四柱穴の中心を線で結んだ方形の中心線を延長すると北側の辺の中点Pと一致し、約三度だった。このズレは両者の対角線のズレでもあり、四柱穴は二度目の中心線上のQ'を中心点とした円周上に正しくならぶ。

カマドと俵型の貯蔵穴の間は、カマドの右側がはっきりしないが六尺のようであり、貯蔵穴の長さは四尺で残りが二尺である。そのため北側の辺を比で表すと、12：5：12（6＋4＋2）であり、1号住居に比べてつくりが粗雑であるが、それでも各所に晉尺を使ったとおもわれる長さがあった。

T字形設計基準線と柱穴位置

二軒の竪穴住居のカマドが北側の辺の中央に正しく位置していることから、辺の中点の決め方について考えてみた。その方法には、①辺の長さを決めてから中点を求める方法、②中点を先に決めて両側に同じ尺数を測って辺の長さを決める方法、③一方から測って辺の二分の一のところに点をとる方法があるが、①は二度手間であり、③はあらかじめ二分の一の尺数がわかっていなければならない。そのためもっとも簡単で合理的なのは②の方法である。これは中心点からはじまる円の図法と同じであり、四柱穴の中心線の延長が北側の辺の中点に一致した

2号住居の例は、この点が設計と工事にとって重要であったことを示している。おそらく設計・工事基準点であり、中心線の水糸を張る起点であったろう。

この中心線は住居のタテの長さと方位を決め、さらに柱穴位置を決める設計基準線である。このほか、カマドと貯蔵穴の位置と幅と長さにも計画性がみられるので、北側の辺の位置にもう一本ヨコの設計基準線を使ったとおもわれる。この住居は正方形であるが、長方形の場合はここで幅を決めるからである。タテの設計基準線の一端はヨコの設計基準線の中点Pと交わるので、その形から「T字形設計基準線」と名づけた。P点は設計基準点であり、工事基準点である。

こうしたことをもとに生徒たちと校庭の一隅で1号住居の作図実験をおこなった（**図7**）。一辺より長い水糸を二本用意し、一本の一端を竹箸に結んで地中にさしこみ工事基準点とした。つぎに住居の方位を決めて張り、手製の晉尺で三〇尺測って長さを決めた。つづいてもう一本を工事基準点が中点になるようにヨコの設計基準線を直角・水平に張り、両側に一五尺とって北側の辺を決めた。このあと、南側の辺を同じように決め、南北両辺の両端を直線でつないで正方形をつくった。しかし、東西の辺を測ると約五センチの差があり、これはヨコの設計基準線を張るとき、目測で直角にしたためで、〇・三度違ったのである。

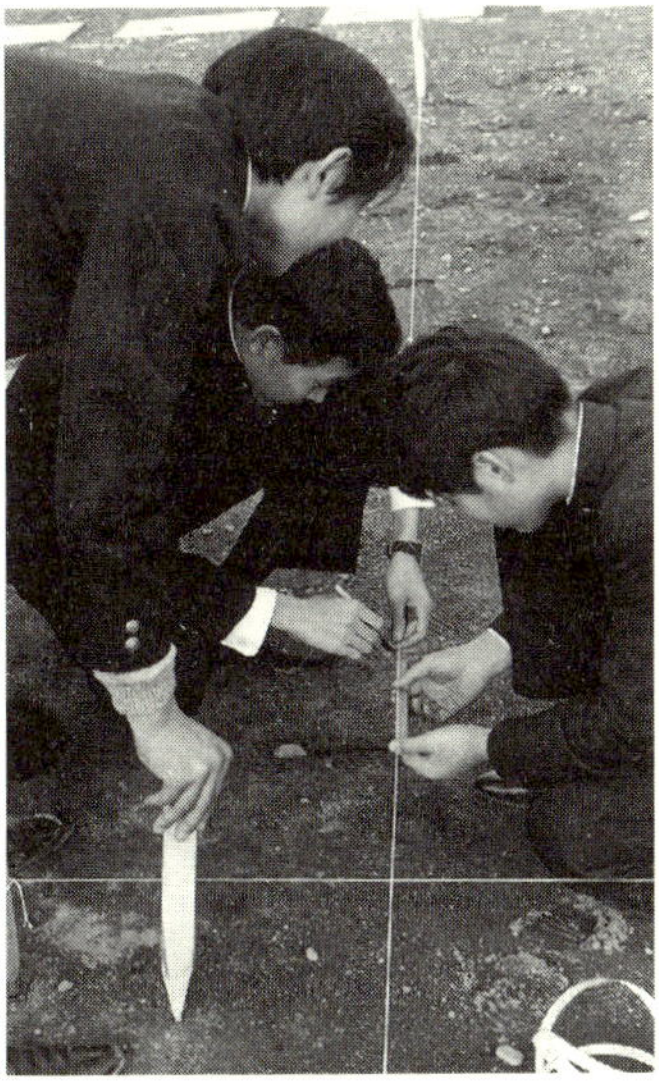

図7　1号住居跡の作図法実験

柱穴位置の決定は、すでに書いたように竪穴が掘り上がったあとであり、このときに張った水糸の位置が最初と異なると、2号住居のようになる。柱穴位置は住居の対角線の交点からも決められるが、タテの設計基準線を使って決めたとおもわれる。1号住居の柱穴位置は周壁との間が辺の四分の一であるので工事基準点からタテの設計基準線に七尺半とり、この点に水糸を直角に張り、両側に七尺半とって決めたのであろう。南側の二柱穴の位置決定も同様である。

四〇歳の初論文とその後

二軒の竪穴住居の設計研究は、時間がたつのを忘れるほど面白く、寝る間も惜しいほどであった。その結果を論文にすることなど考えてもみなかったが、一九六五年の暮れ、街の書店でふと『旧石器の狩人』(学生社)という本が目に止まり、感動して読んで手紙を出したことから知った著者の長野県諏訪市在住の藤森栄一先生から論文にすることを勧められ、「竪穴住居の設計計画」という題までつけてくださった。そして、書きあがるまでに二〇通をこえる手紙と葉書をいただいた。

この論文は先生の紹介で『信濃』に発表が予定されていたが、翌年一月に東京国立博物館の食堂で三木文雄先生にお会いしたことからたまたま『考古学雑誌』にのることになった。たった二軒の竪穴住居の設計検討結果であるが、出土土器の寸法と弥生時代後期末から古墳時代前期の竪穴住居の中国尺適合率についても書いたので四〇〇字詰め原稿用紙で七〇枚をこえ、第五二巻第四号(一九六七年三月)と第五三巻第二号(一九六七年九月)に分載された。生徒たちと発掘をはじめた六年後であり、四〇歳の初論文であった。

私はこの論文で、発掘された竪穴住居とその測量図にはさまざまな誤差がともなうが、検討結果からT字形設計基準線と晉尺の使用を認定した。そして、このことの正しさを確認するため、鬼高住居の測量図がのっている報告書を探しては、柱穴位置を検討した。そのなかでとくにありがたかったのが千葉県船橋市の夏見台遺跡で、

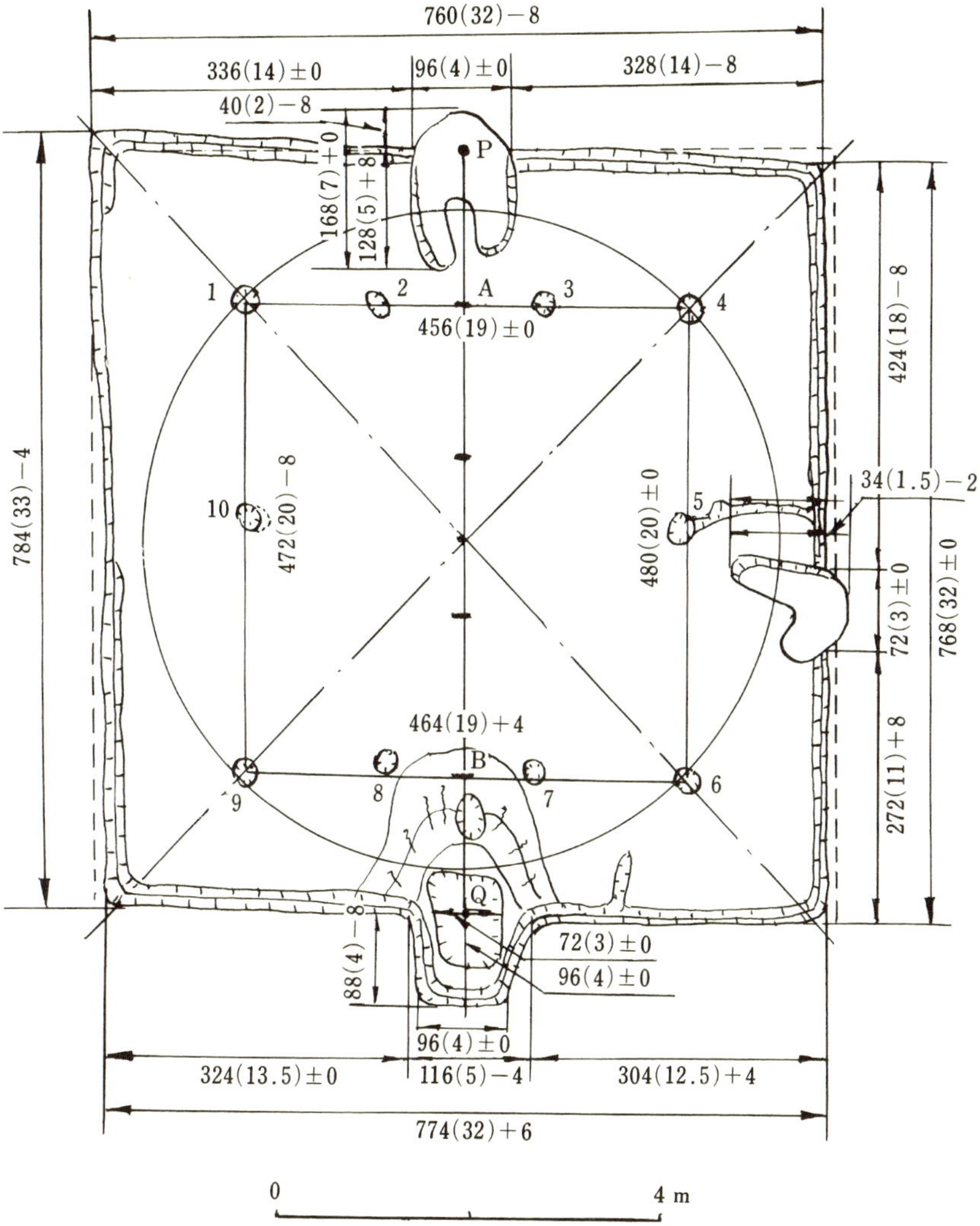

図 8　夏見台遺跡 19 号住居跡実測図の検討（原図は夏見台遺跡調査団『夏見台——古墳時代集落址・工房址の発掘調査』ニュー・サイエンス社、1967 より）

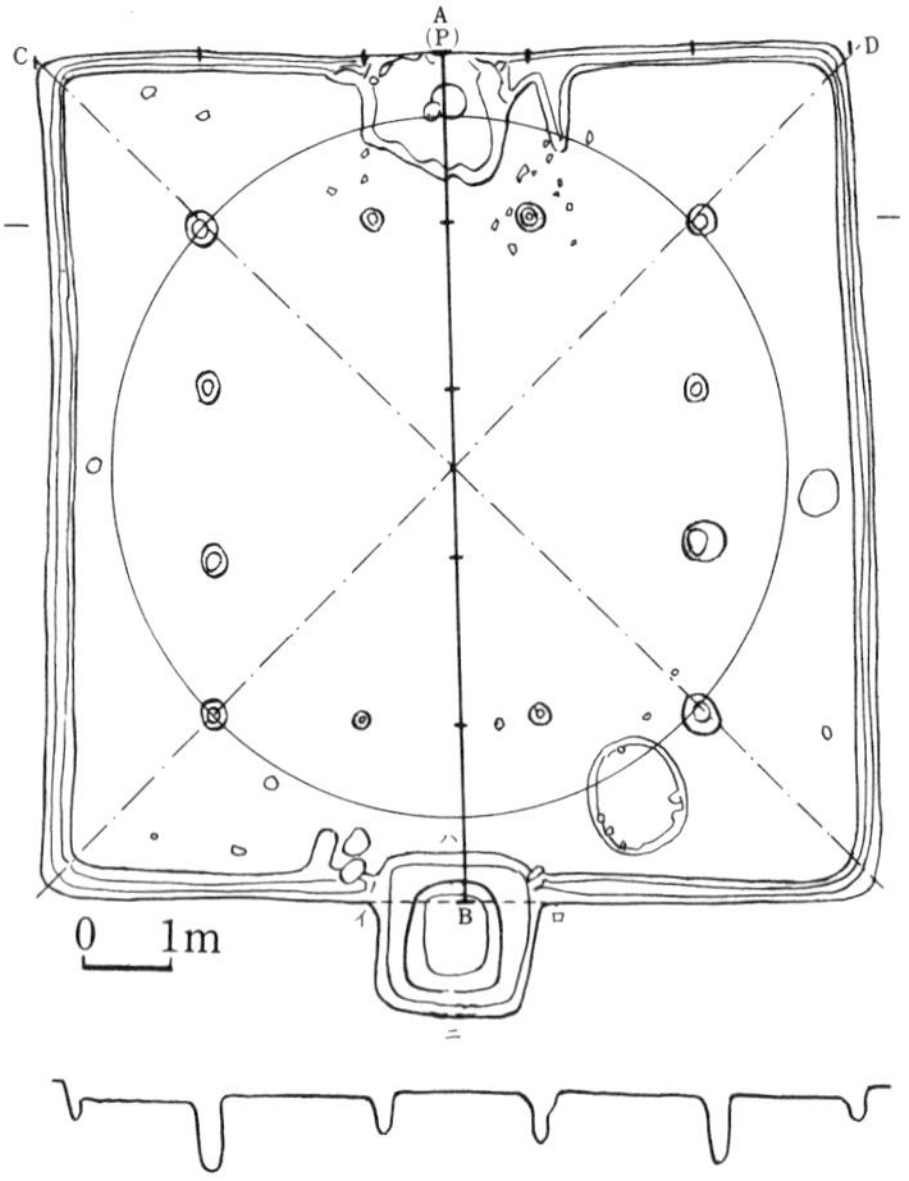

図9　中田遺跡20号住居跡実測図の検討（原図は八王子中田遺跡調査会『八王子中田遺跡』資料編Ⅲ、1968より）

一五軒の鬼高住居のなかに三〇尺住居と二〇尺住居が二軒あり、二二尺住居も二軒あった。その後全遺跡の発掘調査が終わった中田遺跡も加えて検討し、住居の辺や柱穴間隔はもちろん、カマドや貯蔵穴の寸法にも二四センチ尺がよく適合すること、住居の平面形も柱穴位置もタテの設計基準線を使って設計していること、柱穴位置にその四分型や五分型があることなどがわかり、一部に修正しなければならない点もあったが、初論文に書いたことが正しかったことを確認できた。そしてその年から翌年にかけてまとめ、金井塚良一さんが主宰する『台地研究』18号に「竪穴住居の柱穴位置」という題で発表した。

図8はそのなかに使った千葉県船橋市夏見台遺跡の19号住居で、やや歪みがあるが正方形で、一辺七・七メートル（三二尺）前後である。カマドは北側の辺の中央と東側の辺にあり、南側の辺の中央には張り出し貯蔵穴がある。柱穴は南北の辺に面して四本等間隔にならび、辺の五分の一を基準単位とした五分型であるが、東側と西側は主柱穴の中央に一本あるだけである。完全な五分型ではないが、設計されたことを示す竪穴住居の好例である。

図9は一九六七年七月に中田遺跡E区で発掘された20号住居である。わが家から約三〇〇メートルの地点にあり、現在都営中野団地の遺跡公園内に復元されている。一辺が九・一メートルと九・二五メートルで晋尺の三八

表1 夏見台・中田両遺跡鬼高期住居跡の柱穴位置の設定型（カッコ内は柱穴の外側が等間隔でない住居跡数）

分割型・他 ＼ 時期と遺跡名		鬼高前期		鬼高中期		鬼高末期		計			
		夏見台	中田	夏見台	中田	夏見台	中田	夏見台	中田	%	
等分型	3 分 型	0	1	0	0	0	0	0	1	40	26.5
	4 分 型	2	6	2	5	0	0	4	11		
	5 分 型	0	5	1	0	0	0	1	5		
	6 分 型	1	0	0	1	0	0	1	1		
不等分型	A 型（外側＞内側）	2(2)	0	0	0	0	0	2(2)	0	53	16.2
	B 型（外側＜内側）	1	7(2)	3	4(1)	1	0	5	11(3)		
	C 型（外側＝内側）	0	0	1(1)	0	0	0	1	0		
その他	柱 穴 な し	1	4	0	13	0	8	1	25	7	57.4
	不 整 不 備	0	3	0	4	0	5	0	12		
	柱穴四隅近く	0	1	0	0	0	1	0	2		
計		7	27	7	27	1	14	15	68	100	100.1

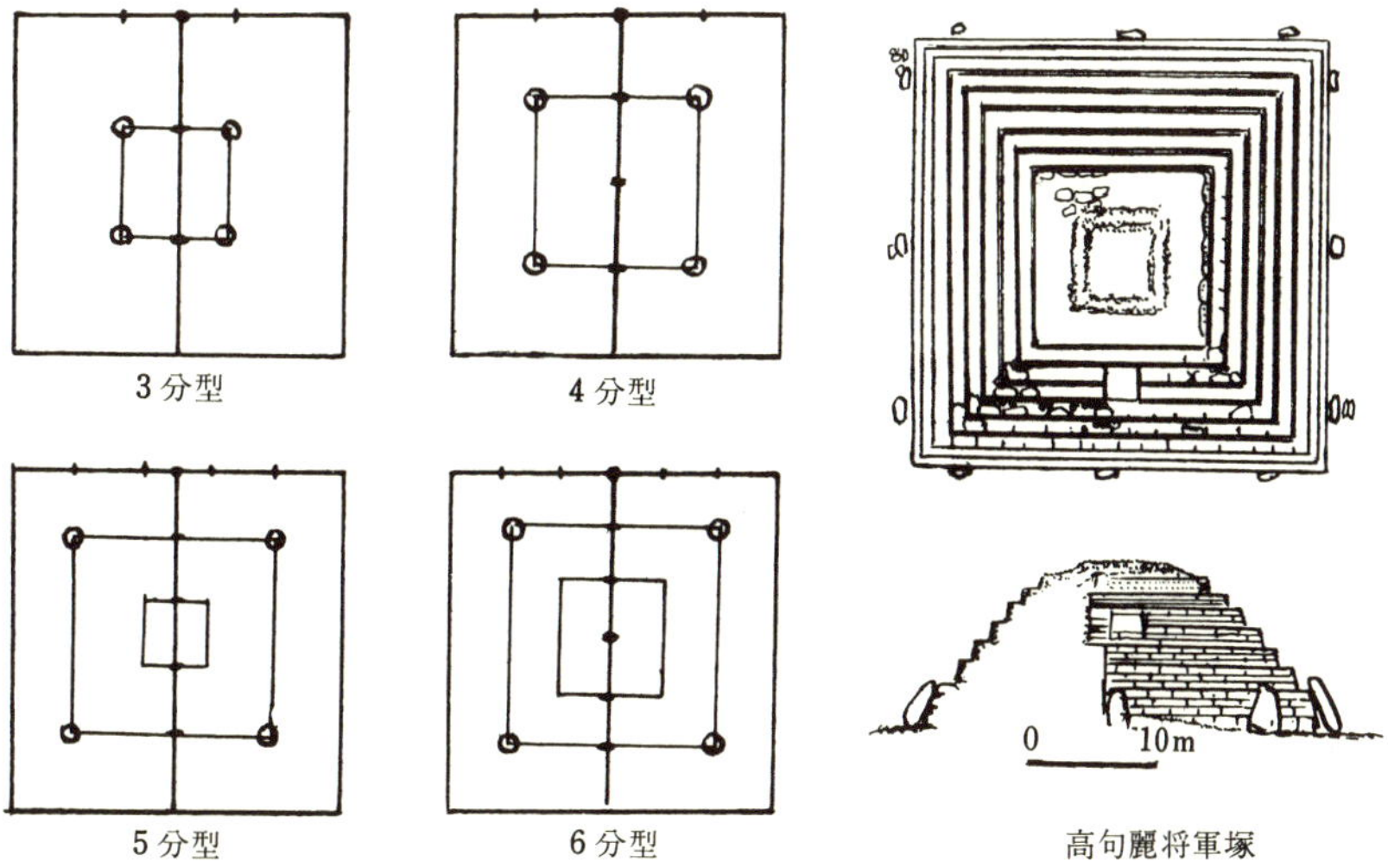

図10 柱穴位置の等分型と高句麗将軍塚（池内宏『通溝　上巻』1938 より）

尺であり、一五センチの差があるがみごとな正方形である。カマドは北側の辺の中央にあり、南側の辺の中央には張り出し貯蔵穴がある。柱穴は各辺に面して四本ずつ等間隔に並び、完全な五分型である。カマドの幅も貯蔵穴の一辺も同じ長さで一・八二メートルであり、この長さを基準単位（モジュール）とした設計とみることができる。なお、中野犬目境遺跡一号住居の辺の四分の一は一・八二五メートルでほとんど同じである。

四本の主柱穴が辺の長さの等分値に位置する住居跡はそれほど多くはないが、**表1**のように夏見台遺跡では一五軒中六軒で四〇パーセントであり、つくりが粗悪化して長方形型が増える中田遺跡では六八軒中一八軒で二六・五パーセントにすぎない。しかし、等分型ではないが四柱穴の対角線の交点が住居の対角線の交点と重なる同心相似形のものが多く、夏見台遺跡では五三パーセントを占めている。力学的には等分型と同じであるが、中田遺跡では前記の理由から一六・二パーセントである。

等分型のうち多いのは四分型で、中田遺跡では一一軒あり、五分型が五軒で、三分型と六分型は一軒である。**図10**は等分型の柱穴位置図であるが、三分型と四分型は同心二重型、五分型と六分型は同心三重型であり、例が飛躍するが右側は高句麗の将軍塚の平面図と立面図で八分型である。こうしたことがグリッド・プラン（碁盤目状の格子を基準とした設計）を考えるきっかけになり、二年後、前方後円墳の設計研究に結びついた。

二章　前方後円墳の設計法と設計型

設計基準線の位置

『台地研究』18号に発表した論文の「まとめと考察」を書いていた一九六八年八月下旬に、民衆の竪穴住居にこのような設計技術がみられる以上、当然支配階級の建造物や築造物にも同じような設計技術があるはず……とおもい、前方後円墳の設計研究に移った。

最初にタテ・ヨコ設計基準線の位置について考えた。タテの設計基準線は墳丘中心線以外に考えられないが、問題はヨコの設計基準線の位置である。後円部の端では設計的に意味がなく、前方部の端は前方部の幅と開きを決めるだけであるので、後円部と前方部が連結するクビレ部以外にはないとおもった。

そこで、近藤義郎・藤沢長治編『日本の考古学V　古墳時代（下）』（河出書房新社）の一二三ページにのっていた小さな五基の前方後円墳の測量図で調べてみると、いずれもクビレ部が墳丘の二分の一の位置にあった。しかし、二〇〇メートルから五〇〇メートル近くもある古墳を一・五〜三センチに縮小したものなので、〇・五ミリの測り違いが七、八メートルの誤差になってしまう。そのため、夏休みが終わる八月三一日の夜、杉並区松庵にある三木文雄先生のお宅を訪ねた。宮内庁の測量図がかなり大きくのっているという末永雅雄著『日本の古墳』（朝日新聞社）をみせていただくためである。ところが先生は書庫からさらに大きい測量図を抱えてきて、それを広げてみせてくれた。七、八基調べさせてもらったが、仁徳陵古墳をのぞいて応神陵古墳も仲津姫《なかつひめ》陵古墳も允恭《いんぎょう》陵古墳もクビレ部が墳丘長の二分の一の位置にあった。こうして小さな図で知ったことが大きな図で裏づけられて研究に弾みがつき、つぎのようなことを知った。

①タテ・ヨコの設計基準線がたがいに中点で交わる十字形であること。
②クビレ部が後円部と前方部の連結箇所であること。
③もう一本前方部の開きと幅を決める設計線が必要であること。
④設計基準線上の墳丘長・クビレ部幅・前方部幅の比でさまざまな墳形ができること。
⑤クビレ部の幅の長短で後円部の大きさの比率が変わること。
⑥墳丘長を一〇として比を求めると、よい比になる古墳が多いこと。

そして、これらのことを「まとめと考察」のなかに書き入れた。

三　設計型と墳丘長八分比設計

その後、東京都立大学数学科教授の近藤基吉先生から『日本の古墳』を貸していただき、多くの前方後円墳を検討することができた。その結果、三木先生宅でクビレ部がはっきりしなかった仁徳陵古墳の後円部の直径が墳丘長の二分の一であることがわかり、ウワナベ古墳・反正《はんぜい》陵古墳・見瀬丸山《みせまるやま》古墳なども同じであった。そこで、ヨコの設計基準線で後円部と前方部が連結するタイプを「応神陵型設計」、後円部の直径が墳丘長の二分の一で

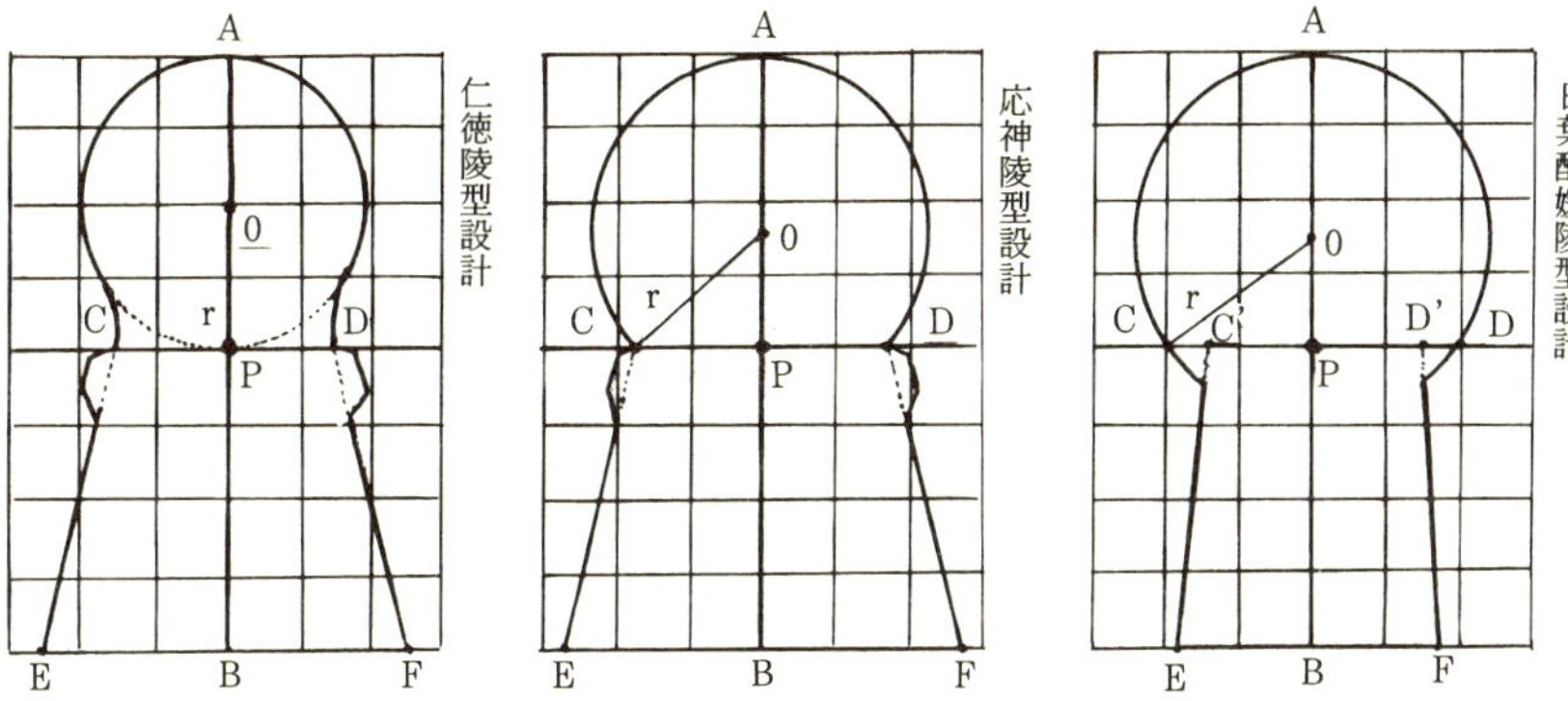

AB:CD:EF＝8:3:5　AB:CD:EF＝8:3.5:5.5　AB:CD(C'D')：EF＝8:4(3)：3.5

図 11　前方後円墳の 3 設計型

ヨコの設計基準線と点で接するタイプを「仁徳陵型設計」と名づけた。巨大古墳の双璧である仁徳陵と応神陵の設計型が異なることにつよい興味をおぼえたからである。

このほか、後円部の比率が応神陵型のように大きく、円周がヨコの設計基準線をこえて前方部側まで入っている古墳も多く、このタイプを「日《ひ》葉《ば》酢《す》媛《ひめ》陵型設計」とした。箸墓古墳・桜井茶臼山古墳・神功皇后陵古墳・日葉酢媛命陵古墳などで、一見ヨコの設計基準線と無関係のようであるが、応神陵型のようにヨコの設計基準線を使って後円部の比率を決め、さらに前方部の台形の上辺も決めていた（**図11**）。タイプ名を日葉酢媛陵型とした理由はとくになく、三設計型に女性名古墳を加えたかったためである。

三設計型古墳はほぼ全国的に分布しているが、もっとも多い日葉酢媛陵型設計古墳が帆立貝型古墳をのぞいて古く、後述するように応神陵型設計古墳は一世紀以上後につくられた新型であり、仁徳陵型設計古墳は五世紀に入ってからのものである。

前方後円墳の平面形は、応神陵型設計古墳の場合前項に書いたようにタテの設計基準線上にとった墳丘長と連結部幅と前方部幅の比で決まり、記号で表すとAB：CD：EFである。後円部はA・C・D三点の二等辺三角形の外接円であり、外心OはACあるいはADに立てた

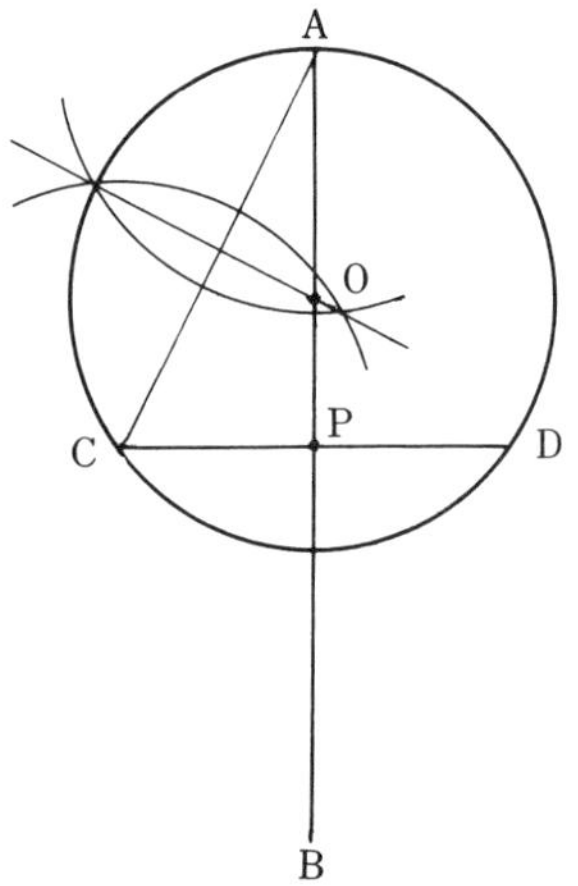

図12　後円部の中心点のとり方（外心）

垂直二等分線とタテの設計基準線との交点である。そして、〈三点を通る円はただ一つである〉ため、後円部の大きさを決める設計図の条件を満たしている（**図12**）。

　この説を発表して三八、九年になるが、ヨコの設計基準線上にとったCDの単位数で墳丘長に対する後円部の大きさの比率を決めていることが、いまだによく理解してもらえないでいる。

　前方後円墳の平面形は円と台形あるいは長方形の複合形で、両者をどこでどのように連結するかが作図的に重要であるが、後円部を正円とみたり、すでに円ではなくなったものからわざわざ正円に復元して立論した設計・企画論がほとんどである。これはヨコの設計基準線も後円部の比率も無視したもので、後円部固定・前方部つけたし論といえる。

　設計比は最初墳丘長を一〇として求めた。一〇分比でもよい比になるものが多かったが、二つのことから八分比であることに気づいた。一つは仁徳陵古墳の比が10：3.84：6.27で比にならなかったことで、八分比にすると8：3.07：5.02に変わった。これは8：3：5とみてよく、宇度墓《うどばか》古墳（淡輪《たんのわ》ニサンザイ古墳）の比も10：3.78：6.36から8：3.02：5.09に変わった。考えてみれば一〇分値を求めるより、布や紙を折りたたむように三回二分して八分値を求めたほうが簡単で合理的であり、原理的には二分法である。もう一つは、測量図から墳丘の三段目上が墳丘長の四分点、二段目上が八分点に一致する古墳があることに気づいたことからである。

三設計型古墳の検討例

こうして墳丘長八分比設計であることが明らかになったので、測量図にタテ・ヨコ十字形設計基準線と前方部の開きと幅を決める設計線を記入し、墳丘長の八分の一を基準単位（モジュール）として目盛り、設計比を求める作業に入った。

その結果は、半単位の比もあったが大部分が整数比で、周濠や周堤の幅にも基準単位が使われ、さらに高さの位置決定にも使われていた。そして、測量図の背後に基準単位の方眼があり、その上に設計したにちがいないとおもった。つぎに三設計型古墳の検討例をあげるが、説明のため墳丘長の八分の一の方眼をかぶせた。

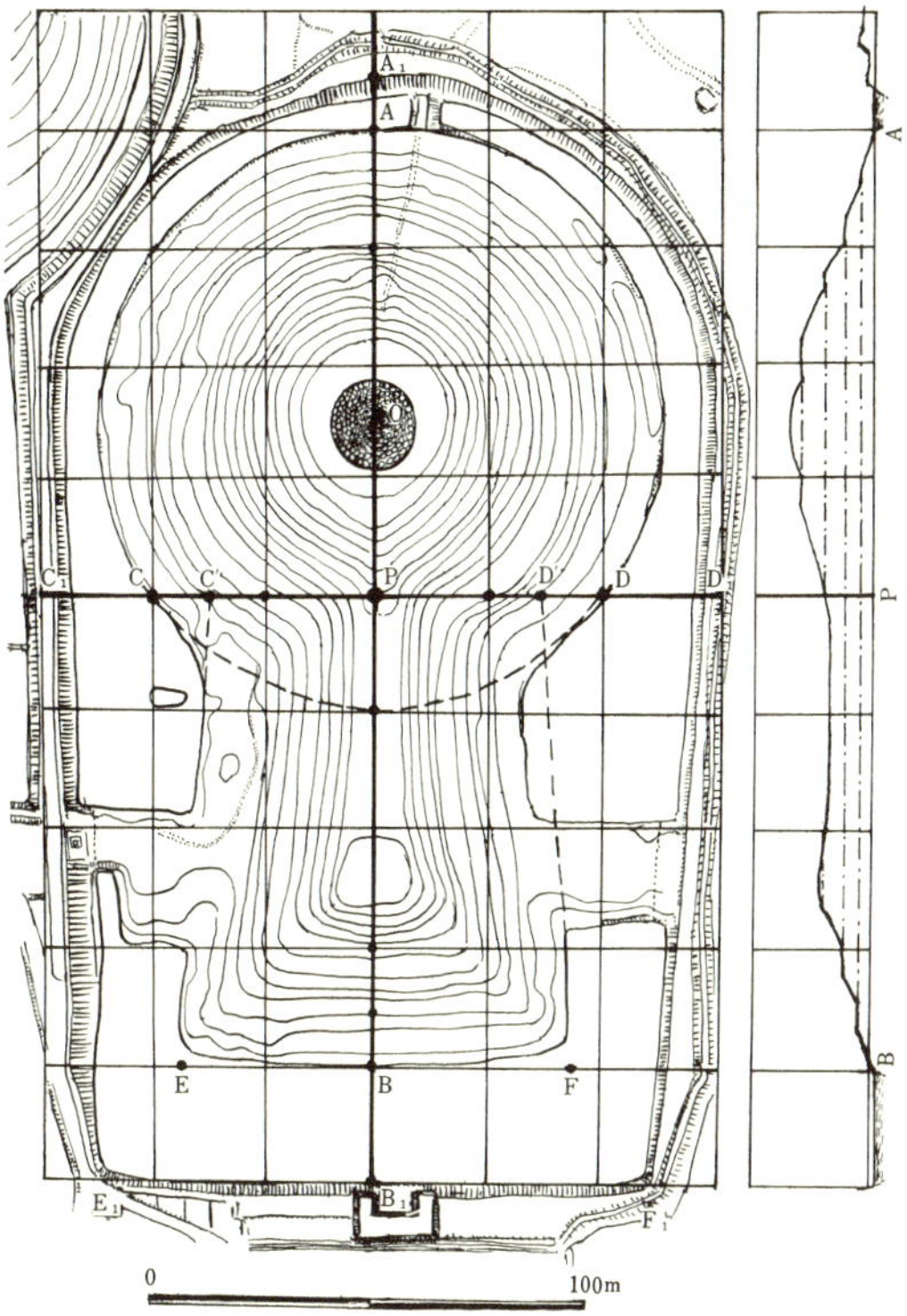

図13　日葉酢媛命陵古墳（佐紀陵山古墳）にみる墳丘長8分比設計（原図は宮内庁『書陵部紀要』19号より）

日葉酢媛陵型設計古墳

◎日葉酢媛命陵古墳（佐紀《さき》陵《みささぎ》山《やま》古墳）

奈良盆地北部の佐紀・盾列《たてなみ》古墳群の低い丘陵上につくられた四世紀中

ごろの古墳である（**図13**）。墳丘の周囲に盛り土を求めてその跡をアーチ型の周濠にし、傾斜地のため水位差堤を設けている。後円部三段、前方部三段（二段？）で墳丘二〇七メートル、高さは後円部一八メートル・前方部一二・三メートルである。

設計基準線を記入して墳丘長の八分値を目盛るとCD四単位、EF三・五単位で、前方部の両側線をヨコの設計基準線まで延長して台形の上辺C′D′を求めると三単位であった。

設計比は8：4(3)：3.5であり、CD四単位の後円部の直径は直接設計と関係ないが五単位である。両端から一単位内側は二段目の下端で、前方部の濠幅も水位差堤の幅も一単位である。

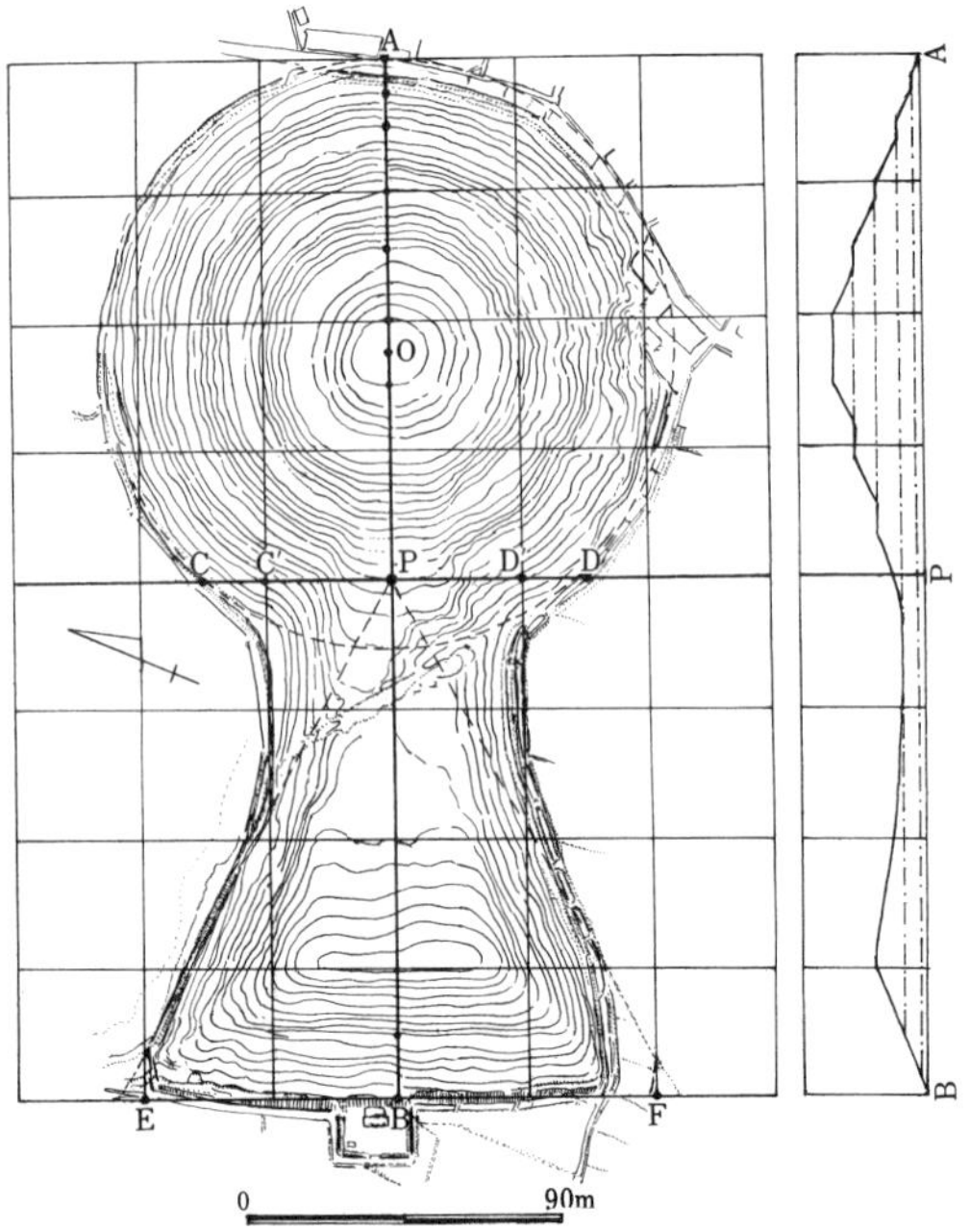

図14　箸墓古墳にみる墳丘長8分比設計（原図は笠野毅・土生田純之「大市墓の墳丘調査」『書陵部紀要』40、1989より）

◎箸墓古墳（倭迹迹日百襲姫命陵古墳）

桜井市箸中の纒向古墳群にある大型前方後円墳（**図14**）で、日葉酢媛命陵古墳より半世紀から一世紀古い。二七八メートルの墳丘は標高七二メートルから七六メートルの間につくられ、約一度の微傾斜地である。同じように設計基準線を記入して基準単位の方眼で覆うと墳丘長八分比設計であることが一目でわかる。平面形はCD三単位、前方部は細く平行な箇所二単位、途中からハの字に開いた先端幅（EF）四単位で、8：3（2）：4の比である。

墳丘は後円部の三段目上が一単位、二段目上が半単位、前方部の二段目上が一単位、一段目上が半単位の位置にほぼ重なる。後円部と前方部の間の低い平坦面の両側の等高線がつくる平面形が工事基準面であり、基壇面ともいえる。この面から下を削造した古墳が多いが、箸墓古墳は下も築造している。工事基準面は長さ七単位、クビレ部幅一単位、前方部開き幅三単位である。

応神陵型設計古墳

◎応神陵古墳（誉田御廟山古墳《こんだごびょうやま》）

大阪府羽曳野市の古市《ふるいち》古墳群にある巨大古墳で墳丘が四一五メートルあり、戦国・前漢尺の一里（一八〇〇尺）にあたる（**図15**）。前方部の西側が地震で崩れているが、つくりも保存状態もよく、二重の周濠をめぐらしている。前方部の周濠が左右対象でないのは東側に二ッ塚古墳（一一〇メートル）があったためである。

後円部と前方部はヨコの設計基準線で連結し、CDは三・五単位で両側のつくりだしをふくめると四単位になる。EFは五・五単位で8：3.5：5.5の比である。

墳丘は後円部も前方部も三段であるが、工事基準面から上を一段とすると四段になり、高さは後円部三五メートル・前方部三六メートルで、両者の高さがほぼ同じであるのがこの時期の古墳の特徴である。高さの位置をみると、三段目上はともに墳丘長の四分点（二単位）、二段目上は八分点（一単位）であり、一単位は丘頂部の円の直径にも前方部先端幅にも、さらに前方部前面の周濠と周堤の幅にも使われている。このことは、墳丘長の八分長を一単位とした方眼を使って設計したことと、設計図通りに盛り土できる土木技術があったことを示している。

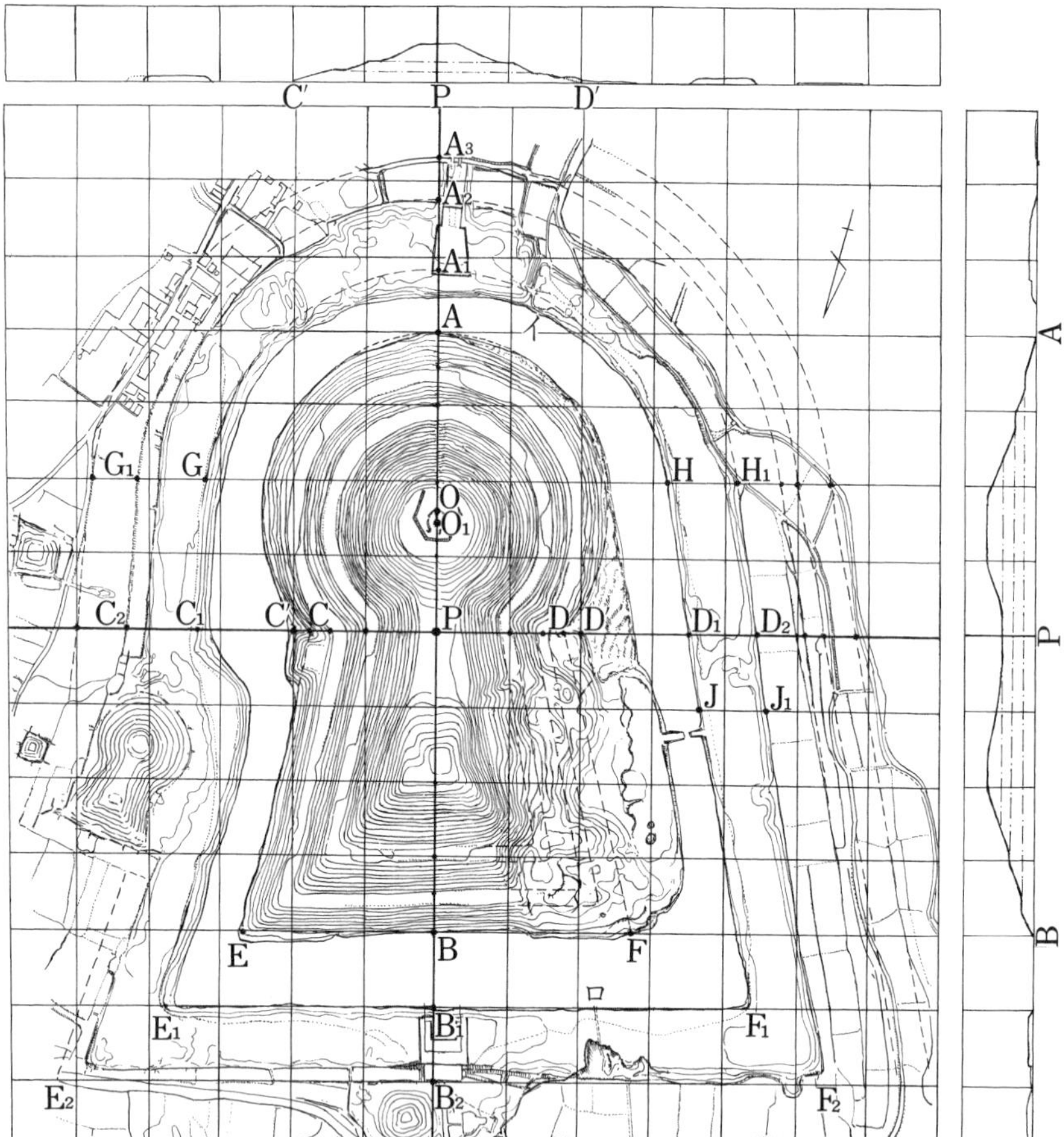

図 15 応神陵古墳（誉田御廟山古墳）にみる墳丘長８分比設計（原図は宮内庁測量『前方後円墳集成』より）

なお、この古墳は完成期の古墳であり、五世紀中ごろのものであろう。

◎垂仁《すいにん》陵古墳（宝来山《ほうらいさん》古墳）

奈良盆地北部の佐紀・盾列古墳群の南端にあり、やや細身の墳丘が広い円・方連結形の周濠に囲まれている（**図16**）。長さ二二七メートル、高さ後円部一七・三メートル、前方部一五・六メートルである。

後円部と前方部はヨコの設計基準線で連結し、CD二・五単位、EF四単位で、8：2.5：4の比であり、この比からみて最初の応神陵型設計古墳（後述）である。後円部も前方部も三段で、後円部の二段目上と前方部三段目上が墳丘の両端からほぼ一単位の位置で、その面における直径が三単位、前方部端の幅がほぼ二単位である。周濠の幅もタテ・ヨコの設計基準線で決められ、前方部側二単位、後円部側一・五単位、クビレ部両側二・五単位であり、C_1D_1を八単位、E_1F_1を七単位に意図したようにおもわれる。

これまでの円と台形の連結法を一新し、各地に影響を与えたきわめて重要な古墳であり、四世紀中ごろか後半期のものであろう。

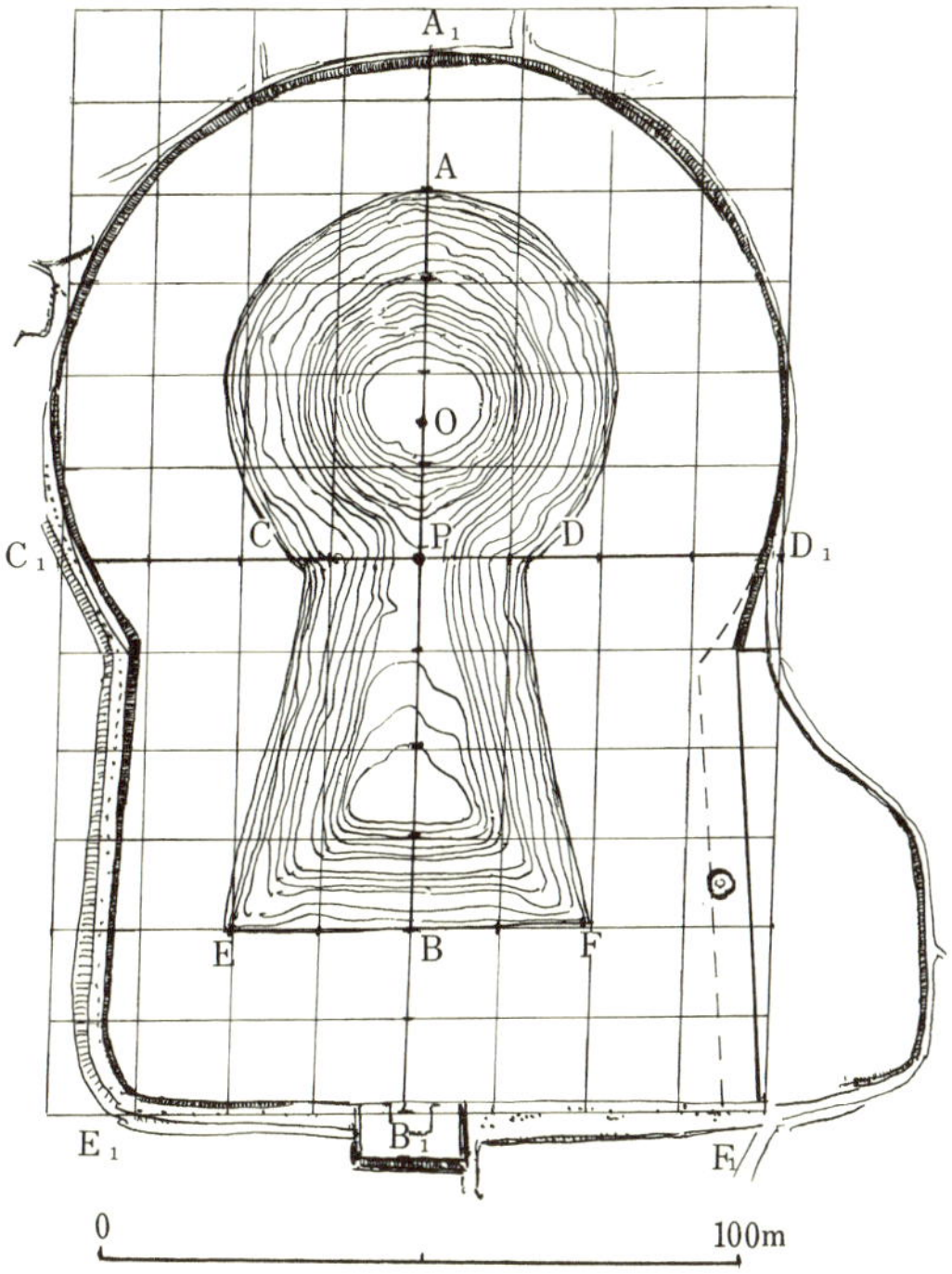

図16 垂仁陵古墳（宝来山古墳）にみる墳丘長8分比設計
（原図は宮内庁測量『前方後円墳集成』より）

図 17　仁徳陵古墳（大山古墳）にみる墳丘長 8 分比設計（原図は宮内庁測量『前方後円墳集成』より）

仁徳陵型設計古墳

◎仁徳陵古墳（大山《だいせん》古墳）

大阪府堺市の百舌鳥《もず》古墳群にあるわが国最大の前方後円墳で三重の周濠に囲まれ、四八六メートルの墳丘長をもち、高さ後円部三五メートル・前方部三三メートルである（**図17**）。応神陵古墳に比べて墳丘の保存状態がよくなく、整然としている前方部は改修されたもので、三重濠は新しいものであるという。後円部の直径は墳丘長の二分の一であるのでヨコの設計基準線と点で接し、理論的にはＣＤゼロであるが、実際には三単位幅につくっている。ＥＦは五単位であり、8：3：5の比である。後円部も前方部も三段であるが、工事基準面から上を一段とすると四段になり、はっきりしないが丘頂部の直径と前方部幅も一単位のようである。一重濠の幅は一・二五単位と一・七五単位のようであり、時期は、五世紀中ごろか後半期のものであろう。

表2　初論文にのせた3設計型古墳の分布（『信濃』第21巻第4号、1969より）

設計型＼古墳群	佐紀古墳群	古市誉田古墳群	百舌鳥古墳群
日葉酸媛陵型	日葉酸媛陵 成務陵 神功皇后陵		
応神陵型	垂仁陵 磐之媛陵 小那辺古墳	応神陵 允恭陵 白鳥陵	履中陵
仁徳陵型	上那辺古墳	清寧陵	仁徳陵 反正陵 御廟山古墳

三設計型と古墳群

前方後円墳の三設計型を知ったとき、すぐ手持ちの資料で畿内の佐紀・盾列、古市、百舌鳥三古墳群の「設計型比較表」をつくってみた（**表2**）。その数は一五基で、前方後円墳の初論文「前方後円墳の設計について——畿内中後期前方後円墳の場合」（『信濃』第21巻4号、一九六九）のなかに発表した。佐紀（佐紀・盾列）古墳群は七基で三設計型がそろっていたが、古市古墳群は応神陵型三基と仁徳陵型一基で、その後、仁徳陵型とおもった清寧《せいねい》陵は新型の応神陵型であることがわかった。百舌鳥古墳群は応神陵型一基と仁徳陵型三基で、三古墳群の設計型の違いを知り、存続期間にも違いがあるようにおもわれた。

この年の六月に、日本考古学協会第35回総会の研究発表会でも「前方後円墳の設計型について」という題で発表したが、こうしたことから、『歴史地理教育』（歴史教育者協議会）や『国土と教育』（築地書館）から原稿依頼を受け、そのつど検討例が二、三基ずつ増え、CDの単位数や前方部の開き方で細分化できそうにおもわれた。

補記

図11の日葉酢媛陵型・応神陵型両古墳のA・C・D三点を通る円の半径が、四〇〇〇年前から中国にあったという「股《こ》勾《こ》弦《げん》定理」（ピタゴラスの定理）の割り出し式から算出できることを近藤基吉先生（当時都立大学教授）から教えていただいた。$a^2+b^2=4ar$（a：AB、b：CD、r：半径）であり、$r=\frac{a^2+b^2}{4a}$にして計算するのである。

前方後円墳の設計研究の初発表は、慶應義塾大学で開かれた第35回総会時におこなったが、古墳時代のわが国にピタゴラスの定理が入っていた可能性があることについてふれたとき、会場内にどっと冷笑のどよめきがわいた。

近藤先生は、当時の中国の数学レベルからみて、日本の古墳の技術者が知っていた可能性が十分あることを指摘されたが、「方格法」の渡来が明らかになったことによって、その可能性が一段と高まった。

三章　中国の考古資料

中国尺の使用と高さの位置決定法

鬼高期の竪穴住居に晋尺の使用を知ったのは、すでに書いたように一九六六年の秋であるが、その前年中央公論社から刊行された森浩一氏の『古墳の発掘』に負うところが大きい。森氏はその一七年前、一九歳で調査した黒姫山古墳で衣笠《きぬがさ》埴輪が円筒埴輪九個に一個の割で等間隔（三・六メートル）に置かれていたことから、尺の使用を感じとっており、本書に接していなかったら使用尺まで検討しなかったであろう。同じ年に甘粕健氏が『東洋文化研究所紀要』37号に発表した論文「前方後円墳の研究――その形態と尺度について」も、初めて墳丘長から使用尺を求めた研究として重要である。これは二七基の前方後円墳の測定値を完尺（端数のない尺数）として基準尺の長さを算出したもので、二三・〇～二三・三センチ、二五～二六センチ、三四・七～三五・一センチの三種類の尺を検出した。

両氏よりも早く戦後の日本考古学に画期的な新風を吹きこんだのは、上田宏範《ひろのり》氏（一九二一～二〇〇七）の前方後円墳の企画論である。後円部の直径を6とし、前方部の中心線を周堤・周濠・前方部の隅角を結んだ線で前後に分け、直径と前方部前長と後長の比で形態分類したものである。その与えた影響は大きく、設計・企画論の発表があいついだが、前方後円墳の設計をタテ・ヨコ・高さで求めていた私には、受け入れられなかった。

誉田御廟山古墳は前章の**図15**のように各段の上端が基準単位の方眼線と一致するが、どのような方法で盛り土したのであろうか？　その方法としては底辺の長さと垂線の高さで決める方法と、斜面角と斜辺の長さで決める方法とが考えられ、後者は現在でも築堤工事などでおこなわれている。

私は鬼高期の竪穴住居から土木設計への目を開かれながら、角度を使った後者とはおもえず、前者であろうと底辺の長さと高さを記した柱を使った盛り土法を推定した。ところが、『信濃』に発表した論文の別刷りをお送りした東京大学の西嶋定生先生から「築造の場合に柱を立てるとすると、これまでの調査においてそのような柱穴の残存は認められないでしょうか。その実例がほしいと存じます」という葉書をいただき、再考の機会が与えられた。そして、丘陵を削ってつくった古墳にも各段の上端や下端が墳丘長の四分点や八分点と一致するものがあることを知って、誤りに気づいた。削ってつくる古墳には高さを記した柱が不要だからである。

漢代の石製棋盤と地図

一九七〇年、『歴史地理教育』に頼まれた原稿を書いていたとき、なにか古墳の設計に結びつくような中国や朝鮮の物的資料はないだろうかと、授業の空き時間や放課後図書室に通った。なかなかみあたらなかったが、『図説世界文化史大系15　中国(1)』(角川書店)をみていて目に止まったのが漢代望都《ぼうと》の墓から出土した明器《めいき》(副葬品)の石製棋盤《きばん》の写真である(**図18**)。

方形の盤面に刻まれた線を数えると縁線を入れて一七本、一六分割なので飛びあがるほど嬉しかった。一本のヒモをつぎつぎに二分すると、四分、八分、一六分になるからである。そして、ふと棋盤の祖形は建築・土木用の設計盤であり、棋はおそらく工人たちの間ではじまった遊びだろうとおもった。また、棋（棊）と碁は盤面で使うコマの材質の違いから分かれたのであろうとおもった。一六分割であれば周濠・周堤などをふくめた設計ができ、その方眼線は正方形の帛布《はくふ》（絹布）や紙をタテ・ヨコ交互に四回二つ折りしたたたみ目であったろう。こうして誉田御廟山古墳の測量図で知ったことと、『図説世界文化史体系』の石製棋盤とが結びついた。なお、写真では気づかなかったが、その後タテ・ヨコの中心線の交点に四葉文《よつばもん》が刻まれていることを知った。ここは設計盤の基準点であり、碁盤の天元であり、『広辞苑』は天元について「万物生育のもと」と記している。

図18　漢代望都の墓から出た明器の石製棋盤（『図説世界文化史大系15　中国(1)』角川書店、1958より）

　この翌年（一九七一年）、中国湖南省長沙《ちょうさ》市郊外で前漢時代初期の馬王堆一号墓の発掘がおこなわれ、軑侯《たいこう》夫人の遺体の保存状態のよさが世界中を驚かした。二年後には二号墓と三号墓の発掘がおこなわれ、二号墓は軑侯利蒼の墓、三号墓は軑侯夫妻の息子の墓と推定された。三号墓からは帛画《はくが》・帛書・漆器・木俑・楽器・武器など一〇〇〇点をこえる副葬品が発見されたが、そのなかに帛布に書かれた地図があった。

　それは、タテに二回、ヨコに三回二つ折りしてたたみ、ほかの帛書と漆塗りの長方形の奩《れん》におさめられていた。二〇〇〇年間の歳月でたたみ目の部分はすでに腐朽・消失し、残ったところはしみこんだ水のために付着しており、それをはがし、広げる作業は困難をきわめたという。

　広げられた地図は九六センチ四方で、長沙国南部の地形図であった（**図19**）。そこには川・道・城市・村・山などが一定の図法で書かれ、山には

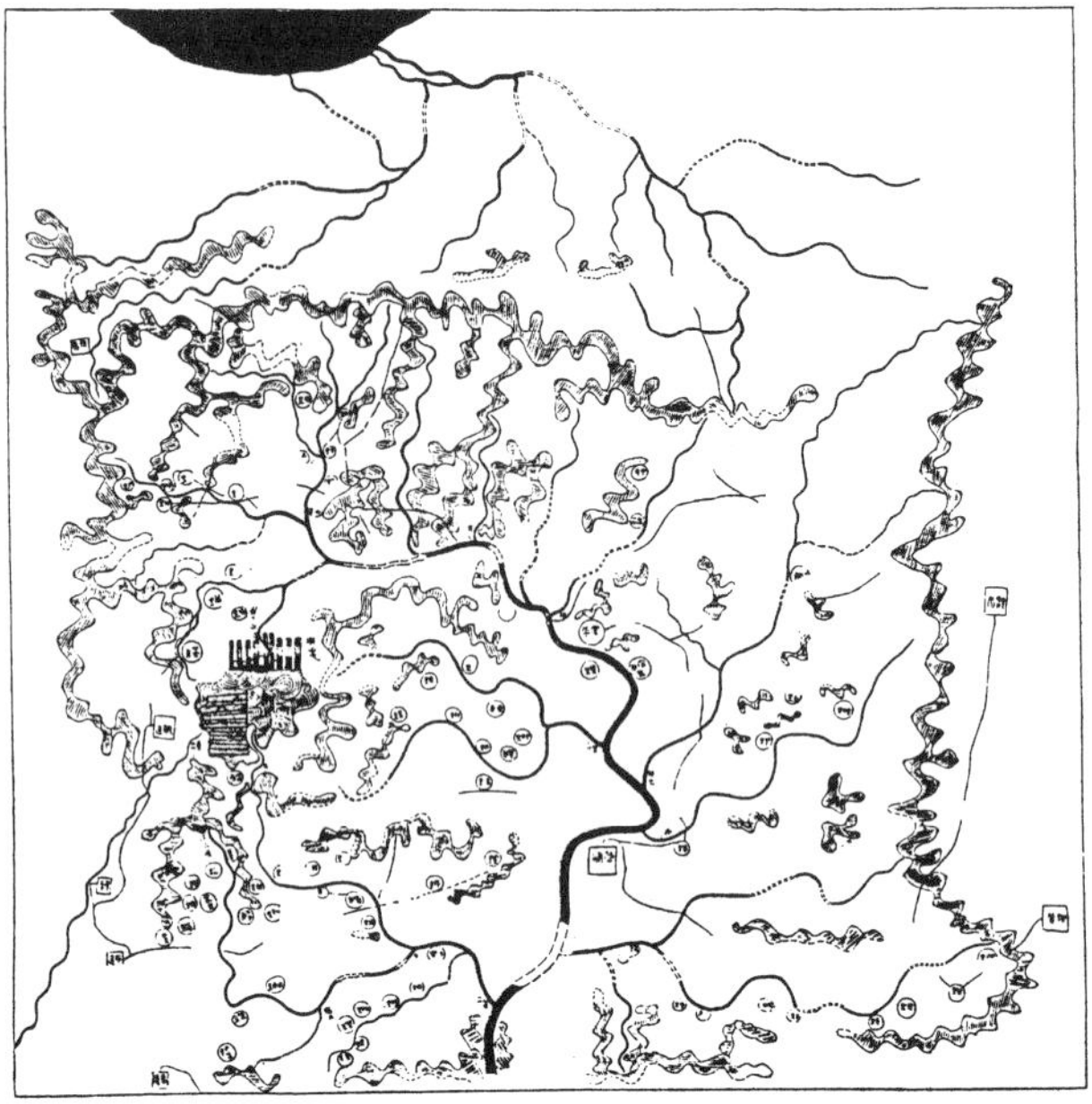

図 19　馬王堆 3 号漢墓から出た地図（馬王堆漢墓帛書整理委員会編『古地図——馬王堆漢墓帛書』文物出版社、1977 より）

高さの表現までおこなわれていたが、南北方向が現在の地図と異なり、上南下北である。驚くのはその地図が一定の縮尺率で作図されていて精度が高いことである。馬王堆漢墓整理小組の報告によれば、現在の五〇万分の一地図で県級の居民地間の距離を測って出土地図を検討したところ、一七万分の一から一九万分の一で、当時の長さの単位（一里＝三〇〇歩＝一八〇〇尺＝一万八〇〇〇寸）の一〇里を一八万分の一の一寸に縮尺していたという。中国はもとより世界の地図の歴史に書きかえを迫る大発見であり、漢代の文化や技術の水準の高さを示している。

　この地図をみてもっとも興味をおぼえたのは、正方形であったことと、九六センチ四方内におさめられている範囲を計算して約四〇〇里四方であったことである。正方形であることは望都の墓から出土した石製棋盤と同じであり、一辺が四〇〇里であれば、タテ・ヨコをつぎつぎに二つ折りすることによって二〇〇里四方・一〇〇里四方・五〇里四方になり、折り目のスジが距離の目安になる。また、地上に多くの大きい方眼（方格）をつくって、それぞれのなかのさまざまな地物の位置や形や大きさを測り、小さな方眼に縮小相似形化したことを示している。

画像石の角度定木とコンパス

一九七〇年六月に『諏訪考古学研究所二十周年記念論文集』の執筆依頼があり、ふたたび図書室通いをはじめた。藤森栄一先生を敬愛する所員たちが先生の還暦を祝って計画したもので、その後先生の意思で中止になったが、このときにも図書室ですばらしい考古資料に出合った。冠をつけた貴人が角度定木とコンパスを持って向き合っている拓本（**図20**左上）で、後漢時代の墓室の石壁に刻まれた画像石である。キャプションから中国の天地創造神女媧《じょか》と伏羲《ふくぎ》であることを知ったが、画像の主にコンパスと角度定木を持たせたのは中国古来の「天円地方観」（宇宙観）のシンボルとして天地創造神であることを示したのであろう。

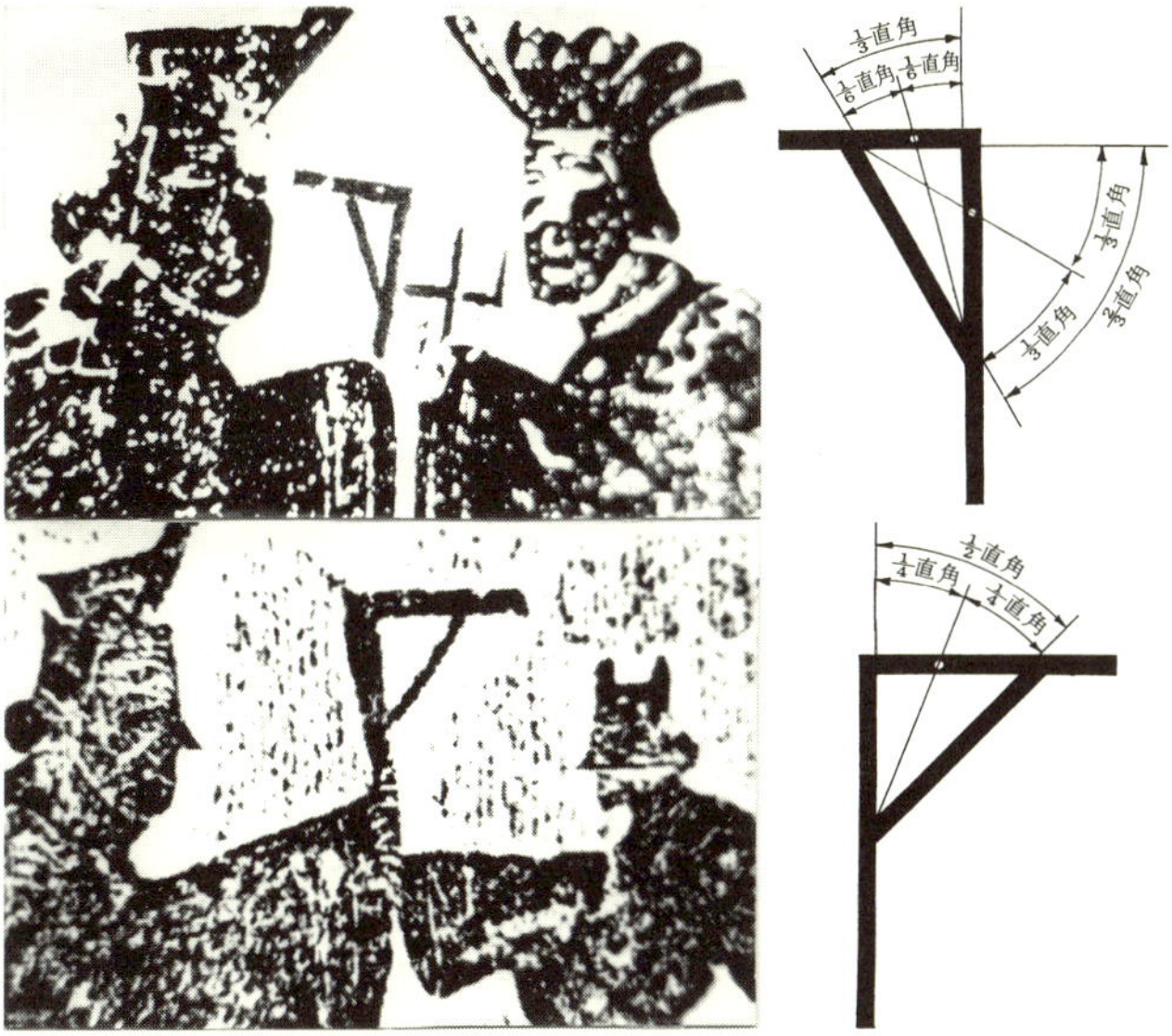

図20　後漢時代の画像石の天地創造神女媧と伏羲が持つコンパスと角度定木。角度定木は分角器でもあった！（右側）（拓本、上は『図説世界文化史大系15　中国(1)』角川書店、1958、下は『世界歴史シリーズ3　古代中国』世界文化社、1968より）

同図左下は『世界歴史シリーズ3　古代中国』（世界文化社）にのっている女媧と伏羲であるが、両者の角度定木をよくみてもらいたい。

最初は単なる直角定木で斜辺にあたる箇所は直角がくるわないように固定したつなぎであろうとおもった。しかし、類例を探しているうちに三角定木であることを知った。直角以外の二角は任意の角ではなく、一定の比をもち、左上は二対一、左下は図が粗雑であるが一対一である。角度でいえば三分の二直角（六〇度）と三分の一直角（三〇度）、二分の一直角（四五度）と二分の一直角（四五度）であり、現在使われている二枚の三角定規と同じである。

ところが、さらに驚くべき定木であることを知った。それは左上の定木の斜辺をのぞく二辺のほぼ中央に小さな孔がみられることである。これは剥落などでできたものではなく、石工の表現意図によってあけられたものである。そして、その位置は相対する角をほぼ二等分する位置であり、一方は三分の二直角を三分の一直角に、他

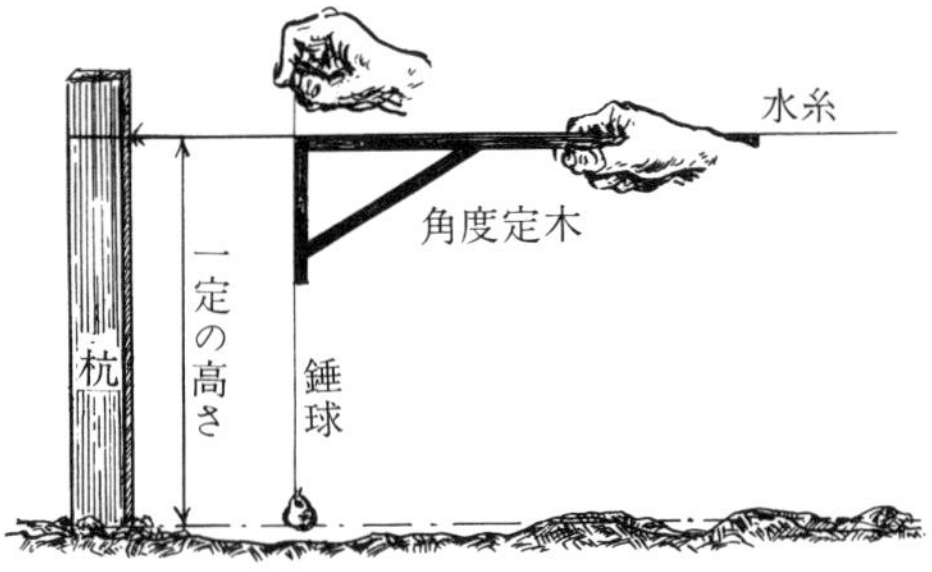

図 21　角度定木と土製錘球を使った水平線のとり方と整地法

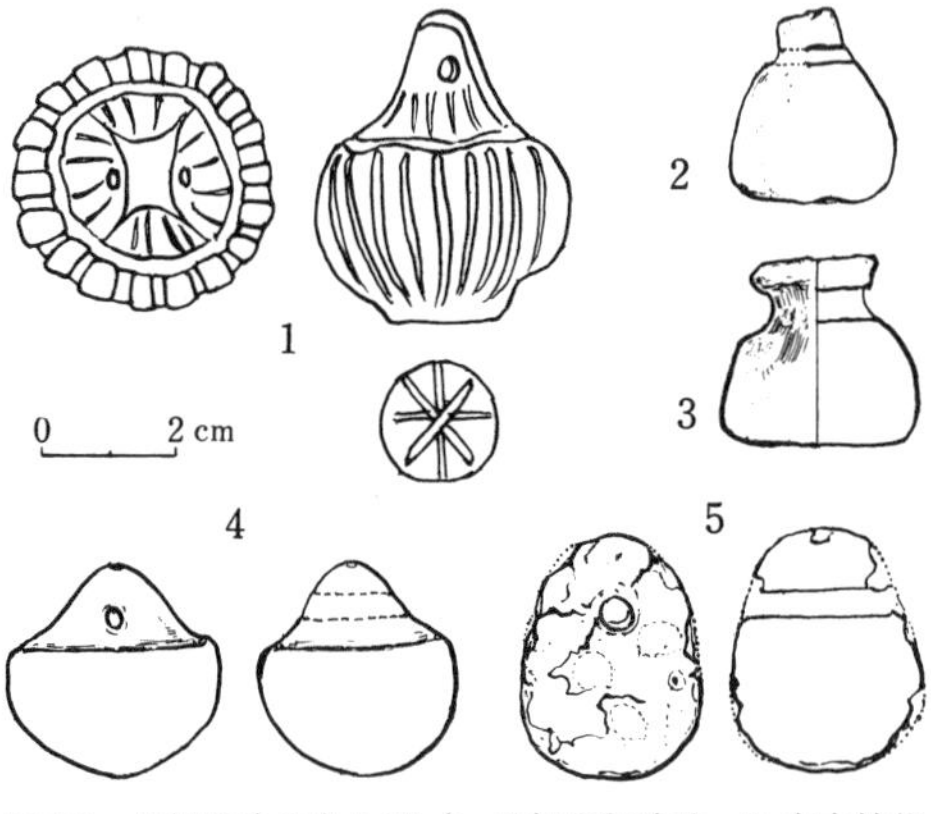

図 22　土製錘球の出土例（1. 滋賀服部遺跡、2. 東京神谷原遺跡 115 号住居、3. 同 163 号住居、4. 神奈川子ノ神遺跡 14 号住居、5. 同 42 号住居）

方は三分の一直角を六分の一直角に分角する点である。

左下の定木にも意図的にあけたとおもわれる小孔が一個あり、二分の一直角を四分の一直角（二二・五度）に分角する点である。**図20**の右側はこれをわかりやすくした模式図であるが、伏羲が持つ角度定木は直角以外の二角を一定の比（直角の二分型と三分型）に分ける三角定木であり、さらにそれぞれの角を二分する分角器でもあったのである。このことを知ったときは、中国漢代の高度な技術を目のあたりにしたおもいであり、古墳の斜面角に四分の一直角や三分の一直角が使われていることに結びついた。

その後、さらに補角（加えると二直角になる二つの角の一方を呼ぶ）をそなえた定木であることや、柄が長いと錘球《すいきゅう》を使って水糸を水平に張るときの誤差が少ないことを知った（**図21**、**図22**）。もう一つ重要なことは、平

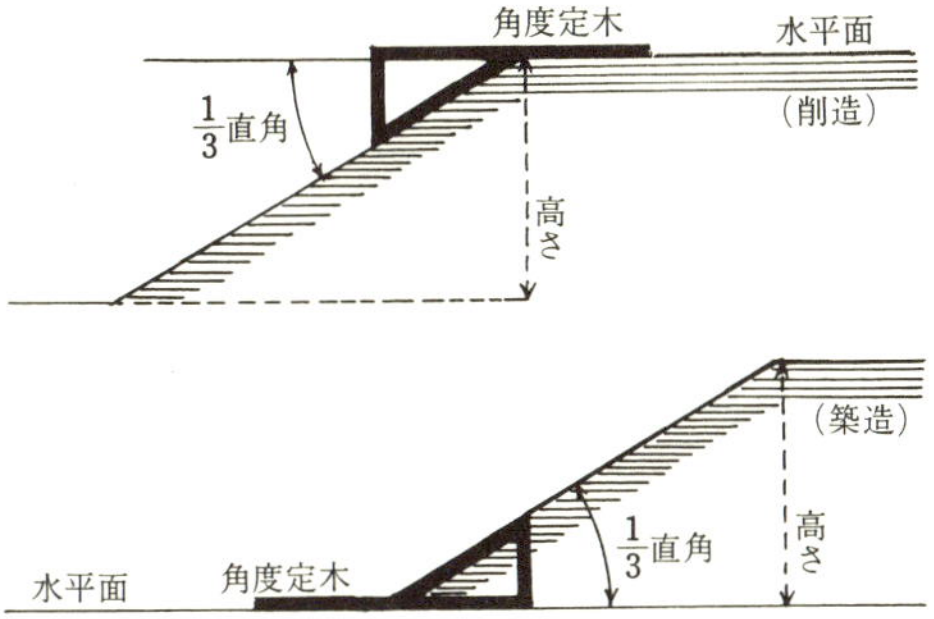

図23　古墳の築・削造における斜面角と高さの決定法（原理）

図24　現在でも斜面角を決めるために使われている丁張り工法（上：中央高速自動車道建設工事現場、下：浅川堤防護岸工事現場）

面角の決定だけでなく、屋根や城壁などの立面角の決定にも使われたはずであり、現在でも築堤工事現場などでみかける丁張り《ちょうは》工法（斜面角を決めるために細長い板を三角形状に組んだもので、底辺を水平に据えて使う）の原理はこの角度定木にあるとおもう（**図23**、**図24**）。

図25 股型のコンパスも使われていたことを示す画像石（拓本）（小林行雄『古鏡――その謎と源をさぐる』学生社、1965より）

二枚の角度定木を併用するとさらに多くの規定角をつくることができる。例をあげると三分の二直角と四分の一直角で一二分の一一直角（八二・五度）、二分の一直角と三分の一直角で六分の五直角（七五度）で、これらは直角や六〇度角などとともによく使われる角である。なお、古代中国では一以下の数を単位分数やその和で表すが、分数の発達は直角の分角からはじまったのであろう。

地上に古墳の平面形を書くとき、後円部は縄か紐を半径として回したのであろうが、設計時にはコンパスを使ったにちがいない。画像石にみられるコンパスは現在のように逆V字形に開く股型のもの（**図25**）と、大工道具の罫引《けびき》のようにクサビをゆるめて横木を出し入れして半径を調節するもの（**図20**）とがあり、中国の数学史家李《り》儼《げん》氏によると、漢代を遠くさかのぼる時代から使われていたという。わが国では弥生時代中・後期の遺物や遺構に円図形や弧の連結がみられるので、この時期にモノサシ・角度定木・工具類などとともに渡来したとおもわれる。

四章　三設計型の成立と細分化と分布

三設計型の成立と変化

出現期の前方後円墳の平面形は、後円部が正円でない纒向型前方後円墳もふくめて、すべて後円部側がヨコの設計基準線をこえて前方部側と連結するタイプであり、日葉酢媛陵型古墳（**図11**）である。出現期は従来三世紀中ごろといわれてきたが、現在では三世紀初めごろか二世紀末と考えられている。古い時期のものは奈良盆地南東部と吉備・讃岐に多く、奈良盆地では後円部の比率を決めるCDが三単位であるが、吉備では三単位と四単位のものがある。奈良盆地で四単位に変わるのは四世紀になってからで、はっきり新旧二種に分類できる。一方は南東部の箸墓・西殿塚・桜井茶臼山古墳などに代表され、他方は南東部にも小型なものがあるが、北部の佐紀・盾列古墳群の丘陵上の五社神《ごさし》・佐紀石塚山・佐紀陵山《みささぎやま》三古墳に代表される。

この変化は明らかに後円部の比率を増すためであり、吉備の古墳の影響も考えられる。この勢力についてはまだよくわかっていないが、最初の五社神古墳が二七五メートルで箸墓級であるのは、この地を墓域に定めた勢力の大きさと意気ごみを示し、二〇〇メートルをこえる大型前方後円墳を八基つくりつづけているのは、四世紀から五世紀にかけて盆地内最大の勢力であったことを示している。また、出現期から約一五〇年間つづいてきた設計型を応神陵型設計（**図11**）に変えたのもこの勢力である。

応神陵型古墳はヨコの設計基準線で後円部と前方部を連結させたタイプで、その後の前方後円墳の主流になったことで重要である。設計型の変化は丘陵上の佐紀陵山古墳の築造がきっかけとなり、その後の平地への立地変化に結びついている。

五社神・佐紀石塚山両古墳は丘陵の西側斜面を墳丘の側面に利用しているが、佐紀陵山古墳をつくるときには利用できる斜面がなく、丘陵上を整地して築造し、周囲を掘って盛り土にしている。アーチ形にした周濠の後円部側は細く浅いが、水位差堤を隔てた前方部側は広く深い。周囲に盛り土を求めるのは纒向古墳群のように平地古墳のつくり方であり、立地変化に道を開いた古墳といえる。

平地につくる場合に心配されるのは盛り土不足である。地下水位が浅い場所もあり、湧き水で掘れなくなるためである。そのため慎重に計画が立てられたはずであり、このことをもっともよく示しているのが佐紀・盾列古墳群の南端尼ヶ辻にある宝来山古墳である。盛り土量を減らすためにCD四単位を二・五単位にして後円部を縮小し、ここで前方部と連結させ、細身の墳丘を円・方連結形の広い周濠で囲んでいるからである。最初の平地古墳にふさわしい墳形であり、設計比の８：2.5：４は佐紀石塚山古墳の設計比８：４（2.5）：４のC′D′をCDにして、前方部の台形の上辺にしたのである（**図26**）。応神陵型古墳第一号とみてまちがいなく、つくられた正確な時期はわからないが、四世紀後半であろう。

応神陵型の第二号は設計比８：４：５のコナベ古墳であり、CDをもとの四単位にもどしたのは心配された湧き水による盛り土不足が起こらなかったためであろう。

その後のヒシアゲ・市庭《いちにわ》両古墳の設計比が８：3.5：5.5であるのはコナベ古墳の墳形に満足できず、CDを半

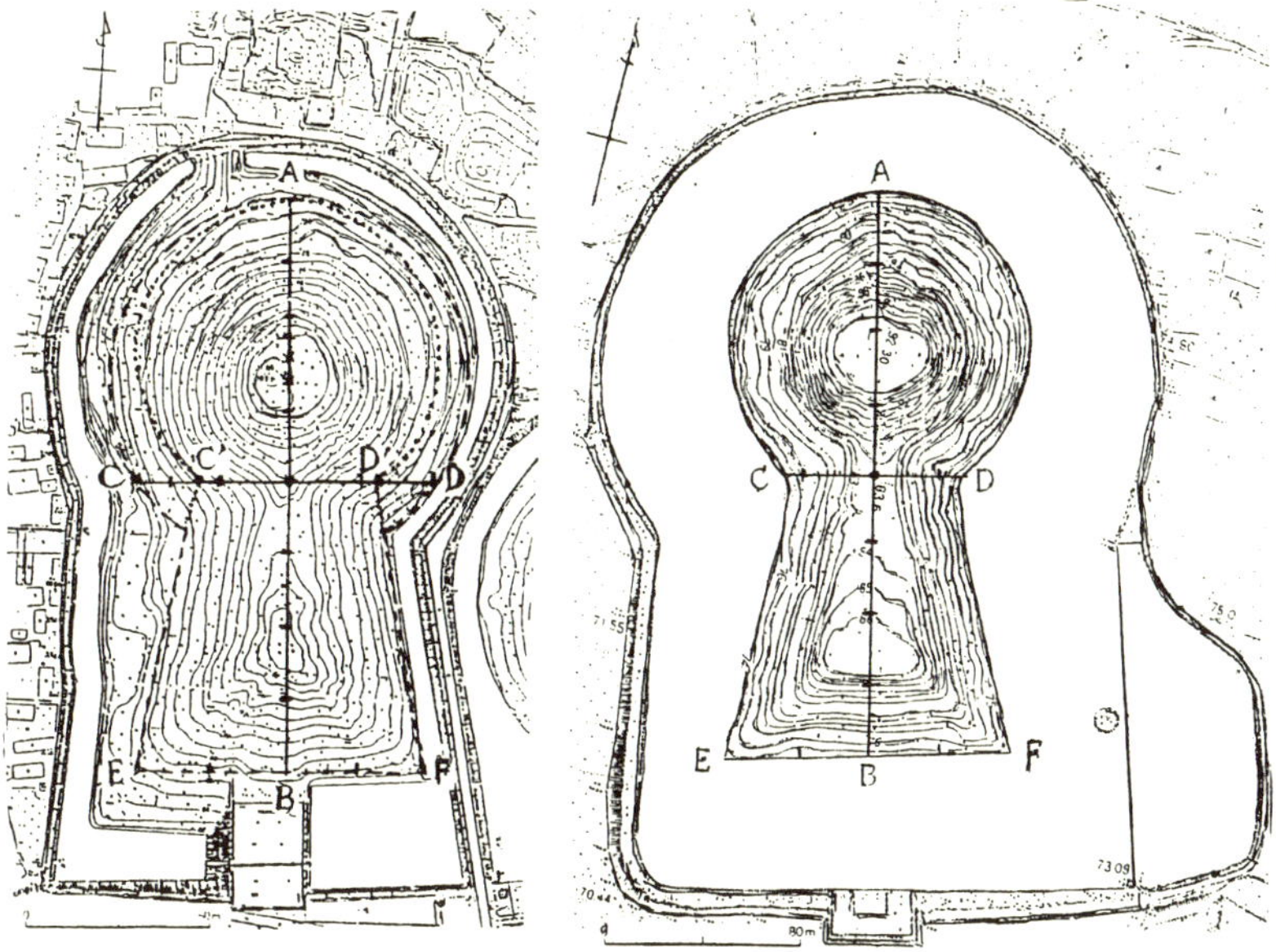

佐紀石塚山古墳　　宝来山古墳

図26　新しい設計型古墳の誕生！（後円部の比率を決めるCDをC′D′に縮小し、ヨコの設計基準線で前方部と連結させたもの）（原図は宮内庁測量『前方後円墳集成』より）

単位減らしEFを半単位増やして前方部の開きを大きくし、連結部に鋭さをもたせたのであろう。周辺地域に同型古墳が多く完成期型といえるタイプである。

なお、両古墳の順はコナベ古墳から位置を決められた市庭古墳のほうが先と考えてきたが、その後方位角が位置決定に使われているのに気づいたことから再検討し、佐紀石塚山古墳から位置決定されたヒシアゲ古墳のほうが早いことを知った。

最後につくられたウワナベ古墳は仁徳陵型古墳（**図11**）であり、後円部の比率をCDゼロまで縮小したタイプである。同じ労働量で応神陵型古墳より墳丘を約二〇パーセント長くできるので、そのためであろうが、周濠が宝来山古墳以上に広いので地下水位が浅かったためかもしれない。長い間、御所《ごせ》市室《むろ》の宮山古墳の影響を考えてきたが、最近誤認していたことに気づき、この地で生まれた可能性が高まった。時期は五世紀前半か中ごろであろう。

三設計型古墳の細分型と編年

前方後円墳の設計型と設計比を調べるなかで、三設計型を細分化できることを知った。最初に気づいたのは日葉酢媛陵型古墳で、すでに書いたように奈良盆地ではCD三単位のものが古く、四単位のものが新しい。そのため、I型とII型に分け、五世紀以後つくられた帆立貝型をIII型にした。応神陵型は佐紀・盾列のCD二・五単位の宝来山古墳をIV型、四単位のコナベ古墳と三・五単位のヒシアゲ・市庭両古墳をV型とし、前方部の開きが少ない盆地西部北葛城《きたかつらぎ》の馬見の古墳もこれに加えた。さらに百舌鳥のニサンザイ古墳のように前方部の開きが大きいものをVI型とした。仁徳陵型は墳形で分けられないため、主体部が従来のものをVII型、横穴式石室のものをVIII型とした。

こうしてある程度編年に使えるようになったが、その後、二年がかりで設計型と設計比を調べた近藤義郎編『前方後円墳集成』全五巻で、八分類におさまらないタイプが二例あったので一〇分類にした。日葉酢媛陵型でCD五単位、EF六単位の掖上鑵子塚《わきがみかんす》古墳（御所市）と、応神陵型でCD五単位、EF七単位の別所大塚古墳（天理市）である。

しかし、多すぎてわかりにくいため、設計型別の分類番号に変えた（**図27**）。日葉酢媛陵型は当初のI・II・III型とIV型の掖上鑵子塚古墳、応神陵型はIV・V・VI型がI・II・III型になり、IV型が別所大塚古墳である。仁徳陵型はVII・VIII型をI・II型とした。

こうして、三設計型一〇細分型ができたが、その後さらに応神陵型古墳を細分し、I型よりCDが半単位多い

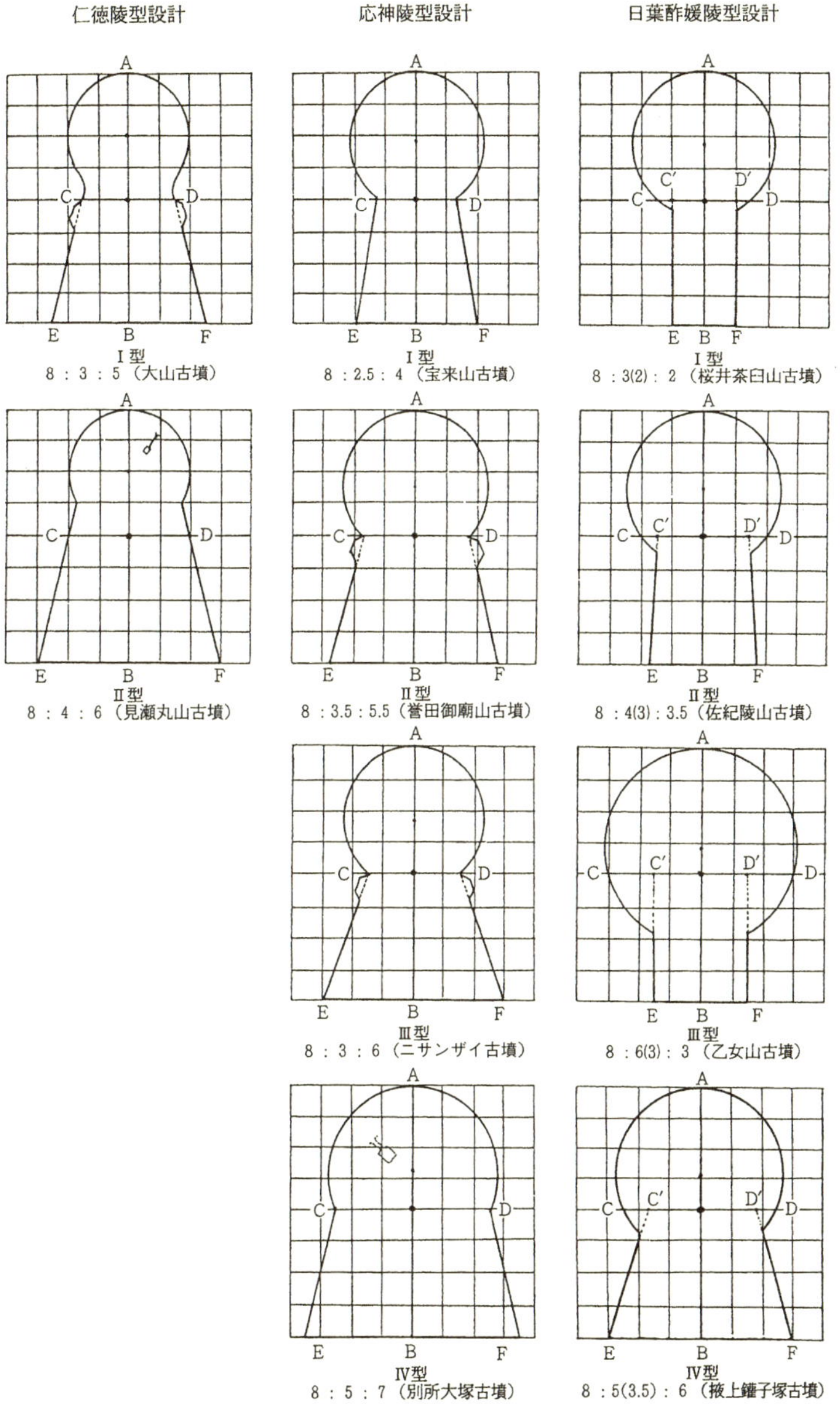

図 27　前方後円墳の 3 設計型古墳の細分化（10 分類）

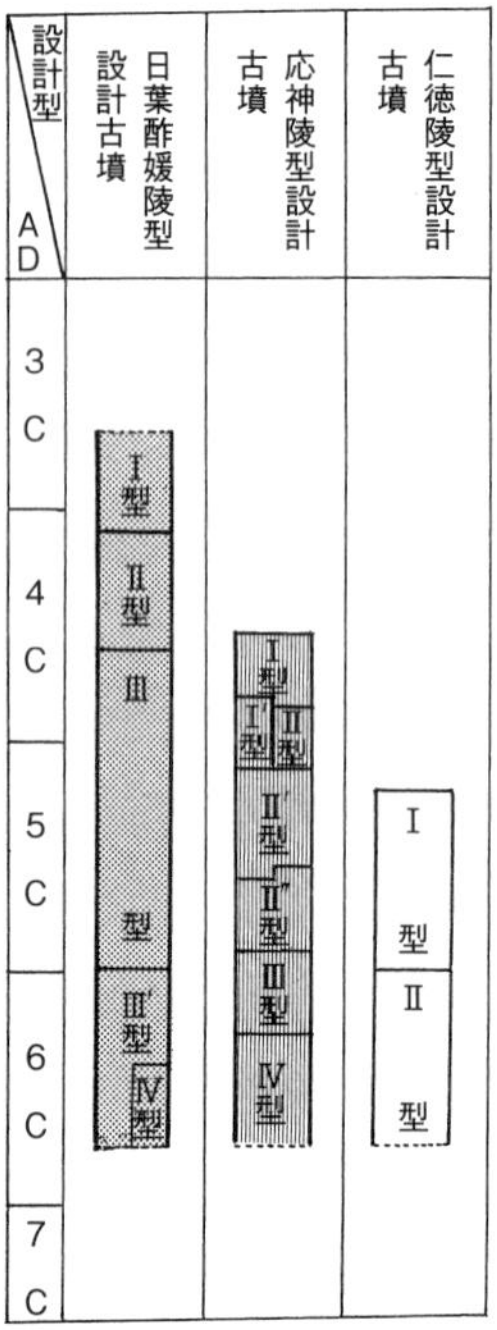

図28　畿内における3設計型古墳の変遷と推定時期（14分類）

磯城《しき》郡川西町の島ノ山古墳タイプをI′型、II型のコナベ古墳よりCDが半単位短くEFが半単位長いヒシアゲ古墳タイプをII′型、北葛城郡河合町の川合大塚山古墳や泉南市の宇度墓古墳のようにCD三単位、EF五単位の単純比のものをII″型とした。このほか日葉酢媛陵型III型古墳の主体部が横穴式石室のものをIII′型として、それぞれの時期が視覚的にわかるようにつくってみたのが**図28**である。大まかなものであり、誤りもあるかもしれないので、今後正確なものに近づけたい。

三設計型古墳は出現期が異なり、最初のものはすでに書いたように纒向型前方後円墳をふくめて後円部がヨコの設計基準線をこえて前方部と連結する日葉酢媛陵型古墳であり、出現期は三世紀初めごろである。つぎの後円部と前方部がヨコの設計基準線で連結する応神陵型古墳の出現期は四世紀後半、仁徳陵型古墳は五世紀前半であるので、この図から上限期をほぼ知ることができる。

三設計型古墳の全国的分布

『前方後円墳集成』に収録された古墳は四八八一基で、前方後円墳四四九七基、前方後方墳三七六基、双方中円墳五基、双方中方墳三基である。前方後円墳の測量図は二二八三基であり、破壊と変形がひどくて使えないものをのぞき可能なかぎり推定復元し、一六八一基調べることができた。七三・六パーセントである。刊行された中

表3　『前方後円墳集成』に収録された都府県別・墳形別数と3設計型古墳数

地域	項目／府県名	収録古墳数	墳形の種類				収録実測図数	設計分析した前方後円墳数	前方後円墳の3設計型		
			前方後円	前方後方	双方中円	双方中方			日葉酢媛陵型	応神陵型	仁徳陵型
近畿	奈良	253	240	12	1	0	159	117	64	37	16
	大阪	196	186	10	0	0	117	73	30	38	5
	京都	115	105	10	0	0	85	60	44	15	1
	兵庫	114	103	11	0	0	70	43	34	9	0
	滋賀	97	89	8	0	0	46	26	15	10	1
	和歌山	53	50	3	0	0	33	22	8	13	1
	〈小計〉	828	773	54	1	0	510	341	195	122	24
中国・四国	岡山	169	144	24	0	1	66	51	37	7	7
	広島	116	109	7	0	0	33	26	19	5	2
	山口	23	23	0	0	0	19	15	10	3	2
	鳥取	251	243	8	0	0	49	37	25	12	0
	島根	131	94	37	0	0	60	29	20	7	2
	香川	77	73	1	3	0	37	33	33	0	0
	徳島	12	11	1	0	0	11	8	8	0	0
	愛媛	20	19	1	0	0	19	12	11	1	0
	高知	2	2	0	0	0	1	0	0	0	0
	〈小計〉	801	718	79	3	1	295	211	163	35	13
九州	福岡	218	213	5	0	0	117	82	43	29	10
	佐賀	52	51	1	0	0	34	25	13	10	2
	大分	42	41	0	1	0	32	28	14	12	2
	熊本	63	63	0	0	0	49	38	20	13	5
	長崎	24	24	0	0	0	6	6	5	1	0
	宮崎	144	144	0	0	0	84	74	20	41	13
	鹿児島	19	19	0	0	0	2	2	0	1	1
	〈小計〉	562	555	6	1	0	324	255	115	107	33
中部	三重	103	96	7	0	0	54	45	27	16	2
	岐阜	66	55	11	0	0	31	20	10	9	1
	福井	104	95	9	0	0	67	61	30	27	4
	愛知	102	86	16	0	0	55	34	18	9	7
	静岡	107	101	5	0	1	29	24	15	7	2
	長野	56	49	7	0	0	37	27	7	12	8
	山梨	12	11	1	0	0	9	7	4	3	0
	石川	82	50	32	0	0	28	12	7	3	2
	富山	17	10	7	0	0	13	9	2	7	0
	〈小計〉	649	553	95	0	1	323	239	120	93	26
関東・東北	神奈川	29	26	2	0	1	21	18	10	4	4
	千葉	675	647	28	0	0	230	192	101	58	33
	東京	12	11	1	0	0	9	8	8	0	0
	茨城	446	432	14	0	0	127	103	59	39	5
	群馬	391	360	31	0	0	156	109	61	43	5
	栃木	251	232	19	0	0	108	80	36	39	5
	埼玉	108	99	9	0	0	79	64	27	12	25
	新潟	9	5	4	0	0	7	5	2	3	0
	福島	55	40	15	0	0	49	28	19	7	2
	宮城	34	23	11	0	0	28	18	11	7	0
	山形	31	23	8	0	0	16	9	9	0	0
	岩手	1	1	0	0	0	1	1	1	0	0
	〈小計〉	2,041	1,898	142	0	1	831	635	344	212	79
総計		4,881	4,497	376	5	3	2,283	1,681	937	569	175

国・四国編、近畿編、九州編、中部編、東北・関東編の順に検討を進め、都府県別に三設計型古墳を設計比順にならべ、細分型・所在地・主体部・遺物なども記して台帳をつくった。復元ミスや検討ミスが一〇パーセント以上あるとおもうが、これを地方別・都府県別にまとめ（**表3**）、さらに古墳数と三設計型の比率を円グラフにした分布図を作成した（**図29**）。

三設計型古墳は、一六八一基中、日葉酢媛陵型古墳が九三七基で五五・七パーセント、応神陵型古墳が五六九基で三三・八パーセント、仁徳陵型古墳が一七五基で一〇・四パーセントで、日葉酢媛陵型が半数以上であるが、その約四〇パーセントは新しい時期の帆立貝型古墳である。

前方後円墳は北海道と青森・秋田両県をのぞく都府県にみられ、わが国の歴史現象を物語る遺構としてきわめて興味ぶかい。しかし、その数は地域によって大きく異なり、岩手県一基、高知県二基に対して、千葉県六四七基、茨城県四三二基で、大型古墳が多い奈良県と大阪府は二四〇基と一八六基である。

図29は三設計型古墳の都府県別分布図で、四基以下を切り捨て五基から六七五基までを七段階に分けた円で表し、そのなかに三設計型古墳の比率を示した。しかし、収録数と調査数の割合がそれぞれ異なっているので、**図30**の調査率図と**図31**の都府県別収録数図を加えた。二県減ったので四一都府県になり、日葉酢媛陵型古墳は四〇都府県にあって九七・五パーセント、応神陵型古墳は三七府県で九〇・二パーセント、仁徳陵型古墳は二九府県で七〇・七パーセントである。三設計型古墳がそろっているのは二八府県で六八・三パーセントであり、兵庫・鳥取・富山・新潟・山梨・宮城・愛媛・長崎の八県には、仁徳陵型古墳がない。また、東京都と香川・徳島・山形三県には日葉酢媛陵型古墳しかなく、鹿児島県には応神陵型と仁徳陵型の古墳があって、日葉酢媛陵型古墳がない。

図29をみてわかるのは、すでに書いたように北海道と東北北部をのぞく日本列島のほぼ全域に分布していることこ

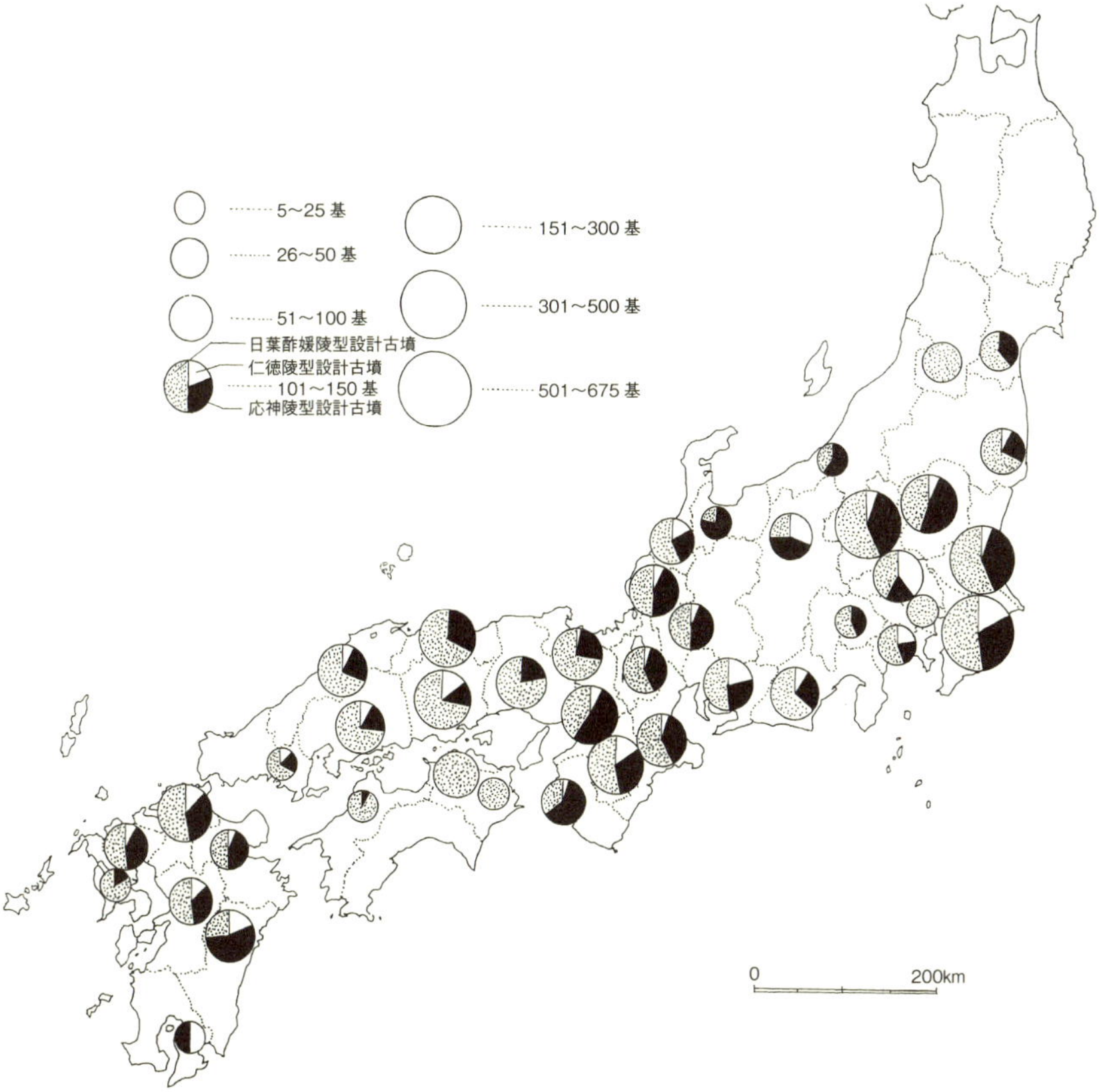

図29　前方後円墳の3設計型分布（円の大きさは都府県別収録古墳数）

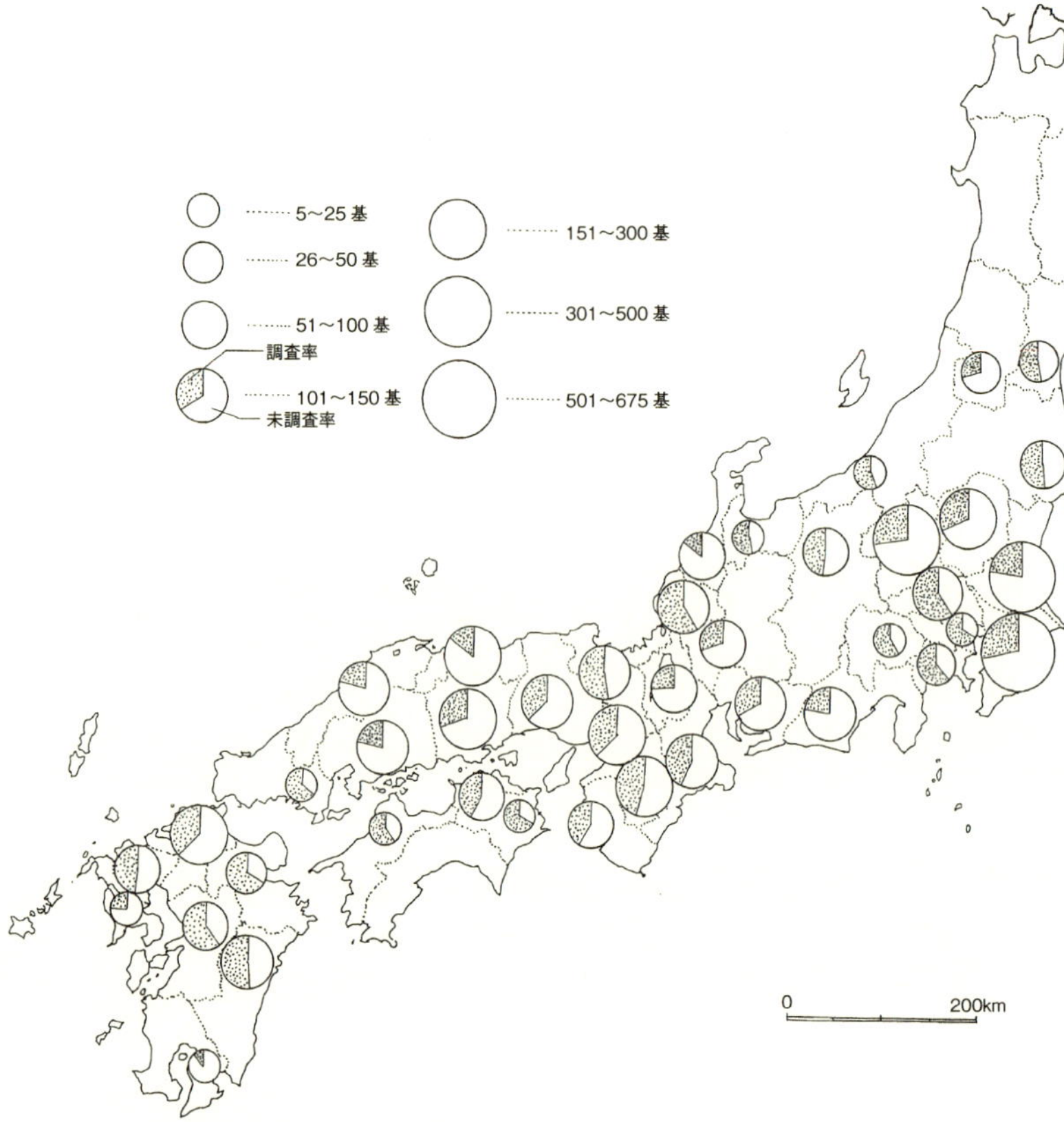

図 30　設計型や設計比を調べた前方後円墳の比率

図 31　前方後円墳の都府県別収録数

とであり、とくに関東の千葉・茨城・群馬三県に多いが、古墳時代に中心的役割を果たしたのは、比較的規模が大きい円グラフがほぼ均一的に集まっている中国地方中部から中部地方西部までの地域である。そして、九州と関東・東北は密接に関係しながらも隔たった地域といえる。

中心的地域には三設計型古墳の比率に顕著な違いがみられ、注意が必要である。岡山・広島・鳥取・島根の中国四県と近畿の京都府と兵庫県の日葉酢媛陵型古墳が三分の二を占めているのに対して、大阪府と和歌山県では応神陵型古墳が二分の一以上を占めている。また、ほかの県は日葉酢媛陵型古墳が二分の一、応神陵型古墳が三分の一程度で、前二者の中間的地域といえ、当時の歴史的状況を示している。

関東も九州も中間型が多いが、関東では埼玉・千葉両県の仁徳陵型古墳の比率が高く、東京都には日葉酢媛陵型古墳しかない。九州では宮崎県に前方部が細長い応神陵型の柄鏡《えかがみ》型古墳が二分の一以上を占めているのが大きな特色で、鹿児島県には日葉酢媛陵古墳がない。このほか、四国の香川・徳島両県には日葉酢媛陵型古墳しかないことや、長野・愛知・神奈川・奈良・岡山県などの仁徳陵型古墳の比率がやや高いことも特色といえる。

CD別の設計型分布

三設計型古墳数と比率だけでは墳形と時期がわからないので、CD別の日葉酢媛陵型古墳と応神陵型古墳の分布図も作成した（**図32・図34**）。

日葉酢媛陵型古墳

日葉酢媛陵型古墳九三七基をCDの単位数別にみると、一・五単位：一基、二単位：六基、二・五単位：三基、

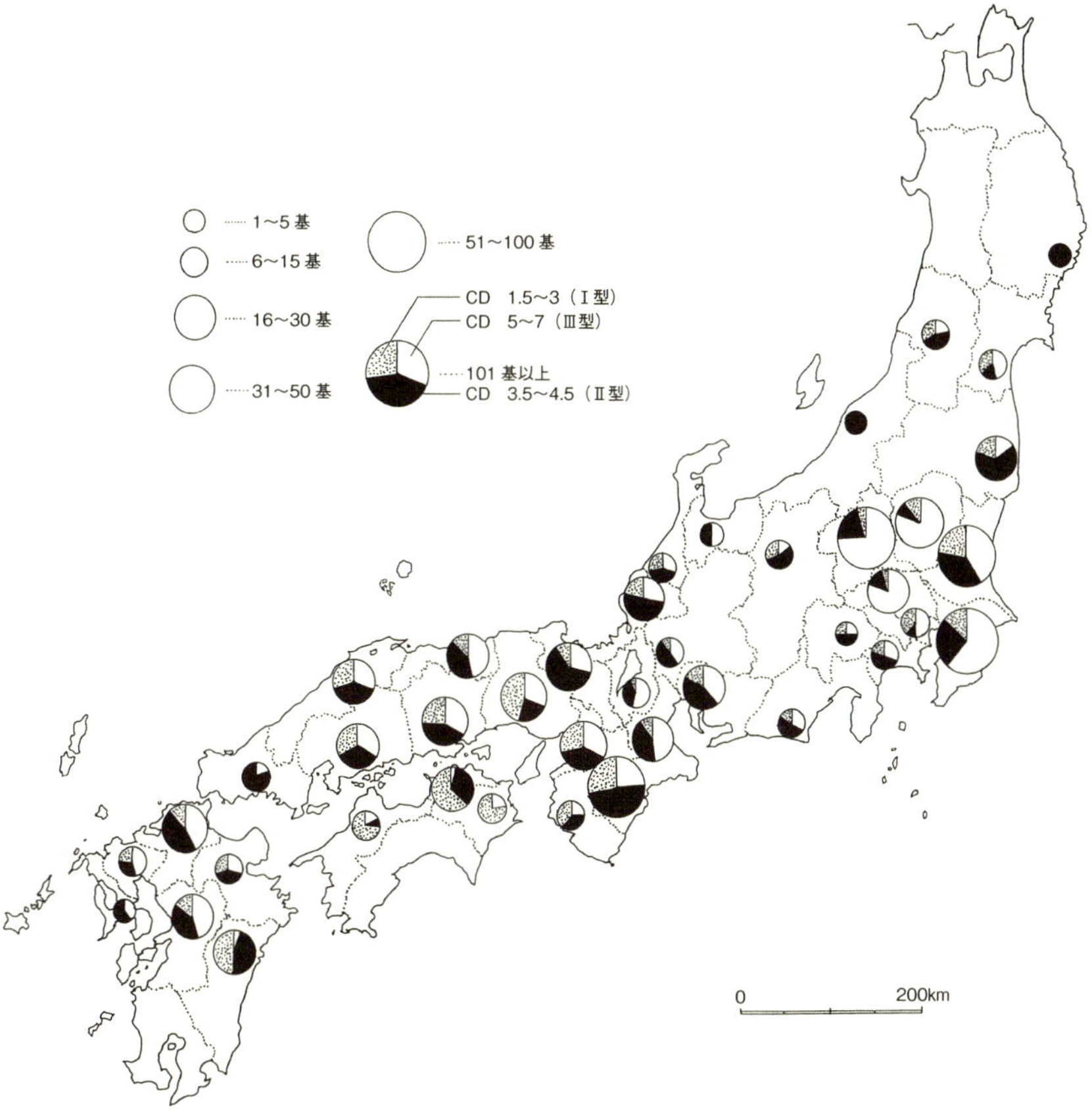

図 32 日葉酢媛陵型古墳の CD 別分布

三単位：一九六基、三・五単位：二六基、四単位：三〇三基、四・五単位：二一基、五単位：二一二基、五・五単位：一九基、六単位：一三四基、七単位：一六基になり、四単位の古墳がもっとも多く三二パーセントを占め、五単位、三単位、六単位とつづき、五単位以上の帆立貝型古墳が全体の四〇パーセントを占める。

分布図は四一都府県の古墳数を六段階に分けた円で表し、一・五〜三単位、三・五〜四・五単位、五〜七単位に三分類し、Ⅰ型・Ⅱ型・Ⅲ型とした。Ⅰ型は古期、Ⅱ型は例外もあるがつづく時期、Ⅲ型はそれ以後の帆立貝型古墳などで、その割合はⅠ型二二・〇パーセント、Ⅱ型三七・四パーセント、Ⅲ型四〇・七パーセントでⅢ型がもっとも多い。

Ⅰ型は瀬戸内海東半部を囲む地域に多く、離れたところでは宮崎県や茨城県に多い。ないところは岩手・新潟・富山・山口・長崎の五県であるが、Ⅰ型でも古い前方部の開きが少ないもの（ＥＦとＣ′Ｄ′の差が一以下）で分布図（**図33**）をつくってみたところ、分布範囲が縮小し、密度差が鮮明になった。北への伝播は茨城・栃木両県止まりで東北地方にはおよばず（ただし纒向型前方後円墳は伝播している・後述）、群馬・埼玉・岐阜県などにもみられない。東瀬戸内圏でとくに多いのは香川・兵庫・奈良三県で、その数は一九基・一四基・一二基である。このあとに岡山県の八基、大阪府の七基とつづくが、岡山県には浦間茶臼山古墳（纒向型）のようにＣＤ四単位で最古期のものがあるので奈良県なみになり、これらの地域は古墳時代初期の中心的地域である。

Ⅱ型は長崎県や岩手県にも分布が広がり、兵庫県と四国などをのぞいてかなり大幅に増えている。畿内では奈良県と京都府、関東では千葉・茨城両県などに多く、比率では京都府と福島県が高い。なお、京都府では福岡県とともにＣＤ三・五単位のものが多い。

Ⅲ型はきわめて少ない宮崎県と四国をのぞいてほぼ全国的に分布しているが、とくに関東の北東部に多い。他地域では三重・愛知・滋賀・鳥取・福岡・熊本県などに多い。

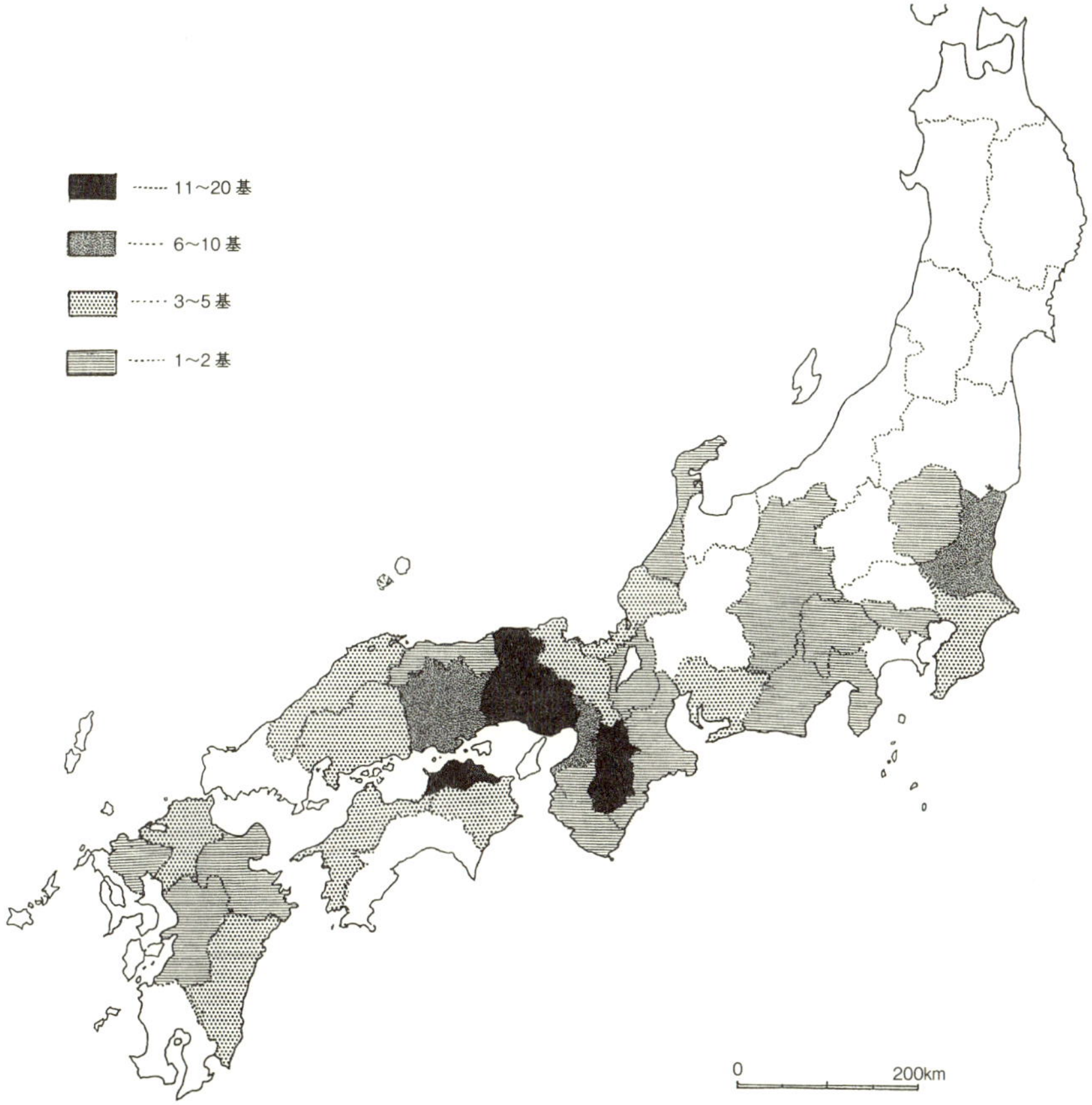

図 33　CD3 単位で EF と C′D′ との差が 1 以下の古式日葉酢媛陵型古墳の分布

応神陵型古墳

応神陵型古墳五六九基をCDの単位数別にみると、一・五単位：一八基、二単位：八七基、二・五単位：五九基、三単位：二二八基（Ⅲ型三三基をふくむ）、三・五単位：三九基、四単位：一一五基、四・五単位：八基、五単位：一三基、六単位：二基になり、三単位の古墳がもっとも多く、三単位以下のものが約七〇パーセントを占めているのが顕著な特色である。応神陵型古墳というと古市古墳群などの堂々とした大型前方後円墳をおもい浮かべるが、これらは例外的な存在であり、CDゼロの仁徳陵型古墳が生まれたのや、古い設計法で前方部を極端に縮小した帆立貝型古墳がつくられたのと同じ一連の動きであろう。

応神陵型古墳の分布図は、数が日葉酢媛陵型古墳の約六〇パーセントなので、三七府県の古墳数を五段階に分けた円で表し（**図34**）、CDを一・五～二・五単位、三単位、三・五単位と四単位、四・五単位以上に四分類し、Ⅰ型・Ⅱ型・Ⅲ型・Ⅳ型とした。ほぼ年代順であるが、三単位と四単位の時期は新旧二～四時期あってその混成比であるため、日葉酢媛陵型古墳のようにすっきりしない。その割合はⅠ型二八・八パーセント、Ⅱ型四〇・一パーセント、Ⅲ型二七・一パーセント、Ⅳ型四パーセントである。

分布状態の顕著な特色は、大阪府と和歌山県をのぞく瀬戸内海東半沿岸地域に少ないことである。このことが勢力の衰えを示しているのか、応神陵型の伝播や採用が少なかったことを示しているのかわからないが、岡山県では五世紀代に大型の造山《つくりやま》古墳（三六〇メートル）と作山《つくりやま》古墳（二八六メートル）がつくられているのでこの地域に勢力が集約化されたのかもしれない。

このため、畿内・関東・九州の三中心域が一層明確になり、畿内では和歌山県、関東では栃木県、九州では大分県が増えている。このほか福井・鳥取・長野三県でも増えている。

Ⅰ型はCD二・五単位の佐紀・盾列の宝来山古墳に代表される後円部の比率が小さい初期のタイプである。三

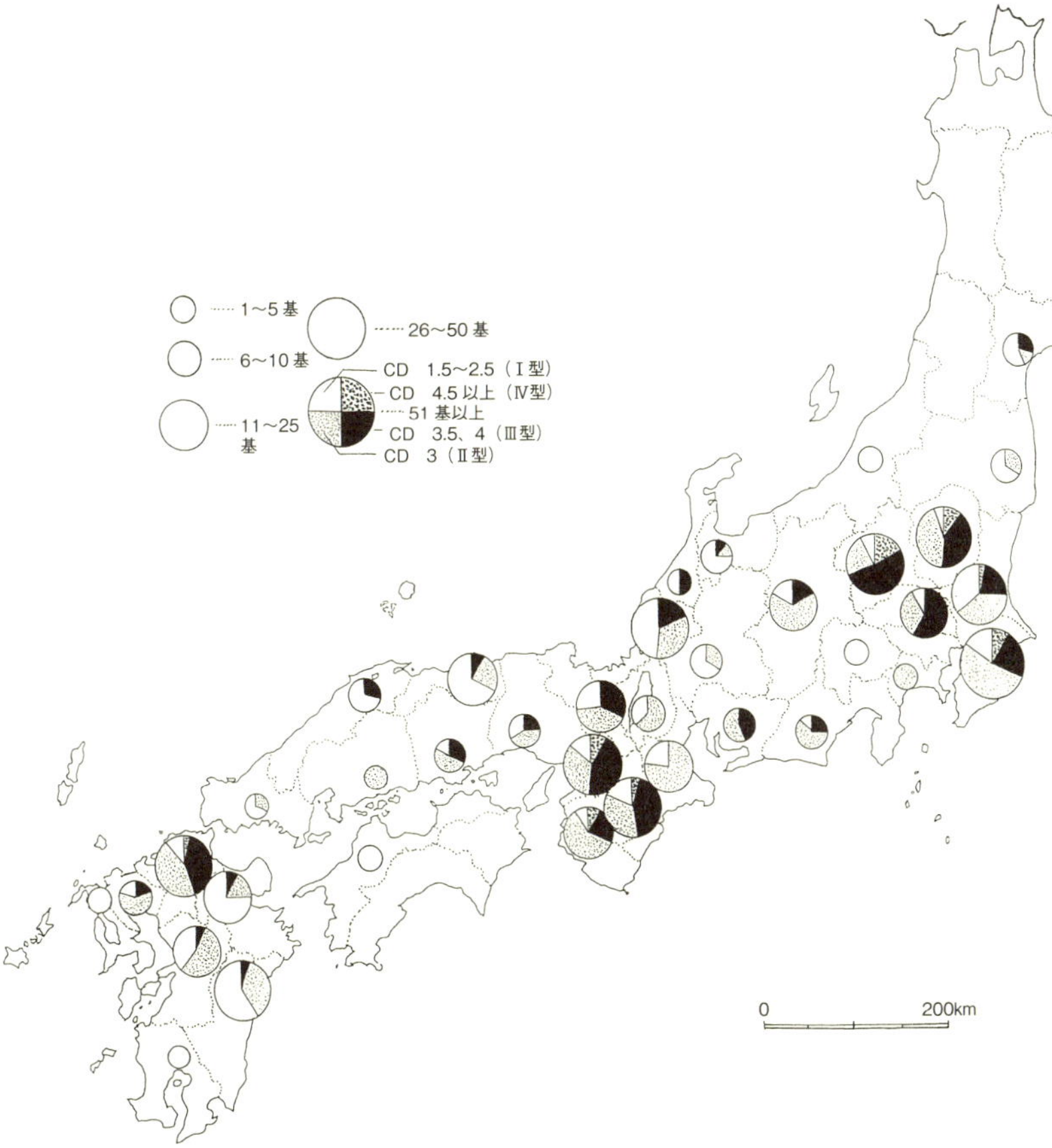

図 34　応神陵型古墳の CD 別分布

七府県中三三府県にみられ、宮崎・大分・熊本・鳥取・福井・茨城県などに多い。同一設計比のものが各地にあるのは、佐紀・盾列勢力の影響によるものであろうが、二単位以下のものが約三分の二を占めているのは、労働力節減のためであろう。

Ⅱ型は宝来山古墳のCDが半単位増した磯城郡の島ノ山古墳、その後EFも一単位増した北葛城郡の川合大塚山古墳、さらにEFが増して前方部の開きが大きい百舌鳥のニサンザイ古墳などで、いずれもCD三単位である。横穴式石室をもつ時期のものにもあり、その合計であるため数が多い。各地にみられるが、三重・滋賀・和歌山・長野・千葉・神奈川・静岡・愛知・岡山・広島・熊本・佐賀の一二県では五〇パーセント以上を占める。

Ⅲ型はCD三・五単位の誉田御廟山古墳と四単位のコナベ古墳に代表され、前者は同一設計比の大型古墳が多いので完成期型といえる。その多くは大阪府と奈良県にあり、周辺地域では京都府の久津川車塚《くづがわくるまづか》古墳と兵庫県の雲部車塚《くもべくるまづか》古墳がある。後者は畿内では少ないが一一五基もあり、とくに群馬県に多い。太田市の天神山古墳や伊勢崎市の御富士山《おふじやま》古墳に代表されるが、その後の新しい時期のものにも多い。

Ⅳ型は奈良・和歌山両県と大阪府にみられる新しい時期のもので、関東の群馬・栃木・千葉・茨城四県と福岡県にもみられる。

仁徳陵型古墳

仁徳陵型古墳は一七五基で、すでに書いたように後円部の比率を示すCDがすべてゼロであり、主体部が従来のものか横穴式石室であるかによってⅠ型とⅡ型に分けた。しかし、実際にはヨコの設計基準線を使って前方部につなぐ幅を決めてつくっている。Ⅰ型は一・五〜五単位まであって三単位が半数近くを占め、ついで二単位と二・五単位が多く、Ⅱ型はCD四単位、EF六単位のものが多い。

五章　設計型からみた畿内の古墳時代

奈良県と大阪府の主要前方後円墳一覧

前方後円墳に三種類の設計型があるのを知ったときから畿内の代表的古墳群の設計型を調べて表にしてきたが、そのあと三設計型の古墳一覧表をつくった。最初は三〇基ぐらいであったがしだいに増え、今回はあと二、三基増やしたかったがきりよく五〇基にした。古墳名も陵名でなく地元で呼ばれてきた名に改め（**表4**）、一部修正した。項目名はこれまでとほぼ同じで、タテに三設計型の欄をとり、ヨコに古墳名（カッコ内は陵名）・細分型・設計比・後円部の半径（算出値）・後円部と前方部の高さの基準単位に対する比・後円部と前方部の段数・つくりだしの有無と位置・周濠の有無と形・水位差堤の有無・所属古墳群と所在地・墳丘長・推定使用尺数と誤差・特記事項の項目をもうけた。なお、設計比のEFの△印は前方部が途中から開くタイプである。

古墳数が増えたためみにくいが、主体部と出土遺物をのぞいて個々の古墳のつくりが概観できるようにした。墳形と現存状態は測量図をみてもらうしかないが、設計比によって設計意図をある程度知ることができ、比較にもグルーピングにも役立つとおもう。

EFの△印…途中から開くもの，後円部の半径は計算値，測量図は『前方後円墳集成』に収録されたものを使用

水位差堤	所属する古墳群名 纒向	鳥見	柳本・大和	佐紀・盾列	馬見	古市	百舌鳥	その他	墳丘長(m)	推定使用尺数と誤差(m) 戦国・前漢尺 (23.1cm)	西晋尺 (24cm)	特記事項
	○								278	1,200（+0.8）	1,150（+2）	渡り土手あり
			○						232	1,000（+ 1）	950（+4）	
			○						120	500（+4.5）	500（±0）	纒向型とみられる
		○							208	900（+0.1）	850（+4）	
		○							231	1,000（± 0）	950（+3）	
								柏原市	130	550（+2.9）	550（−2）	
				○					275	1,200（−2.2）	1,150（−1）	
●				○					219	950（−0.5）	900（+3）	採土地を周濠にする
●				○					207	900（−0.9）	850（+3）	
			○						120	500（−4.5）	500（±0）	
						○			150	650（−0.2）	600（+6）	
●					○				130	550（+2.9）	550（−2）	帆立貝型
								御所市	149	650（−0.8）	600（+5）	
				○					227	1,000（− 4）	950（−1）	新設計型の誕生
					○				204	900（−3.9）	850（±0）	
●			○						254	1,000（−0.1）	1,050（+2）	周濠形(文久の古図)
●			○						300	1,300（−0.3）	1,250（±0）	
								川西町	195	850（−1.4）	800（+3）	車輪石と鍬形石
				○					204	900（−3.9）	850（±0）	
							○		146	650（−4.2）	600（+2）	
								御所市	238	1,000（+ 7）	1,000（−2）	
				○					219	950（+0.5）	900（+3）	完成期型
				○					250	1,100（−4.1）	1,050（−2）	前方部消滅
●					○				205	900（−2.9）	850（+1）	
					○				210	900（+2.1）	850（+6）	
								河合町	193	850（−3.4）	800（+1）	
						○			208	900（+0.1）	850（+4）	墳形など馬見系
						○			225	1,000（− 6）	950（+3）	
						○			290	1,250（+1.3）	1,200（+2）	
						○			415	1,800（−0.8）	1,700（+7）	
						○			230	1,000（− 1）	950（+2）	
							○		159	700（−2.7）	650（+3）	土取り工事で消滅
							○		360	1,550（+1.9）	1,550（±0）	
								茨木市	226	1,000（− 5）	950（−2）	
							○		290	1,250（+1.3）	1,200（+2）	新応神陵型（1）
								松原市	334	1,450（− 1）	1,400（−2）	前方部削平
●								高槻市	190	850（−6.4）	800（−2）	横穴式石室，継体陵
						○			242	1,050（−0.5）	1,000（+2）	
						○			190	850（−6.4）	800（−2）	
						○			122	500（+ 6）	500（+2）	
●						○			115	500（−0.5）	500（−5）	
●						○			122	500（+ 6）	500（+2）	新応神陵型（2）
								香芝町	140	600（+1.4）	600（−4）	
●			○						115	500（−0.5）	500（−5）	
				○					254	1,100（−0.1）	1,050（+2）	
							○		186	800（+1.2）	800（−6）	
							○		486	2,100（−0.9）	2,000（+6）	
							○		145	650（−5.2）	600（+1）	
●								橿原市	310	1,300（+9.7）	1,300（−2）	横穴式石室
●								明日香町	140	600（+1.4）	600（−4）	

表4　奈良県と大阪府の主要前方後円墳一覧

設計型	項目／古墳名（陵名）	細分型	墳丘長を8とした設計比				段数		つくりだし			周濠				
			AB：CD（C′D′）：EF	後円部の半径	後円部の高さ	前方部の高さ	後円部	前方部	両側	片側	なし	なし	不整形・ふちどりなど	円方結合型	アーチ型	ひらきアーチ型
日葉酢媛陵型（13）	箸墓	Ⅰ	8：3（2）：4△	2.281	0.74	0.43	5	2			●		●			
	西殿塚（手白香）	Ⅰ	8：3（2）：4△	〃	0.83	0.55	3	3			●	●				
	中山大塚	Ⅰ	8：3（2）：4△	〃	0.73	0.67	3	2			●		●			
	桜井茶臼山	Ⅰ	8：3（2）：2	〃	0.76	0.50	3	2			●	●				
	メスリ山	Ⅰ	8：3（2）：2.5	〃	0.67	0.27	3	2			●	●				
	松岳山	Ⅰ	8：3（2）：3	〃	0.98	0.31	3	2			●	●				
	五社神（神功皇后）	Ⅱ	8：4（2）：3.5	2.500	0.75	0.54	3	2			●	●				
	佐紀石塚山（成務）	Ⅱ	8：4（2.5）：4	〃	0.70	0.58	3	3			●		●			
	佐紀陵山（日葉酢媛）	Ⅱ	8：4（2.5）：3.5	〃	0.69	0.48	3	3			●				●	
	アンド山	Ⅱ	8：4（2）：4	〃	1.07	0.77	2	2			●					
	古室山	Ⅱ	8：4（3）：5	〃	0.81	0.49	3	3		●?						
	乙女山	Ⅲ	8：6（3）：3	3.125	1.03	0.26	3	1			●				●	
	掖上鑵子塚	Ⅳ	8：5（3.5）：6	2.781	0.94	0.65	3	2			●			●?		
応神陵型（31）	宝来山（垂仁）	Ⅰ	8：2.5：4	2.195	0.63	0.42	3	3			●			●		
	巣山	Ⅰ	8：2.5：4	〃	0.98	0.84	3	3	●						●	
	行燈山（崇神）	Ⅰ	8：2.5：4？	〃	1.02	0.45	3	3			●				●	
	渋谷向山（景行）	Ⅰ	8：2.5：4.5？	〃	0.69	0.64	3	3					●?			
	島ノ山	Ⅰ′	8：3：4	2.281	？	？	3	3			●					●
	コナベ	Ⅱ	8：4：5	2.500	0.82	0.71	3	3	●							●
	いたすけ	Ⅱ	8：4：5	〃	0.66	0.60	3	3		●					●	
	室大墓	Ⅱ	8：4：5.5	〃	0.84	0.74	3	3		●?						
	ヒシアゲ（磐之媛）	Ⅱ′	8：3.5：5.5	2.383	0.59	0.50	3	3		●						●
	市庭（平城）	Ⅱ′	8：3.5：5.5	〃	0.42	—	？	？	●							●
	新木山	Ⅱ′	8：3.5：5	〃	0.74	0.63	3	3	●						●	
	築山	Ⅱ′	8：3.3：4？	2.340	0.62	0.42	4?	3			●				●	
	川合大塚山	Ⅱ″	8：3：5	2.281	0.66	0.71	3	3			●				●	
	津堂城山	Ⅱ′	8：3.5：4.5	2.383	0.65	0.49	？	？	●						●	
	墓山	Ⅱ′	8：3.5：5.5	〃	0.74	0.69	3	3	●							●
	仲津山（仲津姫）	Ⅱ′	8：3.5：5.5	〃	0.72	0.64	3	3	●							●
	誉田御廟山（応神）	Ⅱ′	8：3.5：5.5	〃	0.67	0.69	3	3	●							●
	市野山（允恭）	Ⅱ′	8：3.5：5.5	〃	0.77	0.81	3	3	●							●
	河内大塚山	Ⅱ′	8：3.5：5.5	〃	0.70	0.60	3	3	●?							●
	河内陵山（履中）	Ⅱ′	8：3.5：5.2？	〃	0.41	0.34	3	3		●						●
	太田茶臼山（継体）	Ⅱ′	8：3.3？：5.5	2.340	0.71	0.71	3	3	●							●
	ニサンザイ	Ⅲ	8：3：6	2.281	0.66	0.61	3	3	●							●
	河内大塚	Ⅲ	8：3：6	〃	0.48	—	3	3?			●?					●
	今城塚	Ⅲ	8：3：6	〃	0.38	0.42	3	？		●?						●
	岡ミサンザイ（仲哀）	Ⅲ	8：3：6	〃	0.64	0.53	4	4		●					●	
	軽里大塚（白鳥）	Ⅲ	8：3：7	〃	0.86	0.98	3	3		●						●
	野中ボケ山（仁賢）	Ⅲ	8：3：7	〃	0.38	0.43	2	2		●						●
	白髪山（清寧）	Ⅲ	8：3：9	〃	0.73	0.76	2	2		●						●
	高屋築山（安閑）	Ⅳ	8：4：6	2.500	0.85	0.82	2	2			●					●
	狐井城山	Ⅳ	8：4：6	〃	0.69	0.74	？	？			●					●
	別所大塚	Ⅳ	8：5：7	2.781	1.04	0.56	3	3			●					●
仁徳陵型（6）	ウワナベ	Ⅰ	8：3：4	2.000	0.63	0.63	3	3		●						●
	御廟山	Ⅰ	8：3.5：5	〃	0.73	0.73	3	3		●						●
	大山（仁徳）	Ⅰ	8：3：5	〃	0.58	0.54	3	3	●							●
	田出井山（反正）	Ⅰ	8：3：6	〃	0.77	0.83	3	3		●						●
	見瀬丸山	Ⅱ	8：4：6	〃	0.54	0.39	3	2			●					●
	平田梅山（欽明）	Ⅱ	8：4：6	〃	0.86	0.90	3	3			●					●

日葉酢媛陵型古墳の欄をみると、CD三単位のⅠ型古墳は前方部の開き方に違いがあるが出現期とそれに近い時期のもので、盆地の南東部に多い。これに対して後円部の比率が増したCD四単位のⅡ型古墳は明らかにそのあとのもので、佐紀・盾列古墳群の丘陵上の三古墳に代表される。規模が落ちるが柳本古墳群にも古市古墳群にもみられる。CD六単位のⅢ型古墳（帆立貝型）は馬見古墳群の乙女山古墳に代表されるが、新しい応神陵型古墳が出現したことによってつくられたとおもわれ、終末期までつくられつづけている。Ⅳ型は掖上鑵子塚古墳一基である。

応神陵型古墳の欄をみると、五〇基中三一基で六二パーセントを占め、Ⅰ型の宝来山型は盆地内に三、四基、Ⅱ型のコナベ型は盆地内と百舌鳥古墳群に各一基であるが、Ⅱ′型のヒシアゲ型は盆地内、古市、百舌鳥のほか周辺地域にもあって多い。百舌鳥では仁徳陵型古墳のあとⅢ型のニサンザイ型がつくられて古市に伝わり、古市ではそのあとⅣ型の高屋《たかや》築山《ちくやま》型がつくられて奈良盆地内に広がり、狐井《きつい》城山・西乗鞍《のりくら》（一一八メートル）・石上《いそのかみ》大塚（一〇七メートル）古墳などがある。

仁徳陵型古墳はわずか六基にすぎず、うち三基を百舌鳥が占め、佐紀・盾列が古く、ほかの二基が新しい。つくりだしは工事用の道の一部を残したものとおもわれるが、古室山《こむろやま》古墳をのぞき日葉酢媛陵型古墳にはみられず、応神陵型古墳にともなうものである。早い時期のものは両側にあるが、のちに片側になり、ないものもある。

周濠形は前方部が開いたアーチ形が大部分であるが、馬見では前方部の開きを抑えた普通のアーチ形である。水位差堤は傾斜があって周濠を同一水面にできないためであり、周濠幅が縁どり程度に細く、水位差堤が多い古墳は、築造時に濠として水をめぐらす意図があったとはおもいにくい。

推定される使用尺は、奈良盆地の古墳には戦国・前漢時代の二三・一センチ尺、百舌鳥では晉尺とおもわれる二四センチ尺がよく適合するので、二つの欄をもうけて適合状態を調べた。古市ではすでに書いたように戦国・前漢尺より短い約二二・五センチ尺がよく適合する。

日葉酢媛陵型古墳時代

日葉酢媛陵型古墳のⅠ・Ⅱ型は纒向型前方後円墳をふくめて応神陵型古墳以前のものであり、前後関係がはっきり分かれる。纒向型前方後円墳については第Ⅱ部でくわしくあつかうが、纒向古墳群は纒向型前方後円墳六基が箸墓古墳とともに方位角と距離によって位置決定されていることで重要である。また、箸墓古墳築造のあと纒向型古墳が二基つくられていることと、箸墓古墳から吉備の特殊器台片などが採集されていることも重要である。

纒向古墳群の形成が終わったあと、吉備地方と同じように、古墳は丘陵や山裾の地形を生かしてつくるようになる。Ⅰ型古墳は前方部が細く低いのが特色であるが、箸墓・西殿塚・中山大塚三古墳のように前方部が途中からハの字形に開くものと、桜井茶臼山古墳のようにほとんど開かないものと、メスリ山古墳のようにわずかに開くものとがある。大和《おおやまと》古墳群にある中山大塚古墳は後円部の形が纒向型のようにおもわれ、この古墳と西殿塚古墳の間に位置する燈篭《とうろう》山古墳（一一〇メートル）と小型の火矢塚《ひやづか》古墳もⅠ型である。また、約一五〇メートル北西にある馬口山《ばくちやま》古墳（一一〇メートル）も保存状態がよくないがⅠ型のようである。

柳本古墳群では大和古墳群より遅れて古墳づくりがはじまり、柳本大塚（九四メートル）・黒塚（一二七メートル）両古墳が比較的新しいⅠ型とおもわれるが、後世の変形で墳形がはっきりしない。Ⅱ型には石名塚《いしなづか》・アンド山・上《うえ》の山《やま》三古墳があるが、規模はいずれも一二〇メートル前後である。

盆地北部の佐紀・盾列古墳群は丘陵上のⅡ型古墳からはじまり、東方の若草山にはⅠ型の新しいものとおもわ

図35　空からみた佐紀石塚山・同陵山古墳（右側下は同高塚古墳：著者撮影）

れる鶯塚《うぐいすづか》古墳（一〇三メートル）があるが、両者の関係は不明である。五社神・佐紀石塚山・佐紀陵山三古墳のほかに佐紀高塚古墳（一二七メートル）もあるが、佐紀陵山古墳のあと平地に下りて応神陵型古墳に変わる（図35）。

　馬見古墳群にもI型がみられず、ナガレ山古墳（一〇三メートル）はⅡ型である。Ⅲ型最大の乙女山古墳がこの地につくられた理由は不明であるが、Ⅲ型の出現は前記したように佐紀・盾列に新しい応神陵型古墳が生まれたことによるものであろう。

　生駒《いこま》・金剛《こんごう》山地をこえた西方の河内では、柏原市の松《まつ》岳山《おかやま》古墳と玉手山丘陵上の玉手山8号墳がI型であるが、古市古墳群にはI型がなく、Ⅱ型に一〇〇メートルをこす大鳥塚古墳、二ッ塚古墳、古室山古墳がある。百舌鳥古墳群にもI型がなく、乳《ち》の岡古墳はⅡ型である。

応神・仁徳陵型古墳時代

佐紀・盾列古墳群の平地で生まれ、そのあとの主流になった応神陵型古墳の時代であり、仁徳陵型古墳と日葉酢媛陵型Ⅲ型古墳もこの時代に入る。応神陵型古墳の成因と変化については四章に書いたが、この古墳群は埼玉《さきたま》古墳群にならって各古墳の工事基準点間距離に戦国・前漢尺が使われているかどうかを最初に調べた古墳群である。一九八二年であり、大阪府教育委員会の一万分の一縮尺の「大阪府文化財分布図」を使い、各古墳に中心線を引き、その中点を工事基準点として調べた。結果は埼玉古墳群よりやや適合率が低かったが、三〇〇〇尺が三カ所、一万尺が二カ所、三五〇〇尺、六〇〇〇尺、七〇〇〇尺、一万四〇〇〇尺が各一カ所で使用されていた。各古墳の位置を距離を測って決めたことを示すもので、二〇年後の二〇〇二年に、三世紀の纒向古墳群にも戦国・前漢尺が使われていることがわかり、確実になった。このとき、距離とともに方位角が使われていることもわかり、古市・百舌鳥両古墳群とともに再検討した。その結果、重要なことが明らかになったが、第Ⅲ部で取り上げるので、ここでは佐紀・盾列の応神陵型古墳が大和・河内・和泉などに与えた影響についてみていく。

宝来山古墳（Ⅰ型）の影響は、盆地内・周辺地域はもとより遠隔地にもおよんで各地に同一型や近似型がつくられており、この勢力の強大さを示している。盆地内には北葛城の馬見古墳群に巣山古墳があり、端正な形で知られている。前方部に大きく長いつくりだしをもち、アーチ形の周濠をめぐらしているのはつぎのコナベ古墳からの影響であろう。

天理市の柳本古墳群にある渋谷向山《しぶたにむこうやま》古墳と行燈山《あんどんやま》古墳はともに丘陵の末端部を利用してつくり、後世の改変がひどいが、前者はEFが半単位広い近似型である。後者はさらに改変がひどく設計型がわからないほどであるが、「文久の古図」によると周濠がアーチ型で墳丘の前方部が現在より長く、同一型の可能性がある。このように自然地形を利用してつくっているが、明らかに佐紀・盾列勢力の影響があり、渋谷向山古墳には佐紀・盾列の規模をこえようとする意図がみられる。このほか、東殿塚古墳（一三九メートル）とヒエ塚古墳（一二五メートル）も同一型の可能性がある。

周辺地域では大阪府の帝塚山《てづかやま》古墳（一二〇メートル）、久米田貝吹山《くめだかいぶきやま》古墳（一三五メートル）、心合寺山《しんごうじやま》古墳（一三〇メートル）が同一型で、滋賀県の安土瓢箪山《あづちひょうたんやま》古墳（一三四メートル）もその可能性がある。遠隔地では会津大塚山古墳（一一四メートル）が同一型のようにおもわれ、前方部の開きがすこし狭いが立地をふくめて典型的なものに群馬県太田市の朝子塚《ちょうしづか》古墳（一二三・五メートル）がある。周濠も地籍図から宝来山古墳と同じ円・方結合形が推定されている。

つづくコナベ型（Ⅱ型）はすぐヒシアゲ型（Ⅱ′型）に変わったため同一型が少なく、百舌鳥のいたすけ古墳と関東最大の群馬県太田市の天神山古墳（二一〇メートル）に代表される。

完成期型といえるヒシアゲ型は馬見・古市・百舌鳥などに伝わり、とくに古市に多いが、関東にまったくみられないのは、太田勢力の滅亡か、近隣勢力との競合で東国まで手が回らなくなったことを示すものであろう。

この時期の周囲の状況をみると、馬見ではCDを三・五単位にしながら前方部の開きをおさえて前方部側が開かないアーチ型の周濠を守りつづけ、古市ではこの馬見型の津堂城山《つどうしろやま》古墳と野中宮山《のなかみややま》古墳（一五四メートル）がつくられたあと、ヒシアゲ型の墓山・仲津山・誉田御廟山・市野山四古墳がつくられる。その採用期は佐紀・盾列のヒシアゲ古墳か市庭古墳がつくられたあととおもわれ、仲津山古墳から規模を増し、誉田御廟山古墳（応神陵）は四一五メートルの墳丘長をもち最大である（**図36**）。

百舌鳥では日葉酢媛陵型Ⅱ型の乳の岡古墳についでコナベ型のいたすけ古墳が台地上につくられ、ヒシアゲ型の大塚山古墳と陵山古墳（履中陵）がつづき、陵山古墳はこの勢力が強大になったことを示す。そのあと、ウワナベ古墳にならったとおもわれる仁徳陵型の御廟山古墳、わが国最大の大山古墳（仁徳陵、**図37**）、田出井山《たでいやま》古墳（反正陵）の築造がつづき、北端の田出井山古墳から反転して位置を大きく南に変えたのが新応神陵型（Ⅲ

型）のニサンザイ古墳（土師《はぜ》古墳）である。

この新型古墳は後円部の比率と前方部の開きを増すことを求めたもので、CD三単位、EF六単位であるため、三角形の中点連結定理で前方部の両側線がA点に集まる。真の継体陵とみられる高槻市の今城塚《いましろづか》古墳、河内大塚古墳、古市の岡ミサンザイ古墳（仲哀陵）は同一型であり、関東の七輿山《ななこしやま》古墳（一四六メートル）や内裏塚《だいりづか》古墳（一四四メートル）も同一型であることは、百舌鳥勢力がなお強大であったことを示している。

百舌鳥ではニサンザイ古墳につづく古墳がなく、一方古市では岡ミサンザイ古墳のあとニサンザイ型の古墳がつくられ、前方部の開きを増しながら小型化し、そのあとCDを四単位、EFを六単位にした応神陵型のⅣ型の

図36　空からみた誉田御廟山古墳（末永雅雄先生撮影）

図37　空からみた大山古墳（末永雅雄先生撮影）

高屋築山古墳が丘陵につくられ、奈良盆地に広がっていく。

高屋築山型には馬見の狐井城山古墳、柳本の西乗鞍・ウワナリ・石上三古墳などがあり、ＣＤ四単位、ＥＦ六単位の設計比は仁徳陵型の見瀬丸山・平田梅山両古墳にも使われている。このあと別所大塚古墳のようにＣＤ五単位のものもつくられ、群馬県に伝わっている。

六章　設計型からみた関東の古墳時代

関東平野の古墳分布

わが国最大の面積をもつ関東平野には、群馬県の太田天神山古墳をのぞいて二〇〇メートルをこえる古墳がない。しかし一五〇メートル以上にすると六基あり、一〇〇メートルまで下げると六〇基をこえ、規模では近畿におよばないが、古墳時代の名に恥じない。

総数は、『前方後円墳集成』によると一九一一基（前方後方墳一〇四基をふくむ）で、全国の三九・二パーセントを占め、近畿の二・三倍である。そしてもっとも多い千葉県の六七五基は、九州の総数五六二基と中部の総数六四九基をこえる。一〇〇メートル以上のものは昔から「古墳王国」と呼ばれてきた群馬県が二二基でもっとも多く、つぎが千葉県の一五基で、埼玉県八基、茨城県七基とつづく。

表5は同書から関東一都六県の収録古墳数・設計分析数・三設計型数などをまとめたもので、**表6**は墳丘七〇メートル以上のものの細分型である。なお、**表5**の三設計型古墳数は**表3**の一部を修正している。

三設計型の比率は、日葉酢媛陵型五二・四パーセント、応神陵型三三・八パーセント、仁徳陵型一三・八パー

表5 『前方後円墳集成』に収録された関東の古墳の検討数と3設計型数

項目 / 都県名	収録古墳数	前方後円墳数	実測図数	設計分析した前方後円墳数	三設計型			前方後方墳数
					日葉酢媛陵型	応神陵型	仁徳陵型	
茨城	446	432	127	103	59	39	5	14
栃木	251	232	108	80	36	39	5	19
群馬	391	360	156	109	60	44	5	31
埼玉	108	99	79	64	27	10	27	9
千葉	675	647	230	192	101	58	33	28
東京	12	11	9	8	8	0	0	1
神奈川	29	26	21	18	10	4	4	2
(計)	1,912	1,807	730	574	301	194	79	104

表6 関東の墳丘70m以上の前方後円墳にみる3設計型の細分型数

項目 / 都県名	日葉酢媛陵型設計古墳				応神陵型設計古墳							仁徳陵型設計古墳			(計)
	I型	II型	III型	IV型	I型	I′型	II型	II′型	II″型	III型	IV型	I型	II型	?	
茨城	6	7	0	0	9	2	0	0	0	0	2	2	0	2	30
栃木	1	2	0	0	2	0	3	0	2	0	3	0	0	0	13
群馬	3	7	2	1	3	2	8	1	3	1	9	1	1	0	42
埼玉	0	1	1	0	0	0	0	1	1	0	0	3	2	7	16
千葉	4	5	1	1	5	2	0	0	3	3	1	3	5	4	37
東京	2	1	2	0	0	0	0	0	0	0	0	0	0	0	5
神奈川	2	0	0	0	0	1	0	0	0	0	0	0	0	0	3
(計)	18	23	6	2	19	7	11	2	9	4	15	9	8	13	146

セントで、全国平均の五五・七パーセント、三三・八パーセント、一〇・四パーセントに近いが、仁徳陵型が多いのが関東の特色である。都県別では東京都が日葉酢媛陵型だけであるのと、栃木県に応神陵型、千葉・埼玉両県に仁徳陵型が多いのが特色である。

図38は関東一都六県の前方後円墳の数と三設計型を一〇型に分けた比率を円グラフにしたものである。仁徳陵型古墳を三分したのは、未調査のためにI型かII型か不明なものがあるためであり、円の大きさは古墳数に比例

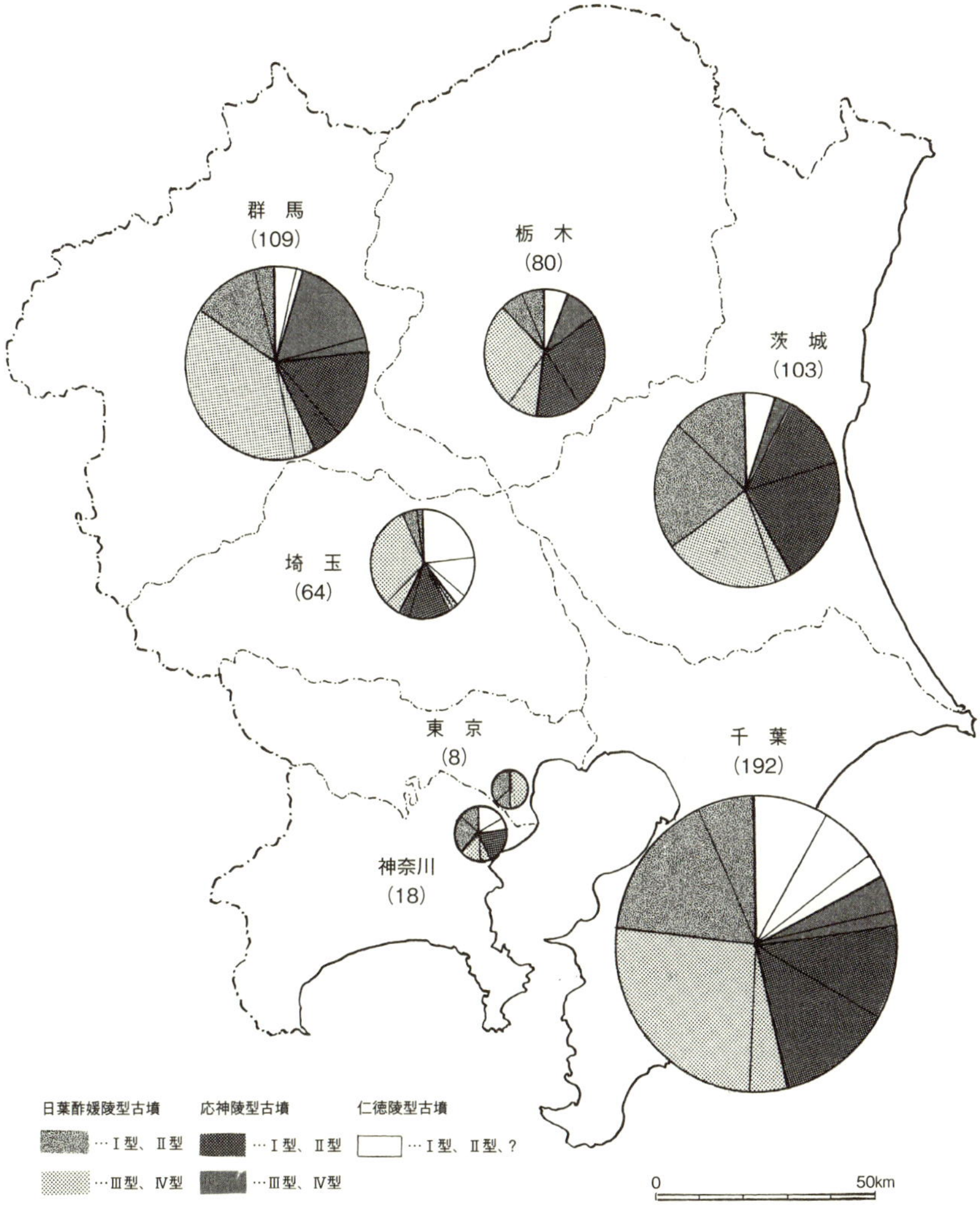

図38　関東1都6県の前方後円墳にみる各設計型の比率（カッコ内は分析古墳数）

した正確なものではなく、数の違いを視覚的に表したものにすぎない。

三　設計型古墳の分布状況

日葉酢媛陵型古墳

Ⅰ・Ⅱ型は茨城・千葉両県に多く、数は少ないが東京都と神奈川県が高率である。いずれも海に面した地域であり、これに対して内陸三県は少なく、とくに埼玉県が少ない。時期的に新しいⅢ・Ⅳ型は逆に内陸県の比率が高いが、数では千葉県のほうが多い。東京都のⅢ型は比較的古く、Ⅳ型はない。

応神陵型古墳

Ⅰ・Ⅱ型は栃木・茨城両県の比率が高く、千葉県、群馬県とつづくが、分けるとⅠ型は茨城・千葉両県の比率が高く、Ⅱ型は群馬・栃木両県の比率が高い。近畿ではⅠ型より少ないⅡ型が両県に多いのは、一世紀以上あとにつくられた横穴式石室をもつものにも使われているためである。Ⅲ・Ⅳ型は群馬県をのぞいてごくわずかで、同県のⅣ型の前橋二子山古墳は天理市石上の別所大塚古墳と同一設計比である。

仁徳陵型古墳

比率では埼玉県、数では千葉県が最高で合計六〇基あり、全国の三分の一を占める。これに対し茨城・栃木・群馬三県には一五基しかなく、この顕著な違いは千葉県市原市に比較的古いⅠ型古墳がみられるので、和泉の百舌鳥勢力との関係が考えられる。

このほか、細部の違いを捨てて円グラフをみると、群馬県と栃木県、茨城県と千葉県とが似ていて、地理的・歴史的共通性をもつ。これに対してきわめて対照的であるのが、東京湾を隔てた千葉県と東京都・神奈川県との古墳数の大きな違いであり、日葉酢媛陵型I型古墳がつくられながら、五世紀前半ごろ関東の歴史から取り残された東京都と、古墳時代を通して活力があった千葉県との違いを示している。

設計型からみた各地の様相

表7は設計分析した関東の前方後円墳五七四基から墳丘七〇メートル以上のものを都県別・設計型別などに分類し、設計比順にならべたものである。その数は一四六基なので二五・四パーセントにあたり、日葉酢媛陵型古墳四九基、応神陵型古墳六七基、仁徳陵型古墳三〇基である。

細分型の右下に小さな「新」をつけたのは設計比が同じでも時期的に新しいとおもわれるもので、応神陵型I型古墳の右下に小さい黒マルをつけたものは、CDが本来の二・五単位より小さいものである。このほか細分型の設計比からはみだしたものと、設計比から横穴式石室と推定したものに?印をつけた。この表からわかってきた様相を都県別に記すとつぎのようになる。

茨城県

日葉酢媛陵型I型古墳が関東でもっとも多く、浅間塚古墳は新しそうであるが六基あり、表にはない岩瀬の長《ちょう》辺《へん》寺《じ》山古墳（一二〇メートル）などを加えると一〇基をこえる。これは初期古墳文化の伝播が早かったことを示し、当時は内海であったと考えられている北浦・霞ヶ浦や、太平洋に河口をもつ那珂川・久慈川などから舟で入

日…日葉酢媛陵型設計，応…応神陵型設計，仁…仁徳陵型設計

栃木県(13)	塚山	宇都宮市	93	応	Ⅱ″?	8 : 3.5 : 5		台地端
	正善寺	足利市	103	応	Ⅱ?	8 : 4 : 4	△	平地
	吾妻	壬生町(下都賀郡)	117	応	Ⅱ新	8 : 4 : 5	△	河岸段丘
	山王塚	国分寺町(下都賀郡)	89	応	Ⅱ新	8 : 4 : 5	△	台地
	下台原	鹿沼市	73	応	Ⅳ	8 : 4 : 6	△?	台地
	三王山	南河内町(河内郡)	70	応	Ⅳ	8 : 4 : 7	△?	台地
	国分寺愛宕山	国分寺町(下都賀郡)	70	応	Ⅳ	8 : 5 : 6	△	台地
群馬県	前橋天神山	前橋市	129	日	Ⅰ	8 : 3(1) : 3		台地縁
	福島神明塚	甘楽町(甘楽郡)	75	日	Ⅰ	8 : 3(2) : 4		河岸段丘
	白石稲荷山	藤岡市	175	日	Ⅰ	8 : 3(1.5) : 4		丘陵
	太田八幡山	太田市	84	日	Ⅱ	8 : 4(3) : 3		独立丘
	鳥崇神社	太田市	70	日	Ⅱ	8 : 4(2.5) : 4		台地
	上武士天神山	境町(佐波郡)	127	日	Ⅱ	8 : 4(2.5) : 4		台地
	浅間山	高崎市	171	日	Ⅱ	8 : 4(2) : 4		台地
	大鶴巻	高崎市	123	日	Ⅱ	8 : 4(2) : 4		台地
	上並榎稲荷山	高崎市	122	日	Ⅱ	8 : 4(2) : 4		平地
	保渡田薬師塚	群馬町(群馬郡)	105	日	Ⅱ	8 : 4(2) : 4		台地
	丸塚山	伊勢崎市	81	日	Ⅲ	8 : 5(3) : 3		台地端
	女体山	太田市	106	日	Ⅲ	8 : 7(1) : 1.5		平地
	前二子	前橋市	93	日	Ⅳ	8 : 5.5(3) : 5.5	△	台地
	朝子塚	太田市	123	応	Ⅰ	8 : 2.5 : 4か3.5		低台地
	米沢二ツ山	太田市	74	応	Ⅰ新	8 : 2.5 : 4		平地
	梨ノ木山	玉村町(佐波郡)	80	応	Ⅰ	8 : 2.5か2 : 4		台地
	別所茶臼山	太田市	164	応	Ⅰ′	8 : 3 : 4		台地端
	小鶴巻	高崎市	87	応	Ⅰ′	8 : 3 : 4		河岸段丘
	太田天神山	太田市	210	応	Ⅱ	8 : 4 : 5		平地
	御富士山	伊勢崎市	125	応	Ⅱ	8 : 4 : 5		平地
	八王子神社	邑楽町(邑楽郡)	73(85)	応	Ⅱ	8 : 4 : 5		台地
	正円寺	前橋市	73	応	Ⅱ新	8 : 4 : 5	△	丘陵
	保渡田愛宕山	群馬町(群馬郡)	108	応	Ⅱ新	8 : 4 : 5		台地
	平塚	高崎市	105	応	Ⅱ新	8 : 4 : 5		台地
	笹森稲荷山	甘楽町(甘楽郡)	106	応	Ⅱ新	8 : 4 : 5	△	河岸段丘
	遠見山	前橋市	70	応	Ⅱ新	8 : 4 : 5		平地
	保渡田八幡塚	群馬町(群馬郡)	102	応	Ⅱ″?	8 : 3.5 : 5		台地
	綿貫観音山	高崎市	97	応	Ⅱ′	8 : 3.5 : 5.5	△	河岸段丘
	不動山	高崎市	94	応	Ⅱ″	8 : 3 : 5		平地
	岩鼻二子山	高崎市	115	応	Ⅱ″	8 : 3 : 5		河岸段丘

表7-1 設計型からみた関東の前方後円墳の都県別一覧

項目/県	古墳名	所在地	墳丘長(m)	設計型	細分型	設計比 AB : CD(C'D') : EF	横穴式石室(△)	立地
茨城県(30)	芦間山	下館市	146	日	Ⅰ	8 : 3(2) : 2		沖積地
	浅間塚	牛堀町(行方郡)	84	日	Ⅰ	8 : 3(1.5) : 2		台地
	鏡塚	大洗町(東茨城郡)	105	日	Ⅰ	8 : 3(2) : 3		台地端
	灯火山	明野町(真壁郡)	75	日	Ⅰ	8 : 3(2) : 3		台地
	梵天山	常陸太田市	151	日	Ⅰ	8 : 3(1.5) : 3		台地
	水戸愛宕山	水戸市	136	日	Ⅰ	8 : 3(2) : 4		河岸段丘
	舟子塚原1号	舟子(稲敷郡)	74	日	Ⅱ	8 : 4(2) : 2		台地
	常名天神山	土浦市	70	日	Ⅱ	8 : 4(2) : 2		台地
	八幡塚	つくば市	91	日	Ⅱ新	8 : 4(2) : 3		台地端
	茶焙山	関城町(真壁郡)	70	日	Ⅱ	8 : 4(2.5) : 5		低丘陵
	木原台6号	美浦村(稲敷郡)	81	日	Ⅱ	8 : 4(3) : 3		台地
	香取神社	八千代町(結城郡)	71	日	Ⅱ	8 : 4(3) : 3		台地端
	六所塚	石下町(結城郡)	70	日	Ⅱ	8 : 4(3) : 3		丘陵端
	桜山	龍ケ崎市	71	応	Ⅰ.	8 : 1.5 : 1.5		台地縁
	宮中野23号	鹿島町(鹿島郡)	90	応	Ⅰ.	8 : 1.5 : 2		台地縁
	村松権現山	東海村(那珂郡)	87	応	Ⅰ.	8 : 1.5 : 2.5		丘陵
	王塚	土浦市	84	応	Ⅰ.	8 : 2 : 2.5		台地
	糠塚	大宮町(那珂郡)	80	応	Ⅰ.	8 : 2 : 3		台地
	宮山観音	明野町(真壁郡)	91	応	Ⅰ.	8 : 2 : 3		台地端
	宮中野73号	東海村(那珂郡)	109	応	Ⅰ.	8 : 2 : 3		台地
	三昧塚	玉造町(行方郡)	85	応	Ⅰ.	8 : 2 : 4		沖積地
	台畑	明野町(真壁郡)	72	応	Ⅰ	8 : 2.5 : 4		台地
	大生西部1号	潮来町(行方郡)	71	応	Ⅰ'	8 : 3 : 3.5		台地
	府中愛宕山	石岡市	91	応	Ⅰ'新	8 : 3 : 4		台地
	村松舟塚2号	東海村(那珂郡)	80	応	Ⅳ	8 : 4 : 6	△?	台地
	風返し稲荷山	出島村(新治郡)	70	応	Ⅳ	8 : 4 : 6	△	台地
	富士見塚	出島村(新治郡)	92	仁	?	8 : 2 : 4.5		台地
	川子塚	那珂湊市	80	仁	?	8 : 2.5 : 5		台地縁
	舟塚山	石岡市	186	仁	Ⅰ	8 : 2.5 : 5		台地縁
	玉里舟塚	玉里村(新治郡)	88	仁	Ⅰ	8 : 3 : 5		台地
栃木県	東谷笹塚	宇都宮市	100	日	Ⅰ	8 : 3(2) : 4		低台地
	摩利支天塚	小山市	121	日	Ⅱ	8 : 3.5(2) : 5.5		台地
	琵琶塚	小山市	123	日	Ⅱ	8 : 4(2) : 4		台地
	茶臼塚	小山市	77	応	Ⅰ?	8 : 2.5 : 3		沖積地
	八木岡瓢箪塚	真岡市	77	応	Ⅰ	8 : 2.5 : 4		台地
	壬生長塚	壬生町(下都賀郡)	77	応	Ⅱ''	8 : 3 : 5		河岸段丘

日…日葉酢媛陵型設計，応…応神陵型設計，仁…仁徳陵型設計

千葉県(37)	殿塚	横芝町(山武郡)	88	日	Ⅱ新	8 ： 4(3) ： 5	△	台地
	釈迦山	市原市	80	日	Ⅲ	8 ： 5(2.5) ： 3		台地
	朝日ノ岡	松尾町(山武郡)	70	日	Ⅳ	8 ： 5(2) ： 5	△	台地
	飯籠塚	君津市	102	応	Ⅰ.	8 ： 2 ： 3		丘陵舌状地
	三之分目大塚山	小見川町(香取郡)	123	応	Ⅰ	8 ： 2.5 ： 4		自然堤防
	高柳銚子塚	木更津市	110(130)	応	Ⅰ新	8 ： 2.5 ： 4		沖積地
	西ノ台	成東町(山武郡)	90	応	Ⅰ?	8 ： 2.5 ： 3		台地
	祇園大塚山	木更津市	110	応	Ⅰ?	8 ： 2.5 ： 5		沖積平野
	北条塚3号	多古町(香取郡)	74	応	Ⅰ′	8 ： 3 ： 4		台地
	大堤権現塚	松尾町(山武郡)	115	応	Ⅰ′新	8 ： 3 ： 4	△	台地
	御前鬼塚	干潟町(香取郡)	105	応	Ⅱ″	8 ： 3 ： 5		台地縁
	稲荷森	木更津市	80	応	Ⅱ″	8 ： 3 ： 5		沖積地
	弁天山	富津市	86	応	Ⅱ″	8 ： 3 ： 5		沖積地
	内裏塚	富津市	144(114)	応	Ⅲ	8 ： 3 ： 6		沖積地
	九条塚	富津市	105	応	Ⅲ	8 ： 3 ： 6	△	沖積地
	小池大塚	芝山町(山武郡)	72	応	Ⅲ	8 ： 3 ： 6	△	台地
	竜角寺111号	竜角寺(印旛郡)	70	応	Ⅳ	8 ： 4 ： 6	△	台地縁
	丸山	木更津市	76	仁	Ⅱ	8 ： 1.5 ： 3	△	沖積地
	根崎12号	山武町(山武郡)	79	仁	?	8 ： 2 ： 4		台地
	上北原	富津市	72	仁	Ⅱ	8 ： 2 ： 4	△	沖積地
	稲荷山	富津市	106	仁	Ⅱ	8 ： 2 ： 6	△	沖積地
	武平塚	富津市	70	仁	Ⅰ	8 ： 2.5 ： 4		沖積地
	原1号	市原市	73	仁	Ⅰ	8 ： 2.5 ： 4		台地
	八幡神社	君津市	86	仁	?	8 ： 2.5 ： 4		沖積地
	金鈴塚	木更津市	95	仁	Ⅱ	8 ： 2.5 ： 4	△	沖積地
	姉崎二子塚	市原市	103	仁	Ⅰ	8 ： 2.5 ： 4.5		沖積地
	青木亀塚	富津市	103	仁	?	8 ： 3 ： 4		沖積地
	古塚	富津市	89	仁	?	8 ： 3 ： 5		沖積地
	三条塚	富津市	122	仁	Ⅱ	8 ： 3 ： 6	△	沖積地
東京都(5)	宝莱山	大田区	97(115)	日	Ⅰ	8 ： 3(2) ： 2		台地
	芝丸山	港区	116	日	Ⅰ	8 ： 3(2) ： 3		台地
	亀甲山	大田区	107	日	Ⅱ	8 ： 4(2.5) ： 4		台地
	摺鉢山	台東区	70	日	Ⅲ	8 ： 5(2) ： 2		台地
	野毛大塚	世田谷区	82	日	Ⅲ	8 ： 6.5(1) ： 2.5		台地
神奈川県(3)	加瀬白山	川崎市	90	日	Ⅰ	8 ： 3(2) ： 4		独立丘
	観音松	横浜市	80	日	Ⅰ	8 ： 3(?) ： ?		丘陵
	地頭山	厚木市	72	応	Ⅰ′	8 ： 3 ： 4		丘陵端

表7-2 設計型からみた関東の前方後円墳の都県別一覧

項目／県	古墳名	所在地	墳丘長（m）	設計型	細分型	設計比 AB：CD（C′D′）：EF	横穴式石室(△)	立地
群馬県（42）	七輿山	藤岡市	146	応	Ⅲ	8：3：6		河岸段丘
	簗瀬二子塚	安中市	78	応	Ⅳ	8：3.5：6	△	台地
	中二子	前橋市	108	応	Ⅳ	8：4：6	△?	丘陵
	後二子	前橋市	82	応	Ⅳ	8：4：6	△	独立丘
	今井神社	前橋市	71	応	Ⅳ	8：4：6	△?	台地
	王山	前橋市	72	応	Ⅳ	8：4：6	△	平地
	上渕名雙児山	境町（佐波郡）	90	応	Ⅳ	8：5：6	△	台地縁
	前橋二子山	前橋市	104	応	Ⅳ	8：5：7	△	台地
	二ツ山1号	新田町（新田郡）	74	応	Ⅳ	8：5：7	△	扇央部
	八幡観音塚	高崎市	96	応	Ⅳ	8：6：8	△	台地
	太田鶴山	太田市	104	仁	Ⅰ	8：3：5		扇端部
	総社二子山	前橋市	90	仁	Ⅱ	8：3：5	△	台地
埼玉県（16）	高稲荷	川口市	75	日	Ⅱ	8：4(2)：3		丘陵
	雷電山	東松山市	84	日	Ⅲ	8：6(3)：3		丘陵
	奥の山	行田市	70	応	Ⅱ′	8：3.5：5.5		沖積台地
	天王山塚	菖蒲町（南埼玉郡）	107	応	Ⅱ″	8：3：5		平地
	稲荷山	行田市	120	仁	Ⅰ	8：2：5		沖積台地
	中の山	行田市	79	仁	?	8：2：5		沖積台地
	野本将軍塚	東松山市	115	仁	Ⅰ	8：2.5：4		台地
	小見真観寺	行田市	112	仁	Ⅱ	8：2.5：4	△	沖積台地
	三方塚	行田市	70	仁	?	8：2.5：5		沖積台地
	とうかん山	大里村（大里郡）	74	仁	?	8：2.5：5		台地
	鉄砲山	行田市	109	仁	?	8：2.5：5.5		沖積台地
	将軍山	行田市	102	仁	Ⅱ	8：2.5：6	△	沖積台地
	永明寺	羽生市	78	仁	Ⅰ	8：3：5		自然堤防
	二子山	行田市	138	仁	?	8：3：5.5		沖積台地
	真名板高山	行田市	104	仁	?	8：3：6		自然堤防
	瓦塚	行田市	75	仁	?	8：3.5：5		沖積台地
千葉県	今富塚山	市原市	110	日	Ⅰ	8：3(1.5)：2		微高地
	油殿	長南町（長生郡）	93	日	Ⅰ	8：3(1.5)：2		独立丘陵
	鹿島塚	木更津市	80	日	Ⅰ	8：3(2)：3		丘陵尾根
	姉崎天神山	市原市	119(130)	日	Ⅰ	8：3(2)：4		台地
	柏熊8号	多古町（香取郡）	71	日	Ⅱ	8：4(1.5)：2.5		台地
	白山神社	君津市	89	日	Ⅱ	8：4(1.5)：4		丘陵端
	能満寺	長南町（長生郡）	73	日	Ⅱ	8：4(2)：3		台地縁
	浅間神社	佐原市	70	日	Ⅱ新	8：4(3)：3		低地

ってきたのであろう。Ⅱ型古墳は七基で分布が西側などに広がり、新しい時期のⅢ型古墳も同数くらいある。

応神陵型Ⅰ型古墳も九基あって関東ではもっとも多いが、そのうち八基はCD二単位と一・五単位で後円部の比率が標準より小さいのが特色である。ほかにⅠ′型・Ⅳ型古墳が一、二基ずつある。

仁徳陵型古墳は四基であるが、石岡市にあるⅠ型の舟塚山古墳は一八六メートルの墳丘をもち、太田天神山古墳につづく規模である。

栃木県

日葉酢媛陵型古墳がⅠ型・Ⅱ型ともに少なく、茨城県と顕著な違いを示しているが、Ⅲ型は多い。日葉酢媛陵型Ⅱ型古墳や応神陵型Ⅰ・Ⅱ・Ⅱ″型古墳で横穴式石室をもつものがあるのが特色で、そのため、設計型だけでは編年できない。

琵琶塚古墳と摩利支天塚《まりしてんづか》古墳はともに日葉酢媛陵型Ⅱ型であるが応神陵型古墳の周濠をめぐらし、前者は群馬県の朝子塚古墳、後者は同太田天神山古墳にならっている。古い墳形へのこだわりはおそらく新興の太田勢力に対するものであったろう。

応神陵型Ⅱ型で横穴式石室をもつ新しい吾妻《あづま》古墳は、広い基壇状の一段目上に細い墳丘を築いためずらしいつくりで、盛り土量を減らすためであったろう。

群馬県

栃木県と同じく日葉酢媛陵型Ⅰ型古墳が少なく、最初の大型前方後円墳である前橋天神山古墳はⅠ型ではあるが前方部の開きからみてそれほど古いものではないようである。甘楽《かんら》町の福島神明塚古墳（別名天王塚）と藤岡市の白石稲荷山古墳もⅠ型であるが、後者は前方部の開きがさらに大きく時期的に新しい。

Ⅱ型古墳も少ないが太田市の北西部や高崎市にあり、Ⅲ型古墳は各所にみられる。Ⅱ型古墳は高崎市倉賀野の浅間山《せんげんやま》古墳に代表されるが、応神陵型の太田天神山古墳と同型の周濠をめぐらしているのは天神山古墳にならったものとおもわれ、古い墳丘へのこだわりは摩利支天塚古墳の場合と同様であろう（**図39**）。

この地域の大きな転機は、東毛太田勢力の発展と佐紀・盾列勢力の強い影響であり、朝子塚古墳は佐紀・盾列の宝来山古墳の同一型か近似型、太田天神山古墳はコナベ古墳の同一型である（**図40**）。また、別所茶臼山古墳は磯城郡川西町の島ノ山古墳（一九五メートル）と同一型である。

太田勢力時代が終わったあと、西毛群馬町には保渡田《ほとだ》古墳群を残した勢力があり、愛宕山・八幡塚・薬師塚三

図39　空からみた関東3位の倉賀野浅間山古墳（著者撮影）

図40　空からみた関東最大の太田天神山古墳（著者撮影）

図41　空からみた埼玉古墳群最大の二子山古墳（著者撮影）

古墳はいずれも一〇〇メートル級である。設計型は前二者が応神陵型でⅡ型とⅡ″型、後者が日葉酢媛陵型Ⅱ型である。

藤岡市の七輿山古墳は応神陵型Ⅲ型で百舌鳥勢力と関係があり、つづく幅広いⅣ型古墳は天理市の石上古墳と同一型で前橋・高崎両市にあり、大和の中央勢力との結びつきを示す。なお、この時期につくられた横穴式石室をもつ高崎市の綿貫観音山古墳はヒシアゲ型古墳の設計比を採用している。

埼玉県

日葉酢媛陵型古墳はⅠ型・Ⅱ型ともにきわめて少ないが、Ⅲ型古墳は群馬・栃木両県とともに多い。応神陵型古墳も同じように少ないが、五世紀後半から仁徳陵型古墳が急増するのが顕著な特色である。

日葉酢媛陵型Ⅰ型古墳には東松山市の高坂に諏訪山古墳（六一メートル）があるが、前方部の開きからみてそれほど古いものではなく、Ⅲ型古墳は北部の丘陵上につくられた雷電山古墳に代表される。

諏訪山古墳の北東三キロにある野本将軍塚古墳は、仁徳陵型Ⅰ型の単独墳であり、周濠はないが力に満ちたつくりである。時期は五世紀後半の中ごろであろう。

北方の行田市にある埼玉古墳群は大円墳の丸墓山古墳（径一〇〇メートル前後、高さ約一九メートル）と八基の前方後円墳からなり、五世紀末ごろつくられた稲荷山古墳を起点にして系図のような配置である。設計型は応神陵型の奥の山古墳をのぞいてすべて仁徳陵型であり、二子山古墳が最大である（**図41**）。

周濠は従来のアーチ形とめずらしい二重の台形であり、古い時期の大型古墳に後者が多いのは威容を高めるためと大量の盛り土を必要としたためとおもわれ、当初からの形かどうか疑問が残る。同じく不明であるのはⅠ型から横穴式石室をもつⅡ型に変わった時期であり、六世紀後半ごろつくられたとおもわれる将軍山古墳はⅡ型で、韓国系の華美な副葬品をもつ。なお、ほかの仁徳陵型古墳より後円部の直径が半単位短い。

千葉県

日葉酢媛陵型Ⅰ・Ⅱ型古墳が茨城県についで多く、Ⅲ・Ⅳ型古墳もあり、応神陵型もⅠ・Ⅱ・Ⅲ型古墳がそろい、Ⅳ型もあり、最古期から末期まで継続していたことを示している。また、仁徳陵型古墳の比率が埼玉県についで高く、数では全国最高である。

最古期のものは纒向型前方後円墳をふくめて東京湾岸にあり、太平洋側の一宮川中流域にも近い時期のものがある。Ⅰ型古墳には養老川流域の今富塚山《いまとみづかやま》古墳と姉崎《あねがさき》天神山古墳、小櫃《おびつ》川流域の鹿島塚古墳、一宮川流域の油殿《あぶらでん》古墳があり、Ⅱ型古墳には一宮川流域の能満寺《のうまんじ》古墳、小櫃川流域の白山神社古墳などがある。Ⅱ型古墳のなかには横穴式石室をもつものもあり、葬列埴輪で知られる横芝町の殿塚古墳がその例である。なお、隣接する姫塚古墳（五八・五メートル）は応神陵型Ⅱ″型であり、ともに長方形の周濠をめぐらしている。

応神陵型のⅠ型古墳には、小櫃川流域の高柳銚子塚古墳、利根川下流域の三之分目《さんのわけめ》大塚山古墳などがあり、つづいてⅠ′・Ⅱ″・Ⅲ・Ⅳ型古墳がつくられている。Ⅳ型古墳には横穴式石室がともなうが、山武郡の大堤権現塚《おおつつみごんげんづか》古墳はⅠ′型で横穴式石室をもつ。Ⅱ″型には干潟町（香取郡）の御前鬼塚《ごぜんおにづか》古墳、Ⅲ型には富津《ふっつ》市の内裏塚古墳と九条塚古墳があり、後者の古墳群に広い周濠や二重周濠があるのは、沖積地で地下水位が浅く、深く掘ることができなかったためであろう。

仁徳陵型古墳がつくられた時期は養老川流域の姉崎古墳群が早く、いずれもⅠ型で姉崎二子塚古墳は平地に築かれている。小櫃川と小糸川の流域にはⅡ型が多く、内裏塚古墳群（飯野古墳群）の三条塚古墳や木更津市の金鈴塚《きんれいづか》古墳に代表される。

六世紀末ごろから山武郡や下総の印旛《いんば》沼・手賀沼周辺、利根川下流域などには、中型をふくむ小型前方後円墳が数多くつくられる。群集墳であり、設計型は日葉酢媛陵型のⅡ・Ⅲ・Ⅳ型、応神陵型のⅠ′・Ⅱ・Ⅱ′・Ⅱ″・Ⅲ・Ⅳ型、仁徳陵型とさまざまであるが、日葉酢媛陵型では帆立貝型のⅢ型古墳、応神陵型ではⅡ・Ⅳ型古墳が多い。

東京都

中・大型古墳がきわめて少ないことが特色で、わずか五基しかない。これらは多摩川河口域に近い丘陵上や海岸平野を見下ろす台地上につくられ、いずれも日葉酢媛陵型古墳で、Ⅰ型二基、Ⅱ型一基、Ⅲ型二基である。

もっとも古いのは田園調布の多摩川台公園にある宝莱山古墳で土取り工事で後円部が失われている。前方部が細くほぼ平行なので桜井茶臼山古墳型とみて推定復元し、約一一〇メートルになったが、最近の調査結果では九七メートルで、後円部の比率が小さい不自然な形である。そのため、正円でなかった可能性もあり、庄内2式土器の出土から纒向型前方後円墳の可能性も考えられる。

北東約一〇キロにある芝丸山古墳もⅠ型であるが変形がひどい。前方部の開きからとくに古いものではないが、埴輪の出土から新しくみる説がある。

Ⅱ型は宝莱山古墳の東約三〇〇メートルにある亀甲山《かめのこやま》古墳で、佐紀石塚山古墳と同一型であるのは、佐紀・盾列勢力の影響がおよんでいたことを示す。しかし、つづく時期の応神陵型古墳が東京にはなく、群馬県太田市にみられるのは佐紀・盾列勢力の影響が利根川中流域に移ったことを示している。

五世紀に入ってつくられたのはⅢ型の野毛大塚古墳であり、埴輪から古市勢力との関係が指摘されている。上野公園内にある摺鉢山《すりばちやま》古墳も変形がひどいがⅢ型のようであり、多摩川流域の御岳山《おんたけさん》古墳や狛江にあった亀塚古墳もⅢ型である。なお、六世紀にはふたたび丘陵上などに小型の前方後円墳がつくられている。

神奈川県

大型古墳が少ないが、数は東京都より多く、三設計型がそろっている。日葉酢媛陵型古墳はⅠ型からⅣ型まであり、Ⅰ・Ⅱ型が多く、相模川をさかのぼった海老名市の秋葉山古墳群には纒向型前方後円墳もある（後述）。応神陵型古墳はすべてⅠ′型で、仁徳陵型古墳はⅠ型とⅡ型がある。

日葉酢媛陵型Ⅰ型の加瀬白山《かせはくさん》・観音松両古墳はともに鶴見川流域にあり、前方部の開きからみて東京都の宝莱山古墳や芝丸山古墳よりやや新しそうであり、規模も少しおちる。

Ⅱ・Ⅲ型古墳は応神陵型Ⅰ型古墳とともに相模川流域の海老名・厚木両市付近や横須賀市方面に分布するが大型のものはない。東京都ほどではないが他県に比べてその後の発展に欠けるのは、弥生時代にすでに水田開発が頭打ち状態であったためであろうか？

なお、一九九九年に逗子市・葉山町境の丘陵上から長柄《ながえ》・桜山1、2号墳が発見された。1号墳（九〇メートル）は日葉酢媛陵型Ⅰ型で前方部が途中から開き、2号墳（八〇メートル）は応神陵型Ⅰ′型で、四世紀中ごろから末ごろまでのものであろう。

日葉酢媛陵型古墳時代

各地の分布状況から関東の古墳時代を考えてみると、古墳文化が弥生文化と同じように南北二方向から入ってきたことがわかる。南は海から舟によって、北は中部高地の道を通ってであり、海からが主流である。海からは東京湾が主であるが、太平洋側では北浦・霞ヶ浦や海に注ぐ川からも入っており、一方中部高地からは関東平野の要といえる前橋・高崎などから、山麓沿いに東北方と東南方に分布を広げている。

最古期の前方後円墳よりやや早い時期に、纒向型前方後円墳と前方後方墳も入っており、舟が出入りする港や津、人が行き交う要所などにみられる。前方後円墳と前方後方墳の形の違いがなにを意味するのか不明であるが、三者とも二種の幾何学形をつないだ「複合形」であり、墳丘長の八分の一を基準単位とした設計をおこなっている。

関東には古い時期の日葉酢媛陵型Ⅰ型古墳が約三〇基あり、茨城・千葉両県に多い。全国的には中国・四国に多いが、箸墓古墳や二〇〇メートル級の古い前方後円墳がある奈良盆地南東部からの伝播であろう。これまで箸墓のように前方部が途中からハの字形に開くものがなく、桜井茶臼山型が多かったが、長柄・桜山1号墳の発見で新例ができた。

前方後円墳の出現期は南北両地域ともそれほど変わらなかったとおもわれるが、一〇〇メートル級のものがある南に対して、北ではメスリ山型の墳丘四三メートルの小型な川井稲荷山古墳（群馬県佐波群玉村町）一基で、顕著な違いをみせている。こうした状況が変わってきたのは前橋天神山古墳がつくられたころとおもわれ、そのあと鏑川《かぶらがわ》流域の甘楽郡に福島神明塚古墳がつくられ、四世紀末ごろには藤岡市の鮎川を見下ろす台地端に壮大な墳丘を横たえる白石稲荷山古墳がつくられ、この地に大きな勢力が成立したことを示している。

南のⅠ型古墳をみると、東京湾の西岸に宝莱山・芝丸山・加瀬白山・観音松四古墳、東岸に今富塚山・姉崎天神山・浅間神社（君津市）・鹿島塚（木更津市）四古墳、太平洋側に油殿・芦間山《あしまやま》・浅間塚・鏡塚・灯火山《とうかやま》・長辺寺山・梵天山《ぼんてんやま》・水戸愛宕山塚八古墳があって、東岸と太平洋側に多くが集まっている。

つづくⅡ型古墳は茨城・千葉・群馬三県に多く、茨城・千葉両県はⅠ型とほぼ同数であるが、群馬県では二倍もある。しかし、立地と周濠形からみて、すでに応神・仁徳陵型古墳時代のものが少なくない。Ⅱ型にも、前方部が平行のものと、わずかに開くものと、かなり開くものとがあり、それがⅠ型のように時期差を示しているのかどうかは不明であるが、平行型は茨城県に多い。C′D′二単位の細型に舟子塚原1号・常名《したな》天神山両古墳、三単位のものに香取神社・六所塚・木原台6号の三古墳があり、群馬県太田市の丘陵端にある太田八幡山古墳も三単位である。わずかに開くものには千葉県の能満寺・鹿島塚両古墳があり、天理市柳本の石名塚古墳と櫟本《いちのもと》の和爾《わに》下《しも》神社古墳と同一型である。このため、柳本からⅡ型古墳が関東におよんだ可能性もある。かなり開くものには倉賀野の浅間山古墳や小山市の摩利支天塚古墳があり、多摩川下流域の亀甲山古墳もこのなかに入る。

Ⅲ型古墳は各地に多く、五世紀初めごろから終末期までつくられ、墳丘が低いが関東最大の太田市の女体《にょたい》山古墳や伊勢崎市の丸塚山古墳、雷電山古墳、野毛大塚古墳などに代表される。

応神・仁徳陵型古墳時代

関東古墳時代の第二期は太田市牛沢にある朝子塚古墳にはじまる。佐紀・盾列勢力によって新しくつくられた宝来山古墳の墳形が他にさきがけてこの地に伝わったのである。その時期は四世紀後半の中ごろとおもわれ、関東では日葉酢媛陵型Ⅱ型古墳がつくられていたときであり、まだⅠ型古墳をつくっていた地域もあったであろう。

佐紀・盾列勢力がこの地におよんだのは、前橋や高崎に比べて遅れていた水田開発をこの時期になしとげた在地の新興勢力と佐紀・盾列勢力が結びついたものとおもわれ、その首長が朝子塚古墳の被葬者であろう。そして、その後つくられた別所茶臼山古墳と太田天神山古墳の規模は、急速に関東最大の勢力になったことを示している（**図40**）。太田天神山古墳がつくられたあと、これにならってつくられたとおもわれる古墳が二基ある。西方一七キロの伊勢崎市にある御富士山古墳と、東方八キロの邑楽《おうら》町にある八王子神社古墳で同一設計比である。これと対照的なのが三十数キロ離れた高崎市倉賀野町にある浅間山古墳（**図39**）と小山市の摩利支天塚古墳で、周濠形を太田天神山古墳にならいながら、日葉酢媛陵型Ⅱ型の墳形を守っており、このことは太田勢力の勢力圏の範囲や倉賀野・小山両勢力との関係を示していているようで興味ぶかい。なお、倉賀野ではつぎの大鶴巻《おおつるまき》古墳も日葉酢媛陵型Ⅱ型であるが、小鶴巻《こつるまき》古墳は応神陵型である。

太田天神山古墳と隣接する帆立貝型の女体山古墳のあと、周辺には応神陵型古墳がみあたらず、その後北西五キロの地につくられた古墳は仁徳陵型Ⅰ型の太田鶴山古墳であり、五世紀第3四半期ごろのものであろう。佐紀・盾列古墳群最後のウワナベ古墳は仁徳陵型であるが、コナベ古墳につづくヒシアゲ古墳の東国への伝播がまったくみられないので、百舌鳥古墳群と結びつきそうであり、副葬品の武人的性格などからみて太田勢力の終焉と関係がありそうである。

茨城県では応神陵型Ⅰ型古墳が各地につくられたあと、石岡市に仁徳陵型Ⅰ型の舟塚山古墳がつくられている。関東第二の規模であり、霞ヶ浦北岸一帯を支配した大首長の墓であろう。埴輪片から古くみる説もあったが、仁徳陵型であるので五世紀中ごろであろう。

千葉県にも応神陵型Ⅰ型古墳が各所にあるが、養老川流域にはみられず、仁徳陵型Ⅰ型古墳があるのが顕著な特色である。この地は古墳時代の開始期以来東京湾東岸の中心的地域であったが、その後小櫃川と小糸川の流域に移り、ここではⅡ型古墳が多い。小櫃川流域には華美な生活を示す多くの副葬品が出た金鈴塚古墳があり、これまで大型古墳がなかった小糸川流域には百舌鳥古墳群のニサンザイ古墳と同じ応神陵型Ⅲ型の内裏塚古墳などがつくられ、有力な新勢力の出現を示す。このように東京湾東岸地域は百舌鳥勢力との関係が深く、千葉・埼玉両県に仁徳陵型古墳が多いこととも結びつく。

埼玉県は比企地方などにやや古い時期のものがみられるが、荒川中流域の開発が進んで後進的地域から脱け出したのは仁徳陵型古墳が関東におよんだ五世紀中ごろ以後である。それ以前の応神陵型古墳はみられず、そのあとつくられた新しいものも数が少ない。規模も小さいがこうしたなかで例外的であるのが南埼玉郡菖蒲町にあるⅡ″型の天王山塚古墳である。

東松山市東部に一基単独に残る野本将軍塚古墳と、北東一二キロの地に群をなして残る埼玉古墳群は対照的であるが、野本将軍塚も稲荷山古墳も仁徳陵型Ⅰ型古墳であり、時期的に近い。埼玉古墳群から想い起こされるのは、『日本書紀』巻第十八の安閑元（五三四）年の条に記された笠原直《あたい》使主《おみ》と同族小杵《おぎ》の武蔵国造職をめぐる争いである。小杵の根拠地を多摩川流域に求めた大場磐雄・甘粕健説と、比企勢力とみる金井塚良一・原島礼二説があるが、筆者は後者であり、多摩川流域説は距離的にも時期的にも無理があり、同族の一方が仁徳陵型古墳をつくり、他方が日葉酢媛陵Ⅲ型の帆立貝型古墳をつくったとは考えにくい。

埼玉勢力は荒川中流域と利根川右岸の開発をなしとげた新興勢力であり、金錯銘鉄剣《きんさくめいてっけん》が示すように中央政府との結びつきも強く、一族の墓を系図のように築いている（**図41**）。また、周辺地域にも大型古墳があり、古代武蔵国を形成した勢力の根拠地にふさわしい。

群馬藤岡市にある七輿山古墳は富津市の内裏塚古墳や九条塚古墳と同じくニサンザイ古墳と同一型で、ここにも百舌鳥勢力の影響がおよんでいるが、このあと前橋市と周辺地域に横穴式石室をもつ幅広い墳丘の応神陵型Ⅳ型古墳があいついでつくられている。ＣＤ四単位、ＥＦ六単位の標準型に中二子・後二子《あとふたご》・今井神社・王山四古墳があり、ほかにＣＤが半単位短い簗瀬《やなせ》二子塚古墳、一単位長い上渕《かみふち》名《な》雙児《ふたご》山・前橋二子山・二ッ山三古墳、さらに二単位長い八幡観音塚古墳の計九基あり、栃木県の三基、茨城県の二基、千葉県の一基と顕著な違いをみせている。Ⅳ型古墳は天理市石上町などに五、六基あるので奈良盆地勢力の影響に違いなく、関東平野の要といえるこの地方の重要性が増したことを示す。

茨城県とともに早くから古墳文化が入った千葉県では、百舌鳥勢力の影響を強く受けながら湾岸地域に仁徳陵型Ⅰ・Ⅱ型古墳や応神陵型Ⅲ型古墳を古墳時代の終わりごろまでさかんにつくり、活力と独自性を示している。一方内陸部の山武郡芝山・山武両町や印旛郡などでは一部中型をふくむ多種の小型前方後円墳群が多数つくられ、顕著な違いをみせている。

このように、千葉県は北関東内陸部の群馬県や栃木県と異なり、奈良盆地勢力との結びつきが弱く、首長権がそのあとも強かった埼玉勢力とともに中央政府にとってはあつかいにくい地域だったのではないだろうか？　のちに国郡里の制を定めたとき、国府の所在地を上総では養老川下流域に、武蔵では南に遠く離れた多摩川中流域の多磨の地に置いたのは、既成勢力の本拠地を避けたようにおもわれる。

七章　各地方の特色と問題点

前方後円墳の設計型から古墳時代の歴史に接近するためには、全国的に概観してもおよその特色しかわからない。そのため、地方ごとにくわしく設計型と分布状態を調べ、先進地域や近隣地域との比較・検討が必要になる。前章はそのために筆者が居住する関東地方で試みたものである。今後、他地方についても調べてみたいとおもうが、第Ⅱ部に入る前にこれまでわかってきた各地方の特色や問題点などについて記しておく。

九州

北九州は弥生時代に大陸文化流入の玄関口であり、前方後円墳も多い。とくに福岡県に多く、設計検討可能な古墳が八〇基をこえ、日葉酢媛陵型Ⅰ型古墳もかなり多い。このため、前方後円墳がこの地で生まれたのではないかという説さえあった。北九州の前方後円墳に先立つ墓制は甕棺墓であるが、一九六五年に糸島郡平原《ひらばる》町（現前原市）で大型鏡を数多く副葬した方形周溝墓が発見され、発掘者の原田大六氏は「平原弥生古墳」と呼んだ。この地方の王墓であろうが、方形周溝墓は単一形古墳であり、二種の形をつないだ古墳と区別したほうがよいとおもう。出現期の複合形古墳については第Ⅱ部に書くが、「纒向型前方後円墳」をその指標にすると福岡県には三基しかなく、前方後円墳北九州出現説の成立はむずかしい。

古墳数が福岡県とともに多い宮崎県では、応神陵型古墳が五五パーセントを占め、その半数が細長い前方部をもつ柄鏡《えかがみ》型である。CD二単位のものがもっとも多いが、一・五単位のものもあり、後円部の比率が小さい。このような墳形にした理由はわからないが、仁徳陵型古墳も一三基あることは、おそらく盛り土量を減らすためであったろう。形が桜井茶臼山古墳に似ているので古そうにみえるが、大部分が五世紀中ごろ以後のものである。なお、西都原《さいとばる》古墳群最大の男狭穂塚《おさほづか》古墳(一六七メートル)と女狭穂塚《めさほづか》古墳(一七七メートル)はともに応神陵型古墳であり、前者はCD二単位、EF二・五単位の柄鏡型(Ⅰ型)、後者はCD三単位、EF五単位のⅡ″型である。

中国・四国

この地方は近畿と九州の間に位置し、瀬戸内海もあって重要な地域であるが、歴史の舞台としての存在感がやや薄いのは、両地方に比べて記紀に記された出来事が少なく、邪馬台国九州説と大和説の狭間にあるためであろうか?

瀬戸内海沿岸はとくに東半域が重要で、大阪湾から紀伊半島にかけての沿岸部をふくめた一帯は銅鐸の発見例が多い地域であり、弥生時代から多くの部族が居住していたことを示し、前期古墳が多いのはこうした状態が古墳時代にひきつがれたためであろう。

最初の前方後円墳がどこでつくられたかについてはまだわかっていないが、吉備(岡山県)では弥生時代後期末の墳丘墓で祭祀に使われた特殊器台と特殊壺が最古期の前方後円墳からも出ていて継続しており、この地方であった可能性がある。

吉備には日葉酢媛陵型Ⅰ型古墳とともに第Ⅱ部で取り上げる纒向型前方後円墳が多く、前者にはＣＤ三単位と四単位のものがあるが、畿内のようにⅠ型とⅡ型の時期に分けられない。

四国には纒向型前方後円墳がさらに多く、日葉酢媛陵型Ⅰ型古墳とともにほとんどを占め、その六〇パーセントが香川県にある。応神陵型古墳は愛媛県に一基あるだけで、仁徳陵型古墳はなく、その後の歴史からとり残されたようにおもわれる。

五世紀中ごろの吉備では畿内勢力と競うように大型前方後円墳をつくっている。岡山市の造山古墳と倉敷市の作山古墳で、ともに自然地形を利用してつくっており、ＣＤ三単位、ＥＦ五単位のシンプルな設計比をもつ応神陵型Ⅱ″型古墳である。また、同じころ赤磐郡の山陽町には仁徳陵型Ⅰ型の両宮山古墳（一九二メートル）が平地につくられ、広い周濠をめぐらしている。設計比は造山・作山両古墳と同じである。

近畿

近畿は海に面した地域が多いが、淀川と大和川が大阪湾に流れこむあたりが最大の玄関口であり、大阪平野と生駒・金剛両山地をこえた奈良盆地が古墳時代の中心的舞台である。

古い時期の日葉酢媛陵型Ⅰ型古墳は両川の流域や奈良盆地の南東部にあり、淀川流域には森1号墳（交野市）、紫金山《しきんざん》古墳（茨木市）、池田茶臼山古墳（池田市）などがある。大和川流域には石川との合流点付近に玉手山8号墳（柏原市）と松岳山古墳（同）があり、兵庫県には大阪府以上に多い。丁瓢塚《よろひさごづか》古墳（姫路市）、妻塚古墳

（神戸市）などで、神戸市垂水区にある五色塚《ごしきづか》古墳は少し新しいが、明石海峡に面して、葺石に覆われた一九四メートルの墳丘をもつ。

中期の大型前方後円墳はすでに書いたほかにもあり、大阪府には茨木市の太田茶臼山古墳、泉南市の淡輪ニサンザイ古墳（一八〇メートル）と西陵《さいりょう》古墳（二一〇メートル）があり、兵庫県には多紀郡篠山町の周濠に囲まれた雲部車塚古墳（一四〇メートル）、滋賀県には安土瓢箪山古墳がある。

京都府の大型前方後円墳は、奈良県と大阪府の大古墳群の影に隠れがちであるが、少なくない。古いものには桂川流域の向日市に寺戸大塚（九四メートル）・妙見山《みょうけんやま》（一一四メートル）・五塚原《ごつかはら》（九四メートル）三古墳があり、いずれも日葉酢媛陵型Ｉ型である。また、木津川沿いの山城町にある後円部が長円の椿井《つばい》大塚山古墳（一七〇メートル）も古い。同じく木津川流域の城陽市には久津川車塚古墳と芭蕉塚古墳（一一〇メートル）があり、ともに応神陵型である。さらに日本海に面した丹後半島には京都府最大の網野銚子山古墳（網野町・一九八メートル）と神明山古墳（丹後町・一九〇メートル）があり、小型古墳が多い隣接県と顕著な違いをみせている。日葉酢媛陵型のⅡ型とⅢ型であり、すこし内陸部に入った加悦町には蛭子山《えびすやま》古墳（一四五メートル）がある。

中部

中部は「中部高地」の名があるように山地が多く平地に乏しい。平野は濃尾平野をのぞいて大きいものはなく、多くは海岸を縁どる平野と、山間の盆地である。そのため、大規模な古墳群はないが、平野をもつ各地に古墳がつくられ、数は少ないが古いものも、大型のものもある。

古墳文化の東北進は海と川が刻んだ谷とからおこなわれ、前者が主流で時期的にも早いが、後者はそれを追うように内陸部の盆地に入っている。松本平の弘法山古墳（前方後方墳）や善光寺平《ぜんこうじだいら》の森・川柳《せんりゅう》両将軍塚古墳などで、いずれも平地を見渡せる高い場所につくられている。海に面したところでは大きな川の河口付近の台地にあり、天竜川左岸の磐田市にある寺谷《てらや》銚子塚《ちょうしづか》古墳（一一〇メートル）と松林山《しょうりんざん》古墳（一一六メートル）である。

前方後円墳が多いのは伊勢湾を囲む三重・愛知両県と静岡県と若狭湾に面した福井県で、いずれも近畿に近く港に恵まれた地域である。これに対して少ないのは富山・山梨両県であるが、もっとも少ない山梨県でも甲府盆地の中道町に一六九メートルの墳丘をもつ応神陵型Ⅰ型の甲斐銚子塚古墳がつくられ、さらに古い日葉酢媛陵型Ⅰ型の岡銚子塚古墳（八四メートル）もあり、ここでも伝播の早さを示している。

三重県では上野市の石山古墳（一二〇メートル）と名張市の殿塚古墳（八八メートル）が日葉酢媛陵型Ⅰ型で古く、最大は上野市にある応神陵型Ⅰ′型の御墓山古墳（一八八メートル）である。

愛知県にも日葉酢媛陵型Ⅰ型古墳が二、三基あるがいずれも小型で、Ⅱ型になって規模を増す。最大は名古屋市熱田区にある仁徳陵型の断夫山《だんぷやま》古墳（一五一メートル）であり、この地方には前方後方墳が多い。

静岡県の寺谷銚子塚・松林山両古墳につづく大型古墳は応神陵型であり、磐田市の堂山古墳（一一三メートル）と静岡市の谷津山1号墳（一一〇メートル）である。

福井県には日葉酢媛陵型古墳に大型のものがないが、Ⅰ型が五基みられ、Ⅱ型やⅢ型も多い。応神陵型古墳もほぼ同数あり、坂井郡丸岡町の六呂瀬《ろくろせ》山1号墳は一四〇メートルの墳丘をもち、吉田郡松岡町の手繰ケ城山《てぐりがしろやま》古墳も一二八メートルあり、ともに標高一五〇メートル前後の山上につくられている。

岐阜県は山地が多いが濃尾平野があるため平地の古墳が少なくなく、六〇～八〇メートルのものがそろっている。最大は日葉酢媛陵型Ⅱ型の昼飯《ひるぜん》大塚古墳で一四〇メートルの墳丘をもつ。応神陵型古墳には各務原《かがみがはら》市の坊の塚古墳（一二〇メートル）や岐阜市の琴塚古墳（一一五メートル）がある。前方後方墳も愛知県とともに多い。

石川県では前方後方墳が前方後円墳の半数以上あり、島根県とともに多い。

東北

東北地方への古墳文化の伝播は会津盆地のように日本海側からのコースも考えられるが、主流は太平洋側からである。前章に千葉・茨城両県に古い時期の古墳がかなり多いことを書いたが、福島・宮城両県にもみられるのは、その伝播がさらに北上したことを示している。

ここ一〇数年間会津盆地の調査と研究が進み、前期古墳が多いことが明らかになってきた。その主墳会津大塚山古墳は数次にわたって大がかりな調査がおこなわれ、墳形をとらえにくい古墳であるが、佐紀・盾列の宝来山古墳と同一型か近似型である。佐紀・盾列勢力の影響は遠くこの地にまでおよんだのであり、近くにある堂ケ作山古墳（八四メートル）は比高一〇〇メートルの山上にある不整円の後円部をもつ纒向型前方後円墳である（後述）。

会津坂下《ばんげ》町には大塚山古墳に近い設計比をもつ亀ケ森古墳（一二七メートル）があり、いわき市には丘陵を利用した玉山1号墳（一一八メートル）がある。CD二単位の細型で纒向型前方後円墳とおもわれる（後述）。

宮城県には名取市に東北地方最大の雷神山古墳（一六八メートル）があり、EF五単位で開きが大きいが日葉酢媛陵型I型古墳である。仙台市にある遠見塚《とおみづか》古墳（一一〇メートル）も同じくI型であり、柴田郡村田町にある千塚山古墳（八五メートル）は、墳丘中心線が屈折し、後円部が纒向型で、前方部が箸墓古墳のように途中からハの字形に開く（後述）。

第Ⅱ部　纒向型前方後円墳と方格法の渡来

竪穴住居の研究からはじまった前方後円墳の設計研究は、『前方後円墳集成』の恩恵を受けて全国の古墳の設計型と設計比を調べることができた。それをもとにまとめたのが「設計型からみた前方後円墳の全国的様相——分布図から見えてきた歴史」（『網干善教先生古稀記念考古学論集』一九九八）であるが、歴史への接近をめざしながら様相程度にしかわからなかった。そのため、地方ごとのくわしい検討が必要であることを感じ、翌年「設計型からみた関東の前方後円墳——その様相と歴史への接近」を『多摩考古』第29号に発表した。そして、ほかの地方も同じように検討したところで研究に終止符を打つつもりでいた。

ところが、一九九九年の夏、『前方後円墳集成』にのっていた纒向《まきむく》古墳群の五基の測量図で作図法と設計比を調べたことから、研究に新局面が開けてきた。これまで気づかなかった前方後円墳の出現期の様相や歴史的背景がみえてきたのであり、三世紀のこの古墳群がすでに方位角と戦国・前漢尺とによって位置決定されていることもわかった。そのため、他地方の検討を先送りして、纒向型前方後円墳探しとその研究に取り組んだ。

八章　纒向古墳群との出合い

小さな図で知った纒向型古墳

纒向石塚古墳の周濠調査がはじまったのは、序章に書いたように一九七一年であり、三五年以上前のことになる。新聞で目に止まって知ってはいたが、墳形を知ったのは一二年後の一九八三年である。

この年の七月に保育社から出た『日本の古代遺跡5　奈良中部』（森浩一企画、寺沢薫・千賀久共著）にのっていたのである。纒向の五古墳と千葉県市原市の神門《ごうど》4号墳を横一列にならべてあり、後円部側の前方部寄りが漏斗《ろうと》状にすぼまった卵形に近い形が多く、いずれも破線で補って同じ大きさの正円にし、その半径を後円部側の作図の単位にしていた（**図42**）。私が知りたいのは設計比であるが、実測図ではなく一基の長さが一・八センチのため無理であった。

神門4号墳が発見されたのは、石塚古墳の調査から四年後の一九七五年であるが、墳形を保育社の本で知ったすぐあと測量図に接することができた。そのころ八王子市郷土資料館の学芸員であった小川貴司さんからいただいていた日本考古学協会宇都宮大会のシンポジウム資料Ⅱ「関東における古墳出現期の諸問題」（一九八一）の

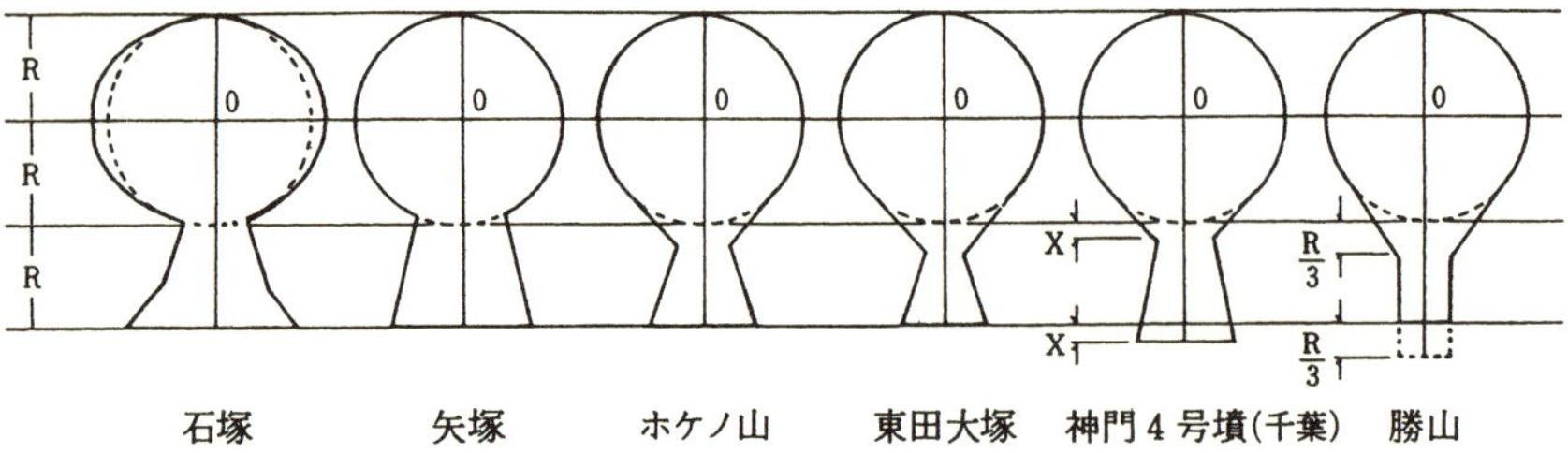

図42　『日本の古代遺跡5　奈良中部』で初めて知った纒向型前方後円墳（森浩一企画、寺沢薫・千賀久共著、保育社、1983より）

なかに実測図がのっていたのである。たしかに後円部側が卵形に似ていて前方部が細く、ホケノ山古墳より勝山古墳の形に近く、図の墳丘長が六センチあったので検討できた。

神門4号墳も八分比設計

まず墳丘の中央にタテの設計基準線を引いて中点をとり、ヨコの設計基準線を引き、墳丘の八分長で設計比を求めると、ＣＤ四単位、Ｃ′Ｄ′一単位、ＥＦ二単位で正規の前方後円墳と同じように墳丘長八分比設計がおこなわれていた（**図43**）。

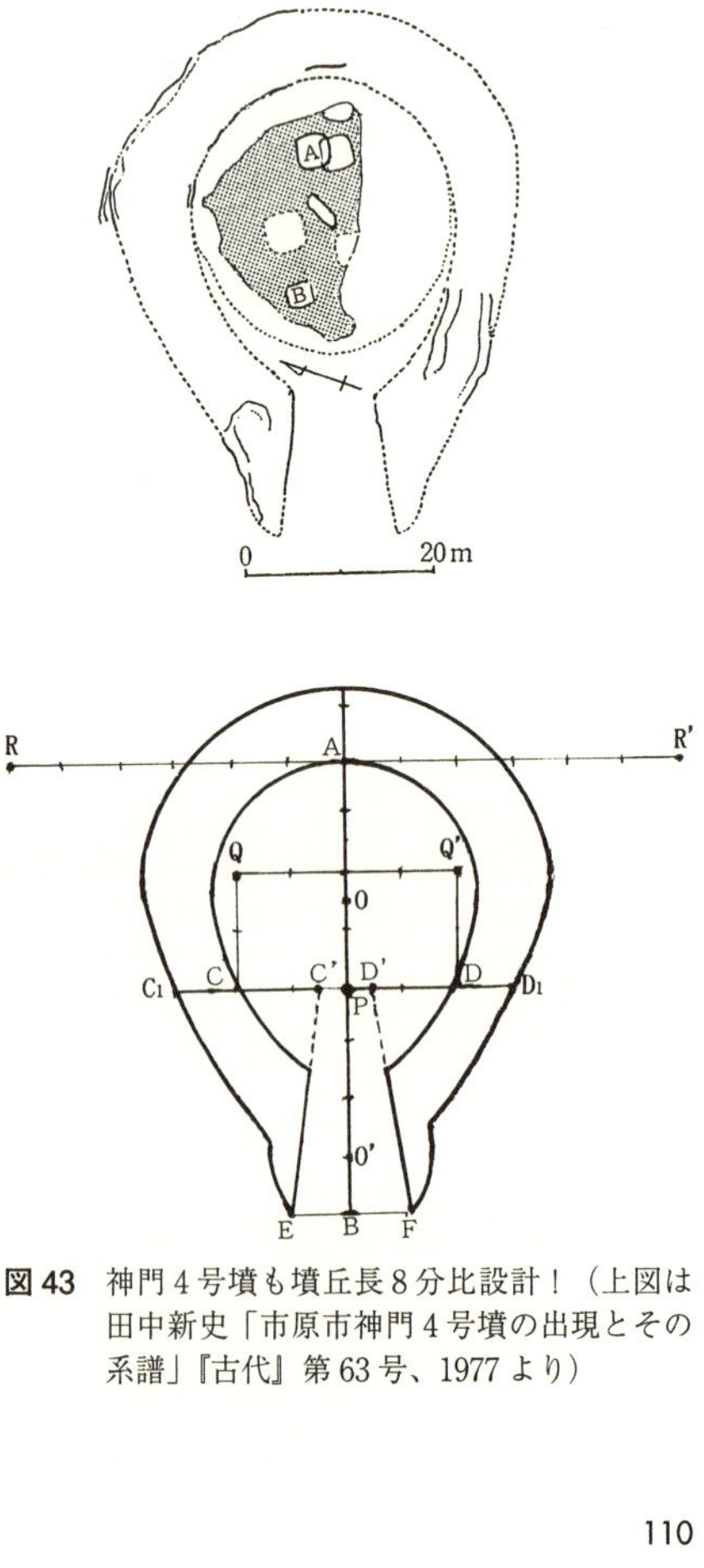

図43　神門4号墳も墳丘長8分比設計！（上図は田中新史「市原市神門4号墳の出現とその系譜」『古代』第63号、1977より）

そして、後円部側の形は半円の両端から弧で前方部側につなぎ、半円の中心点0は設計基準点Pから一・五単位上（墓壙の中心）であり、弧の中心点Q・Q′の位置はタテ・ヨコ両設計基準線から二単位の線の交点であった。周濠は一・二五単位の幅でめぐり、その弧の中心点R・R′の位置はタテの設計基準線から六単位、ヨコの設計基準線から四単位の線の交点であり、弧はヨコの設計基準線上のC_1・D_1を通り、六単位幅である。また、前方部側の端を半円化し、Bから一単位上のO′を中心点にしていた。これらのことは方眼を使って設計・作図したことを示すものであり、方眼を使わないかぎりこのような形を地上に拡大相似形化するのはきわめてむずかしい。なお、この図は発表時のものの一部を訂正した。

この年の一〇月には八王子市郷土資料館で特別展「三〜四世紀の東国――揺れ動く謎の時代」が開催されて神門4号墳の大きい測量図をみることができ、調査した田中新史さんが一九七七年に『古代』第六三号に発表した「市原市神門4号墳の出現とその系譜」も読んだ。史書に記録がない三世紀中ごろから四世紀にかけての東国社会の解明に若い研究者たちが搬入土器をもとに意欲的に取り組んだ時期であり、学史的に重要である。

纒向石塚古墳の検討

神門4号墳につづいて、纒向遺跡の調査報告書『纒向』（石野博信・関川尚功、奈良県立橿原考古学研究所編、桜井市教育委員会発行、一九七六年）にのっている石塚古墳の測量図で作図法を調べた。その図は周濠調査で片側だけ明らかになった墳形線から推定したもので、まるで胴部がつよく張った壺を伏せたような形であり、一九七七年に購入しながら前方後円墳との間に距離を感じて検討しないまま書棚に置いていた。

神門4号墳と同じように設計比を調べると、CDが四単位か四・五単位、C′D′がゼロ単位か一単位、EFが四

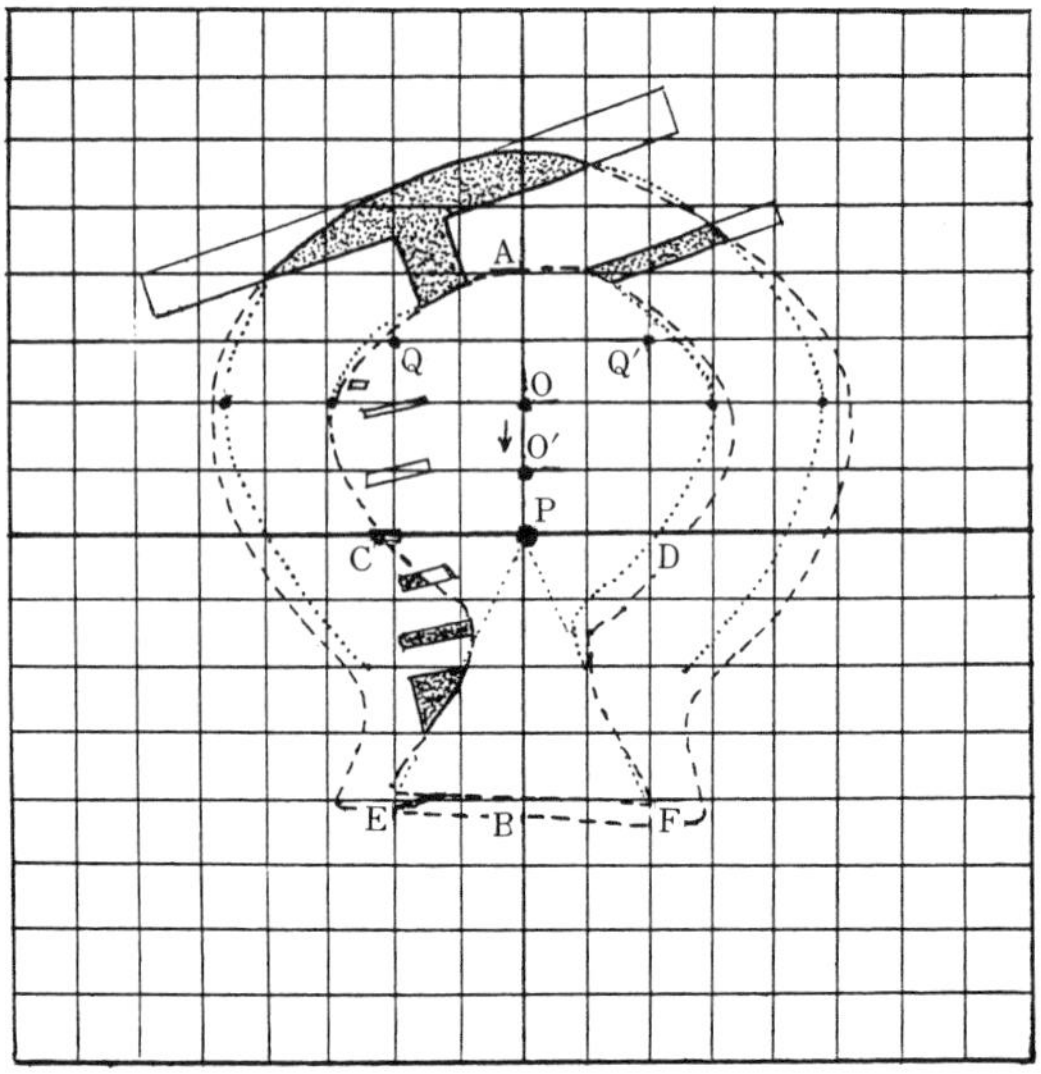

図44　纒向石塚古墳の設計検討（原図は奈良県立橿原考古学研究所編『纒向—奈良県桜井市纒向遺跡の調査』1976より）

単位であった。**図44**はその図に墳丘長の八分の一の方眼をかぶせたもので、破線は原図の推定線、点線は私の推定線である。後円部側の形に特色があり、上のゆるやかな弧の中心点O′はOから半径を一単位長くしたものであり、下の弧との連結点をタテの設計基準線から三単位、ヨコの設計基準線から二単位の交点にし、前方部につなぐ弧の中心点Q、Q′をタテの設計基準線から二単位、ヨコの設計基準線から三単位の線の交点にしていた。周濠の幅は一・五単位前後で、神門4号墳のように明確ではないが、方眼を使った墳丘長八分比設計のようであった。そして、両古墳の作図法については倉敷市の楯築《たてつき》弥生墳丘墓も加えて拙著『古代の土木設計』（一九八三）と、小野忠熙《ただもり》博士退官記念論集『高地性集落と倭国大乱』（雄山閣出版、一九八四）に「設計型からみた箸墓古墳築造の画期」の題で発表した。

『前方後円墳集成』で知った四基

一九九二年一二月に刊行された近藤義郎編『前方後円墳集成』の『近畿編』には石塚古墳のほかに四基の纒向型前方後円墳の測量図がのっているが、前年から全国の前方後円墳の設計型と設計比などを調べる作業に取り組んでいた私には無縁ともいえる存在だった。そして、石塚古墳以外の四古墳の測量が一九七二年から一九七七年にかけて由良学術文化助成基金によっておこなわれたことや、この古墳群を担当した寺沢薫氏の企画説があることを知ったのは、奈良県立橿原考古学研究所編『磯城・磐余地域の前方後円墳』(奈良明新社、一九八一)を入手したときである。刊行されてすでに二〇年近くたっており、私が古墳時代の研究情報にいかに疎い研究者であるかを痛感した。

纒向古墳群の設計研究に着手したのは一九九九年であり、二年間の前方後円墳の全国調査の結果を論文にまとめた翌年である。纒向古墳群の測量図は、『前方後円墳集成』で何度か目にはしていたが、改めてみる纒向の古墳は墳丘が低いため量感に欠け、保存状態がよくないものが多かった。墳形は前方後円墳のように複合形であるが、後円部側が正円のものは箸墓《はしはか》古墳以外になく、半円や過半円と弧をつないだ連結形であった。

墳丘の損傷は耕作や農道によるものが多く、矢塚・東田大塚両古墳のように前方部がほとんど失われたものもあった。そのため、設計比を調べる前に測量図の復元が必要であり、残った箇所をもとに失われた箇所を破線で補ったが、なかには矢塚古墳のようにわずかな痕跡から推定復元したものもある。その結果は、いずれも方眼を使った墳丘長八分比設計がおこなわれており、**図45**のようによい設計比になった。**図46**はそれをもとに同じ基準単位の方眼上で作図したものである。

墳形の図上復元と作図法

纒向石塚古墳

纒向矢塚古墳とともにもっとも保存状態がよくなかったが、調査の進行とともに墳形と周濠形が明らかになり、

図45の1は第三次調査終了時のものである。図44と比べると後円部側の丸みが増して下半分が半円（正確には過半円）になり、前方部側は曲線的に開いて先端部まで曲線にしている。また、周濠は墳形に沿ってはいるが不整で前方部側のほうが幅広い。

墳丘にタテ・ヨコの設計基準線を引いて八分比を求めると、CD四・五単位で半単位が使われ、C′D′一単位、EF三単位で、EFが一単位減った。C・D両点を通る半円の中心点0は半径が三単位より四半単位短く、上の弧の中心点はO_1で半径三単位である。

纒向勝山古墳

池側が失われているが墳形も長さも復元しやすい古墳で前方部側が細長く、CD三単位、C′D′一・五単位、EF二単位のシンプルな設計比である。

後円部側は上半分が半円で、その両端を弧で前方部側とつないでいる。半円の半径は二単位より四半単位長く、連結弧の半径の中心点はタテ・ヨコ両設計基準線から三単位目の方眼線の交点O_1とO_2である。

纒向矢塚古墳

保存状態がもっともよくないが、後円部の左側が復元できる程度に残っているのでこれをもとに右側を復元した。前方部はほとんど失われているが左側に連結箇所と側線とおもわれる痕跡が残り、鈍角に屈折する先端部と右側の畦（?）に残る等高線の断片を使ってE・F・B三点の位置を推定した。根拠が弱いがこの結果えられた設計比はCD六単位、C′D′一単位、EF四単位であった。後円部の比率が大きい帆立貝型であるが、後円部側は正円でなく、東田大塚・ホケノ山両古墳のようにヨコの設計基準線のC・D両点から下は連結弧である。A・

C・D三点を通る円の中心点は三角形ACDの外心であり、連結弧の中心点は勝山古墳と同じようにタテ・ヨコ両設計基準線から三単位の線の交点である。

東田大塚古墳

後円部側は北側を道で切られながらもよく残っているが、前方部側は大部分失われている。しかし、左側に連結部が残り、側線らしい跡もあるのでこれをもとに復元し、末端をEとしてFとBを求めた。

設計比はCD四単位、EF三単位でよい比がえられ、C′D′は両側線がPに集まるのでゼロである。後円部側は矢塚古墳と同じようにヨコの設計基準線から下が連結弧で、その中心点の位置は同じようにタテ・ヨコ両設計基準線から三単位の線の交点である。

ホケノ山古墳

後円部側の保存状態が良好で、段築の跡や斜面の等高線もよく残っている。発掘調査前は前方部の等高線のならび方から帆立貝型のようにおもわれたが、前方部が細く短く、途中から開きを増すタイプであった。

設計比はCD五単位、C′D′一・五単位、EF二・五単位であり、この古墳もヨコの設計基準線から下が連結弧である。違いはその中心点の位置で、タテ・ヨコ両設計基準線から二単位の線の交点であり、そのため東田大塚古墳より弧にふくらみがある。

茅原大墓古墳《ちはらおおはか》

この古墳は墳丘や周濠から中期の遺物が出ているために中期古墳とみられてきたが、二年後ふとしたことから

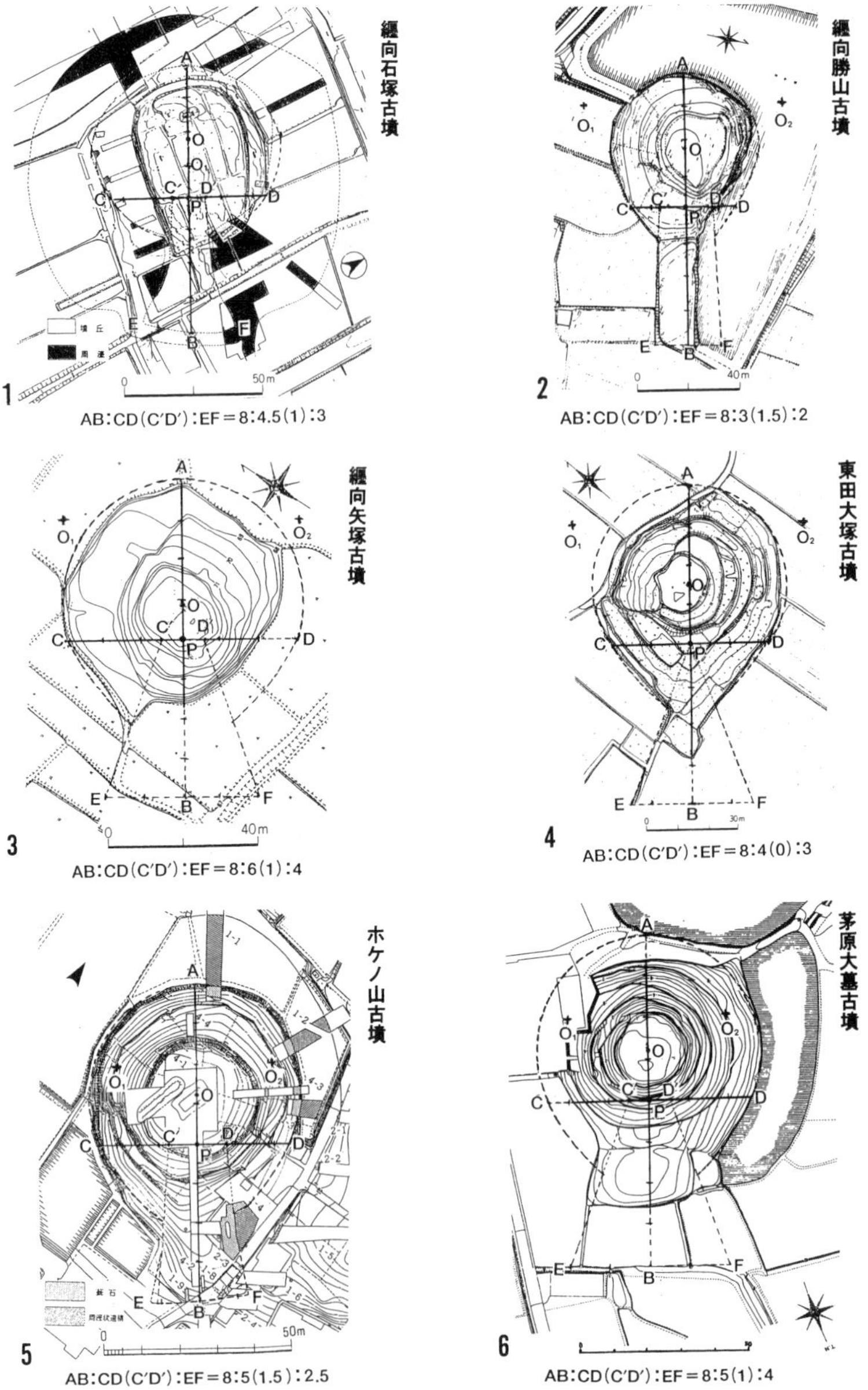

図45 纒向古墳群6基の設計検討と推定復元（O_1、O_2は連結弧の半径の中心点）（原図はいずれも奈良県立橿原考古学研究所編『磯城・磐余地域の前方後円墳』〈奈良明新社〉、『大和前方後円墳集成』『ホケノ山古墳調査概報』〈学生社〉より）

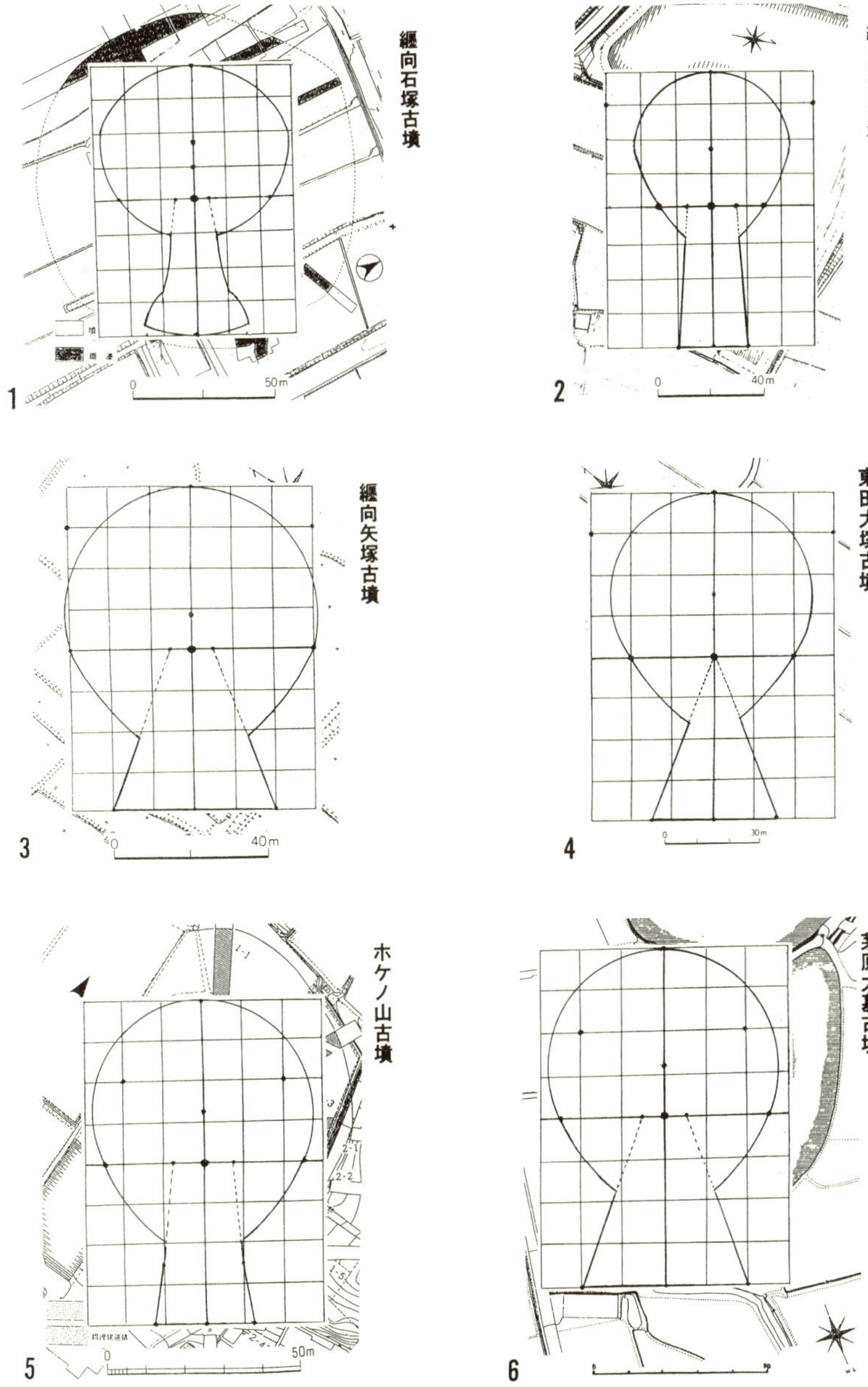

図 46　方眼を使って纒向古墳群の 6 基を作図する

（後述）墳形が纒向型であることがわかった。ホケノ山古墳からは異なる時期の主体部が出ているのでこの古墳も二時期使われたとおもわれる。後円部側が正円でなく、ヨコの設計基準線から下が連結弧であり、約三分の二失われている前方部の突端を道とみて復元すると、CD五単位になる。また、連結弧の中心点の位置がタテ・ヨコ設計基準線から二単位の線の交点であり、ホケノ山古墳と同じである。前方部のEFは四単位にしたが、三単位の可能性も途中から開く可能性もある。

作図法の三分類と築造期

六基の纒向型前方後円墳は、後円部側の作図法から三種類のタイプに分かれる。

一、石塚古墳のように半径が異なる半円と弧を上下に向き合うように結合したタイプ。
二、勝山古墳のように半円の両端から連結弧で前方部とつないだタイプ。
三、ほかの四古墳のようにA・C・D三点が同一円周上に位置し、ヨコの設計基準線から下を連結弧で前方部につないだタイプ。

これをA型・B型・C型としたが、各型に共通しているのは、C・D両点の位置とその単位数をつよく意識して設計していることで、ヨコの設計基準線の重要な役割を示している。また、B・C両型の連結弧の中心点がタテ・ヨコ両設計基準線からの単位数を示す線の交点に位置しているのは、方眼（方格）を使って設計したことを示している。使用しないと連結弧の中心点の位置と半径の長さを正確に決められず、中心点の位置が四半単位ずれると形や連結の仕方がかなり大きく変わることを何度も経験した。このことも方眼を媒体として設計したことを示すものである。

表8　纒向型前方後円墳の規模・築造期・設計比などの一覧

	古墳名	墳丘長（m）	高さ（m）		標高（m）	築造期（土器形式）	周濠と葺石の有無		3型式分類	設計比	連結弧の中心点の位置	
			後円部	前方部			周濠	葺石		AB：CD（C′D′）：EF	タテ軸から	ヨコ軸から
1	石塚	93～96	5	?	68	庄内0～1式（纒向1～2式）	○	○	A	8：4.5（1）：3	—	—
2	勝山	約120	7	1.5	86	庄内1～2式（纒向2,3式）	○		B	8：3（1.5）：2	3単位	3単位
3	矢塚	96	7	2?	66～70	庄内3式（纒向3式）	○		C	8：6（1）：4	3単位	3単位
4	東田大塚	約110	7	1	66	庄内3式末～布留0式	○	?	C	8：4（0）：3	3単位	3単位
5	ホケノ山	約80	7.7	3.5	86	庄内3式末～布留0式	○	○	C	8：5（1.5）：2.5	2単位	2単位
6	茅原大墓	85 95	9	?	81	—	○	○	C	8：5（1）：4	2単位	2単位

古墳の出現期は従来三世紀中ごろか後半と考えられてきたが、石塚古墳の周濠から出た木製品の年輪年代測定値が一七七年と出たことから、二世紀末ごろまでさかのぼった。纒向古墳群の位置決定はつぎの章で書くように方位角と工事基準点間の距離によって決められ、A型の石塚古墳がもっとも古く、B型の勝山古墳がつづき、三番目がC型の矢塚古墳である。以後はすべてC型で東田大塚のあと箸墓古墳をはさんでホケノ山古墳、最後に茅原大墓古墳がつくられたと考えられ、**表8**のように土器編年と一致する。存続期間は三世紀に入る前後から四世紀初めごろにかけてであろう。

この検討で気づいた重要なことは、このときまでA型の石塚古墳と箸墓古墳との間に感じていた大きな技術的隔たりが、C型の東田大塚古墳などによって狭まったことであり、A・C・D三点を通る過半円は正円型への接近でもあり、顕著ではないが有段化もはじまっている。

戻ってきた論文原稿

纒向古墳群の検討結果は二〇数枚にまとめ、「纒向型前方後円墳の設計法と箸墓古墳の出現」という題で一九九九年の一一月ごろ岡山市に本拠がある考古学研究会の事務局に送った。会員であったし、近藤義郎先生から手紙をいただいて『考古学研究』第26巻第1号(一九七九)に「コンピュータを使った前方後円墳の類似度研究を読んで――小沢論文の疑点と相似図形への考察」という論文を発表したことがあるからである。しかし、翌年一月に不採用で返送されてきた。理由として「査読ならびに編集委員会において検討しました結果、資料としている古墳の墳形復元の妥当性、および一部の論理展開の根拠が不充分である」と記されていた。わずか五基の纏向型前方後円墳の検討であり、指摘のように推定復元のもつ弱さもあるが、初めて知った苦い経験だった。前方後円墳の設計研究を三〇年間以上つづけ、新しい研究領域に一歩足を踏み出したところだったので前途を阻まれたようなおもいだった。そして、自分が七〇代の老研究者であることと、若いころのようには発表の場がないことを痛感した。

しかし、私には好運にもまだ発表の場が残されていた。地元に多摩考古学研究会(一九六〇年四月に甲野勇・井上郷太郎両氏らが結成)があったためで、前方後円墳がまったくない土地でありながら、和田哲《さとし》代表によって会誌『多摩考古』に発表させてもらうことができた。戻ってきた論文は再検討して一部を書き改めるとともに、その後調べた山裾の斜面につくられた西殿塚古墳にみる工事技術や、佐紀《さき》・盾列《たてなみ》古墳群における新設計型古墳出現の理由(**図26**)、箸墓古墳の墳形の故地などについて書き加え、二〇〇一年五月に『多摩考古』第31号に「纒向型前方後円墳の設計と箸墓古墳の出現」の題で発表した。

九章　纒向古墳群と箸墓古墳

箸墓古墳とホケノ山古墳の距離

二〇〇二年の五月一一日に、二、三日前から調べてみようとおもっていた箸墓古墳とホケノ山古墳の工事基準点間距離を小さな地図で測ったところ、四一〇メートル余であったことから、研究がおもわぬ方向に急発展した。四、五世紀の前方後円墳に戦国・前漢尺（二三・一センチ）がよく適合し、誉田御廟山《こんだごびょうやま》古墳の四一五メートルの墳丘がちょうど一里（一八〇〇尺）であるので、「一里かもしれない?」とおもったのである。

その地図は一九九九年七月に奈良市に住む著者の伊達宗泰さんが送ってくださった『「おおやまと」の古墳集団』（学生社）の七四ページにのっていたもの（**図47**）で、大縮尺の地図で確かめたいとおもい、地図に明るい友人の菊地幹雄さんに電話した。すると、五〇〇〇分の一縮尺の「国土基本図」があるとのことで、渋谷の「地図センター」まで行って求め、二七日の夜、雨のなかをわざわざわが家まで届けてくれた。

その地図（**図48**）を座卓に広げて二人で測り、計算すると四一二・五メートル。三メートル足りなかったが予想が的中し、おもわず顔を見合わせた。つぎの瞬間、「あっ、この古墳との間も同じだ！」と菊地さんが声をあ

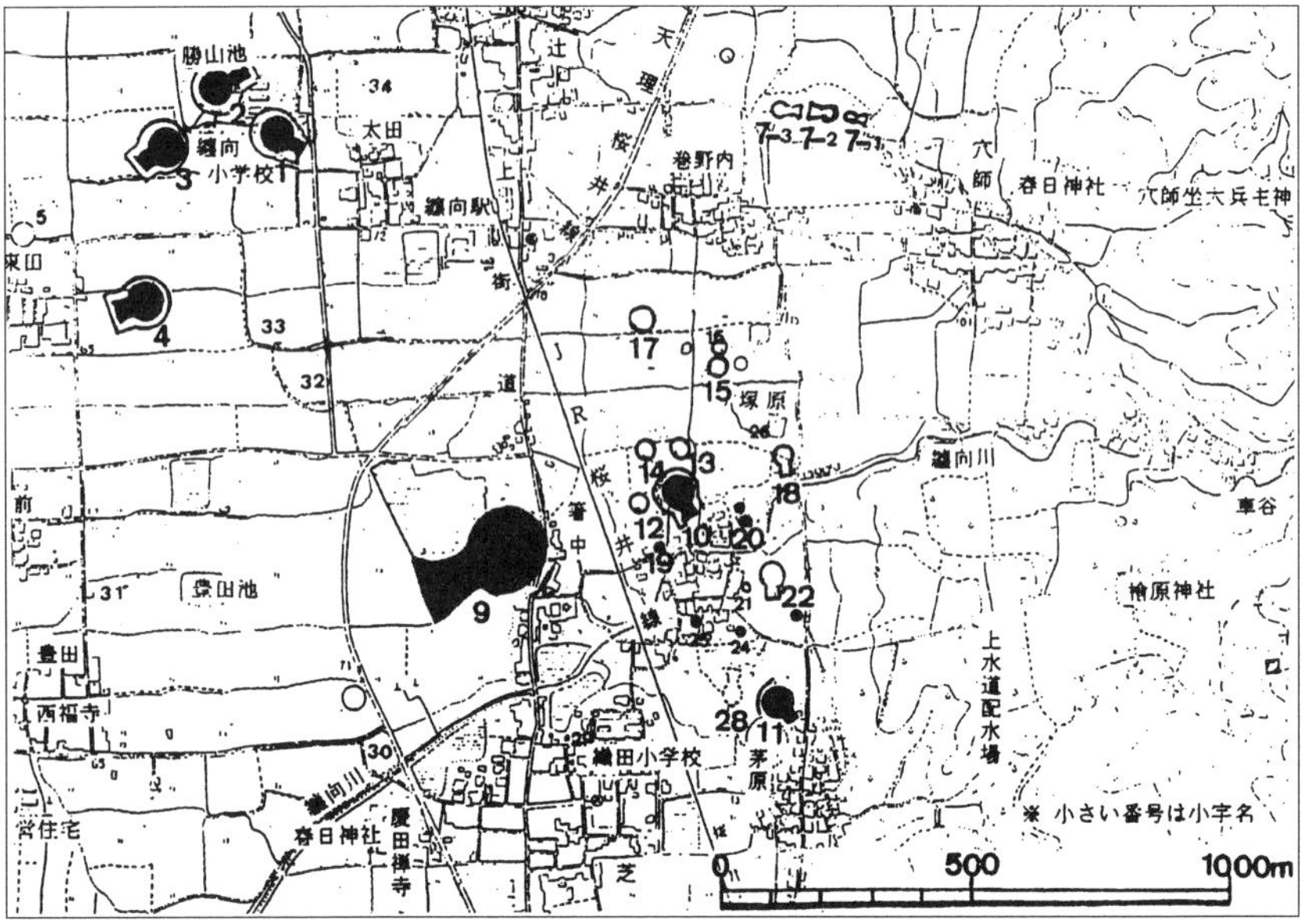

図 47　この小さな地図で箸墓（9）・ホケノ山（10）両古墳の工事基準点間距離を測ってみた（伊達宗泰『「おおやまと」の古墳集団』学生社、1999 より）

げた。その古墳はホケノ山古墳の南東にある茅原大墓古墳で、測ってみると二・五メートル短かったが、箸墓・ホケノ山・茅原大墓三古墳の工事基準点は一辺一里の二等辺三角形の三点に位置していたのである。茅原大墓古墳は『前方後円墳集成』に測量図がのっていないので伊達さんに手紙を書いて送っていただくと、後円部は正円でなく、C型の纒向型前方後円墳だった。

数日後、約八〇〇メートル離れた北西グループも検討すると、石塚・勝山・矢塚三古墳の工事基準点も二等辺三角形に位置し、等辺八〇〇尺（一八五メートル）、底辺一〇〇〇尺（二三〇メートル）であった。驚いたのは石塚・東田大塚両古墳の工事基準点間も一里であったことで、つづいて南東グループとの距離を調べた。石塚・東田大塚両古墳と箸墓古墳との工事基準点間距離を調べたが、結びついたのは東田大塚古墳からで二里（三六〇〇尺）で誤差が三メートルだった。なお、東田大塚古墳とホケノ山古墳の工事基準点間距離は

図48　国土地理院の国土基本図（VI－PD46 と VI－PD36）で纒向古墳群の工事基準点間距離を測る

五〇〇〇尺、誤差マイナス一〇メートルであるので、この距離と箸墓古墳から一里の地点にホケノ山古墳の位置を決めた可能性もある。

纒向古墳群の位置決定法

検討図は、「国土基本図」VI－PD46とVI－PD36を貼り合わせて使った。地図上で墳形がわかるのは箸墓古墳だけであるので、ほかは個々の測量図と**図46**の墳形復元図をもとに方位と縮尺を合わせて作図し、タテ・ヨコの中心線を記入した。その交点が工事基準点であり、設計基準点でもある。

工事基準点を結んで距離、戦国・前漢尺の適合状態、築造順を調べながら、重要なことを見落してきたことに気づいた。つぎにつくる古墳の位置を決めるためには距離とともに方位角が必要であるが、埼玉《さきたま》古墳群で初めて工事基準点間距離を調べて以来二〇数年間このことに気づかずにきたのである。弥生時代後期の円弧連結形住居の平面形に円の中心角が使われていることを知りながら、それが方位角に結びつかなかったのである（後述）。そして、工事基準点から墳丘中心線との角度で方位線を決め、その線上に距離を測ってつぎの古墳の位置＝工事基準点を決め、方位線との角度で墳丘中心線の方向を決め、順次これをくり返していくのである。

最初につくられた石塚古墳から順にみていくと、工事基準点から南北線（子午線）に六〇度（直角の三分角＋三分角）に墳丘中心線を決め、同じ工事基準点から墳丘中心線に二二・五度（直角の四分角）に方位線をとり、八〇〇尺の距離に勝山古墳の工事基準点を決めている（**図48、表9**）。

勝山古墳の墳丘中心線は方位線から六〇度に決め、方位線を中心線から三七・五度（三分角＋一二分角）にとり、同じく八〇〇尺に矢塚古墳の工事基準点を決めている。

表9　纒向古墳群の工事基準点間距離・方位角などの計測値

23.1cm 尺…戦国・前漢尺の長さとした

項目／古墳名		墳丘長（m）	設計型（細分型）	設計比 AB：CD（C′D′）：EF	築造期（土器形式）	工事基準点間距離（m）	23.1cm 尺数と誤差（尺・m）	1尺の長さ（cm）	方位角 中心線（°）	方位角 方位線（°）
1	纒向石塚	93～96	纒向型（A）	8：4.5（1）：3	庄内0～1式（纒向1～2式）	—	—	—	N～60	中心線～22.5 〃～75
2	纒向勝山	120～	〃（B）	8：3（1.5）：2	庄内1～2式（纒向2,3式）	纒向石塚～182	800 − 3	22.75	方位線～60	〃～37.5
3	纒向矢塚	96	〃（C）	8：6（1）：4	庄内3式（纒向3式）	纒向勝山～185	800 ± 0	23.13	〃～22.5	—
4	東田大塚	110	〃（C）	8：4（0）：3	庄内3式末～布留0式	纒向石塚～412.5	1,800 − 3.3 1里	22.92	〃～15	〃～67.5
5	箸墓	278	日葉酢媛陵型（I）	8：3（2）：4	特殊器台や特殊壺など	東田大塚～834	3,600 + 3 2里	23.17	〃～60	〃～7.5
6	ホケノ山	約80	纒向型（C）	8：5（1.5）：2.5	庄内3式末～布留0式	箸墓～412.5	1,800 − 3.3 1里	22.92	〃～67.5	〃～7.5
7	茅原大墓	85 95	〃（C）	8：5（1）：4？	—	ホケノ山～410	1,800 − 5.8 1里	22.78	〃～52.5	—

矢塚古墳の中心線は方位線から二二・五度に決めているが、東田大塚古墳との工事基準点間距離には戦国・前漢尺が適合しないため、ここからの方位線はない。

東田大塚古墳は石塚古墳から位置を決められ、方位線は中心線から七五度（二分角＋三分角）で、一里の距離である。中心線は方位線から一五度（六分角）である。

箸墓古墳は東田大塚古墳から位置を決められ、方位線は中心線から六七・五度（二分角＋四分角）で、二里の距離である。中心線は方位線から六〇度である。

ホケノ山古墳は箸墓古墳から位置を決められ、方位線は中心線から七・五度（一二分角）で一里の距離である。中心線は方位線から六七・五度である（**図49**）。

茅原大墓古墳はホケノ山古墳から位置を決められ、方位線は中心線から七・五度で一里の距離である。中心線は方位線から五二・五度（三分角＋四分角）である。

このことは、箸墓・ホケノ山両古墳の工事基準点間距離を測ってみてたまたま明らかになったが、三世紀のわが国にすでに測地術があったことを示す重要な事実である。また、巨大な正円型の箸墓古墳がこの古墳群形成の連鎖のなかに位置していた

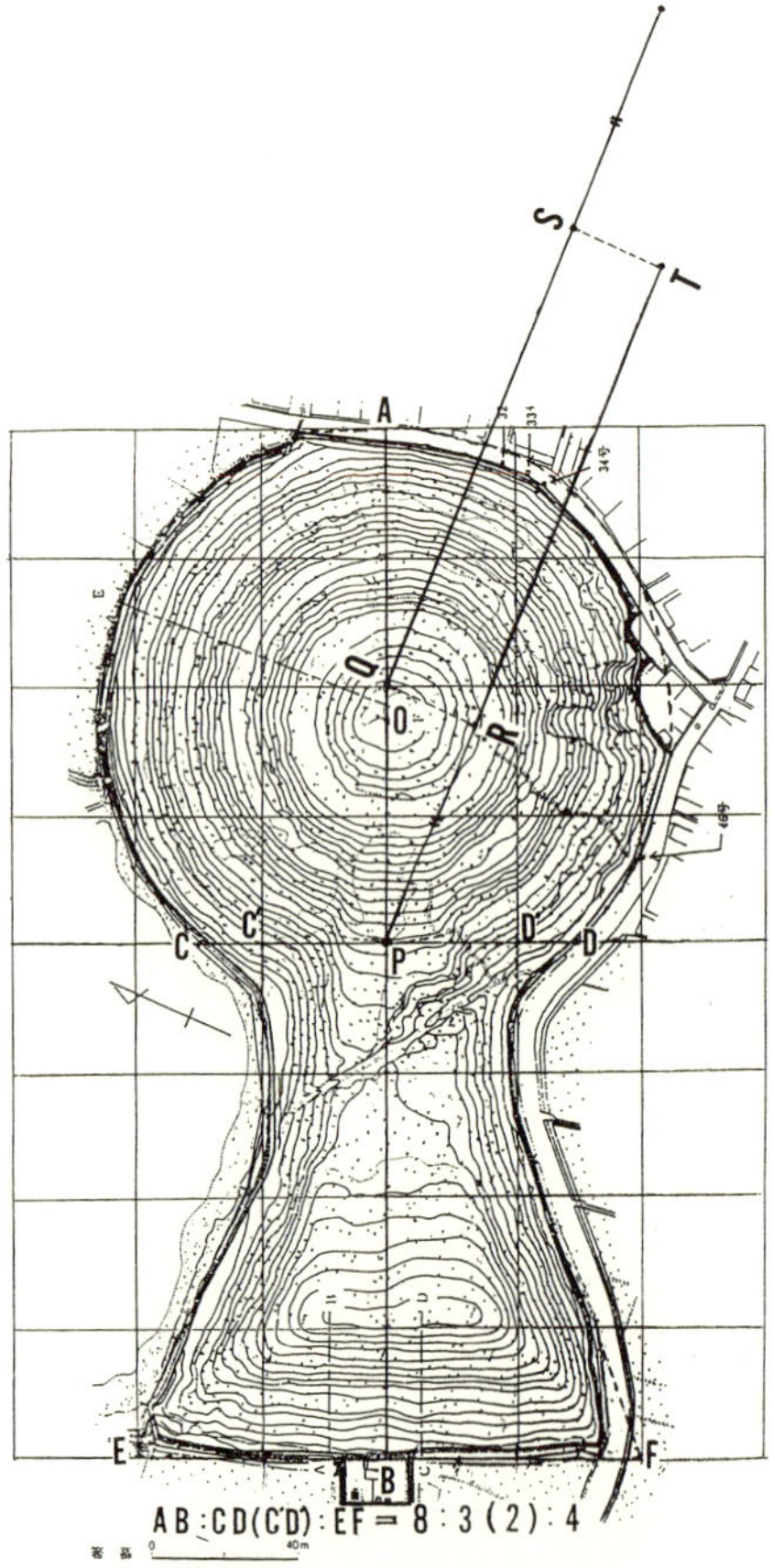

図49　工事基準点を２単位移してつぎの古墳の位置を決める方法（原図は笠野毅・土生田純之「大市墓の墳丘調査」『書陵部紀要』40、1989より）

ことも重要であり、箸墓古墳を纒向古墳群のなかに入れた正しさを示している。

纒向古墳群のなかの箸墓古墳

纒向古墳群の分布を工事基準点の位置と距離とでみると、一連の古墳群ではあるが、北西グループと南東グループに分かれる。距離は二倍以上違うが、ともに二等辺配置の古墳があるのが特徴であり、前者は石塚古墳を起点に左回りで頂角七五度、後者は箸墓古墳を起点に右回りで頂角一〇五度である。後者はおそらく前者にならったのであろう。

北西グループで一基離れた場所にある東田大塚古墳は、C型の墳形と石塚・勝山・矢塚三古墳に近いことから同族とみられるが、石塚古墳から一里の地点につくられ、箸墓古墳まで二里であるのは、このときすでに箸墓古墳の築造計画があったことを示しているとおもう。そのため、南東グループは隣接墓域とみることもでき、東田大塚古墳の被葬者は両者の仲立ち役を果たした首長の墓であろう。

箸墓古墳は纒向型前方後円墳とは異なる正円・有段型の前方後円墳であり、前方部が途中からハの字形に開くタイプは纒向型も正円型も吉備地方に多い。また、後円部上で採集された宮山型の特殊器台と特殊壺の破片も吉備のもので、弥生時代後期後半から墳丘墓祭祀に使われてきたが、六基の纒向型前方後円墳からは出ていない。そして、このことは吉備系勢力がこの地に進出してきたとみてまずまちがいない。

しかし、吉備の墳丘墓や古墳が丘陵などを利用してつくっているのに対して、平地につくられているのは、箸墓古墳のあとにも纒向型のホケノ山・茅原大墓両古墳がつくられたように、在地の慣習への同調か尊重あるいは容認とみられ、武力による侵入や支配ではなかったことを示すものであろう。そして、二、三度論文のなかでふれてきたように、瀬戸内海東半沿岸諸勢力などの連合化が備前勢力の主導で実現し、この地をその王都か首都に選んだのであろう。

その理由には、地理的条件なども考えられるが、最大の理由はおそらく北西グループの被葬者たちの存在と実績の大きさであったろう。石塚古墳からの四古墳がそのつど墳形を変えているのは、「方格法」によせるつよいおもいが感じられ、勝山型のB型古墳のほぼ全国的な広がり（後述）は纒向勢力の影響力の強さを示しており、先進性と権威とがあったのであろう。

一〇章　纒向型前方後円墳の全国的分布（一）

各地にあった纒向型古墳

纒向古墳群は後円部側が正円でない出現期古墳が六基も明らかになったことで重要であるが、一九七一年の纒向石塚古墳の調査開始四年後には、これに呼応するように関東の千葉県市原市でB型の神門4号墳が発見された。一九九〇年には福島県会津市の堂ケ作山の頂上でA型古墳が発見され、一九九七年には愛媛県でも平地でB型の大久保1号墳がみつかった。

こうしたことから、私の纒向型前方後円墳への関心が増し、二〇〇二年三月には多摩考古学研究会恒例の「古墳めぐり」の資料作成中、神奈川県海老名市の丘陵上にある秋葉山2号墳と3号墳が纒向型であることに気づき、翌年の「古墳めぐり」では茨城県土浦市の丘陵上にある王塚古墳も纒向型であることがわかった。こうしたなかで、これまで地形的な制約が原因と考えてきた香川県の丘陵尾根に多い後円部が長円の古墳の再検討が必要になり、二〇〇三年の四月中ごろから、『前方後円墳集成』全五巻と二〇〇〇年に刊行された『補遺編』を使って、纒向型前方後円墳探しをはじめた。

まず大和の纒向古墳群と吉備・讃岐の出現期古墳との関係を知るために、近畿と中国・四国を対象にし、大和の隣接地でありながら近畿に入っていない三重県を加えた。

その結果七〇基近くあり、『補遺編』のものを加えると九〇基になった。二〇パーセント前後あるいはそれ以上検討ミスがあるとおもうが予想をはるかにこえた数で、もっとも多い香川県は小型であるが二一基あった。岡山県にも一六基あり、前期古墳（日《ひ》葉《ば》酢《す》媛《ひめ》陵型Ⅰ・Ⅱ型古墳）の約六〇パーセントと四五パーセントを占めていた。両県につづくのが奈良県と兵庫県の八基で、そのあとに滋賀県の六基と大阪府と広島・鳥取両県の五基がつづく。なかったのは和歌山・山口・高知の三県で、**表10**は二府一一県の纒向型前方後円墳を古墳名・所在地・旧国名・墳丘長・分類型・設計比・連結弧の中心点の位置・参考事項の項目にまとめたものである。

設計型はB型が七二基で八〇パーセントを占め、C型は一二基で一三・三パーセント、A型は四基で四・四パーセントであり、ほかに銅鐸のヨコ断面形と同じ作図法のものが二基あった。香川県の北大塚古墳（**図50**）と兵庫県の西求《にしもと》女《め》塚《づか》古墳であり、A′型とした。A・B・C三型がそろっているのは奈良県と岡山県で、C型が比較的多いことも共通し、両地域の親縁関係を示している。

墳形を設計比でみるとCD三単位のものがもっとも多く、九〇基中五八基で六四・四パーセント、CD四単位のものは一一基で一二・二パー

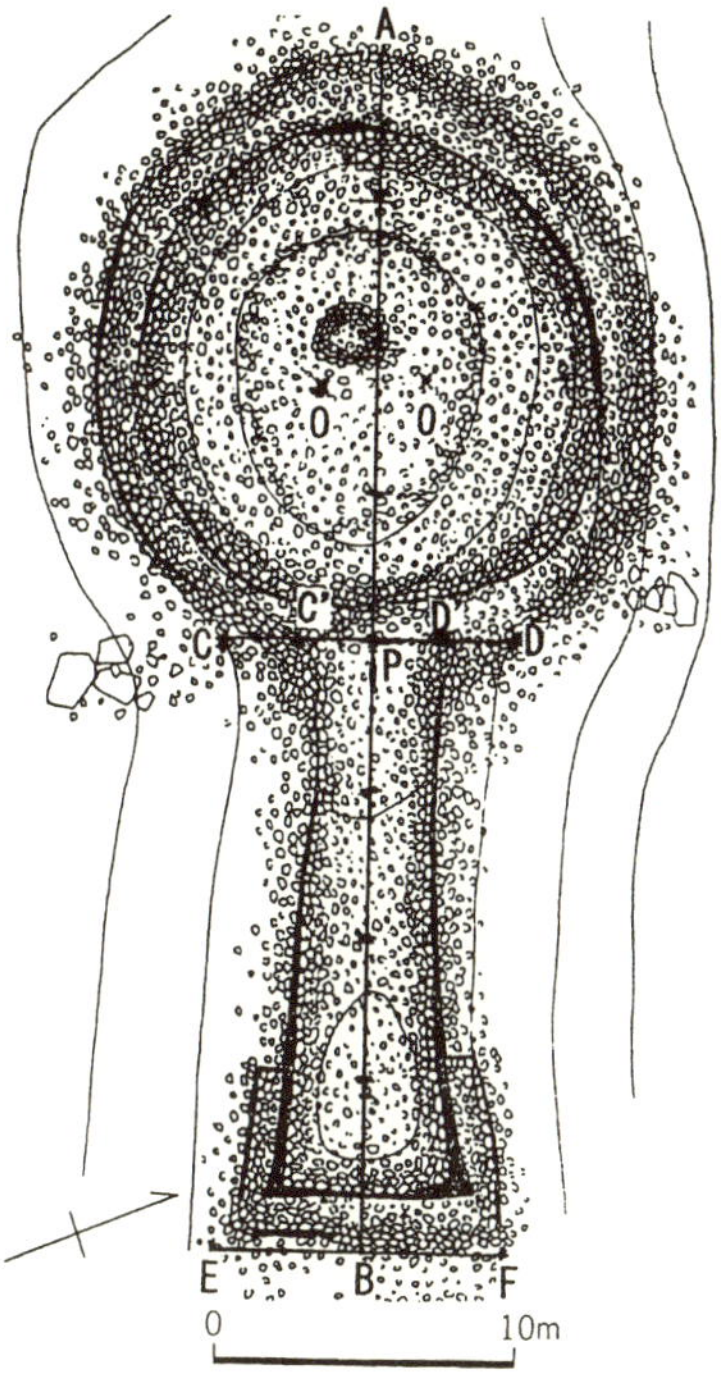

図50　A′型とした北大塚古墳（原図は梅原末治『讃岐高松岩清尾山石塚の研究』京都帝国大学文学部考古学研究報告12、1933より）

表10　近畿、中国・四国の纒向型前方後円墳一覧

△印……前方部が途中から開くもの

項目／府県	古墳名	所在地	旧国名	墳丘長（m）	3型式分類	設計比 AB:CD(C'D'):EF	連結弧の中心点の位置 タテ軸～（単位）	連結弧の中心点の位置 ヨコ軸～（単位）	年代などを示す参考事項
奈良県（8）	纒向石塚	桜井市	大和	90～96	A	8:4.5(1):3	—	—	庄内0～1式土器（纒向1式）
	纒向勝山	〃	〃	約120	B	8:3(1.5):2	3	3	庄内1～2式土器（纒向2・3式）
	纒向矢塚	〃	〃	96	C	8:6(1):4	3	3	庄内3式土器（纒向3式）
	東田大塚	〃	〃	約110	C	8:4(0):3	3	3	庄内3式末土器～布留0式土器
	ホケノ山	〃	〃	約80	C	8:5(1.5):2.5△	2	2	〃
	茅原大墓	〃	〃	85	C	8:5(1):4？	2	2	—
	中山大塚	天理市	〃	120	B	8:3(2):4 △	3	3	宮山型特殊器台
	佐味田宝塚	河合町（北葛城郡）	〃	111.5	B	8:2(1.5):3 △	2	2	ハニワ：円筒Ⅱ式
大阪府（5）	森1号	交野市	河内	106	B	8:3(2):3 △	3	3	
	森2号	〃	〃	58	B	8:3(1.5):2 △	3	3	
	森3号	〃	〃	46	B	8:3(2):2	3	3	
	池田茶臼山	池田市	摂津	62	B	8:3.5(2.5):2.5	3	3	ハニワ：円筒Ⅰ式
	紫金山	茨木市	〃	100	B	8:3(2.5):2.5	3	3	ハニワ：Ⅰ式
兵庫県（8）	万籟山	宝塚市	〃	54	B	8:4(2.5):2.5	3	3	ハニワ：円筒・朝顔形Ⅱ式
	西求女塚	神戸市	〃	90	A′	8:3(2):4？ △	—	—	二重口縁壷
	妻塚	〃	〃	60	B	8:3(2):2	3	3	ハニワ：円筒Ⅰ式（？）
	檀特山1号	姫路市	播磨	50	B	8:3(2):2	2	2	
	実法寺天神山	〃	〃	43.5	B	8:3(2):2	2	2	
	龍子三ツ塚	龍野市	〃	38	B	8:3(2):2	3	3	
	養久山1号	揖保川町（揖保郡）	〃	31.6	B	8:3(1):2 △	3	3	
	たちばな	豊岡市	但馬	53	B	8:3(2):2	3	3	
京都府（4）	平尾城山	山城町（相楽郡）	山城	110	B	8:4(3):3	3	3	ハニワ：円筒・朝顔形Ⅱ式
	椿井大塚山	〃	〃	170	B	8:2(1.5):2 △	2	2	二重口縁壷
	黒田	園部町（船井郡）	丹波	52	B	8:3.5(2):3	2	2	庄内式土器
	四文字山1号	綾部市	〃	35	B	8:3(2):3	3	3	
滋賀	雪野山	八日市市・近江八幡市	近江	70	B	8:3(2):3 △	3	3	二重口縁壷
	深谷	高月町（伊香郡）	〃	35	B	8:2(1.5):2 △	3	3	古式土師器
	古保利10号	〃	〃	41.2	B	8:3(1.5):2.5△	3	3	

県(6)	古保利26号	高月町(伊香郡)	近江	33	B	8:4(2):3 △	3	3	
	岩屋	〃	〃	25	B	8:3(2):3 △	3	3	
	春日山E—12号	大津市	〃	52.6	B	8:2(1):2 △	3	3	
三重県(3)	石山	上野市	伊賀	120	B	8:3(2):3	3	3	ハニワ：円筒・朝顔形Ⅱ式
	池の谷	津市	伊勢	86	B	8:4(2.5):2.5	3	3	
	寺垣内	大山田村(阿山郡)	〃	75	C	8:4(2):2	3	3	ハニワ：円筒・朝顔形Ⅱ式
岡山県(16)	長尾山	備前市	備前	68.4	B	8:2(1.5):3 △	3	3	ハニワ：円筒Ⅰ式
	牛窓天神山	牛窓町(邑久郡)	〃	90	C	8:3(2):3 △	3	3	ハニワ：円筒・朝顔形Ⅰ式
	花光寺山	長船町(〃)	〃	95	C	8:3(2):3	3	3	ハニワ：円筒Ⅰ式
	浦間茶臼山	岡山市	〃	138	B	8:4(2):3 △	3	3	ハニワ：器台形・壷形（都月式）
	穴甘山王山	〃	〃	68.5	C	8:3(2):3 △	3	3	ハニワ：器台形円筒Ⅰ式
	神宮寺山	〃	〃	150	B	8:3(2):3	3	3	ハニワ：円筒Ⅱ式
	金蔵山	〃	〃	165	B	8:4(2.5):4 △	3	3	ハニワ：円筒Ⅱ式
	一日市	〃	〃	55	B	8:1.5(1):2 △	3	3	
	日上天王山	津山市	美作	55	C	8:3(2):3 △	3	3	
	正仙塚	〃	〃	55.5	A	8:3(2):3 △	—	—	
	真加部観音堂1号	勝田町(勝田郡)	〃	44	B	8:3(2):3 △	3	3	
	奥の前1号	久米町(久米郡)	〃	65	B	8:2(1.5):3 △	3	3	ハニワ：円筒Ⅱ式
	土居妙見山	鏡野町(苫田郡)	〃	25	B	8:3(2):3 △	3	3	
	三笠山	総社市	備中	70	C	8:3(1.5):1.5	3	3	ハニワ：円筒Ⅱ式
	天望台	〃	〃	55	C	8:5(2):2	3	3	ハニワ：円筒Ⅰ式
	立1号	北房町(上房郡)	〃	90	B	8:3(2):4 △	3	3	
広島県(5)	石鎚権現5号	福山市	備後	37.5	A	8:3(2):3 △	—	—	
	足長1号	神辺町(深安郡)	〃	34	B	8:3(2):3 △	3	3	
	辰の口	神石町(神石郡)	〃	77	B	8:3(2):3 △	3	3	ハニワ：円筒・朝顔形Ⅰ式
	大迫山1号	東城町(比婆郡)	〃	45.5	A	8:3(2):3 △	—	—	
	後陣	庄原市	〃	25	B	8:3(2):3	3	3	
鳥取県(5)	中井1号	河原町(八頭郡)	因幡	54.8	B	8:3(2):3 △	3	3	
	嶽	〃	〃	50	B	8:3(2):3	3	3	
	宮内狐塚	本郷町(東伯郡)	伯耆	95	B	8:3(2):4 △	3	3	
	馬ノ山2号	羽合町(〃)	〃	68	B	8:3(2):4 △	3	3	
	御内谷法城	会見町(西伯郡)	〃	25.5	B	8:4(2):3 △	3	3	

島根県(2)	報恩寺4号	玉湯町(八束郡)	出雲	50	B	8:3(2):4 △	2	2	
	穴観音1号	仁多町(仁多郡)	〃	22.8	B	8:3(2):2	3	3	
香川県(21)	高松茶臼山	高松市	讃岐	75	B	8:3(2):3 △	3	3	ハニワ：円筒Ⅰ式
	摺鉢谷9号	〃	〃	27.4	B	8:2.5(2):3 △	4	4	積石塚
	石船塚	〃	〃	57	B	8:3(1.5):2 △	3	3	ハニワ：円筒Ⅱ式，積石塚
	北大塚	〃	〃	40	A′	8:2(1):2 △	—	—	積石塚
	鶴尾神社4号	〃	〃	40	B	8:3(2):2	3	3	積石塚
	長崎鼻	〃	〃	42.8	B	8:3(2):3 △	3	3	
	三谷石舟	〃	〃	95.9	B	8:3(1.5):3 △	3	3	ハニワ：器台形
	鵜の部山	津田町(大川郡)	〃	33	B	8:2(1):2 △	3	3	積石塚
	大日山	大内町(〃)	〃	38	B	8:3(2):2	2	2	
	奥3号	寒川町(〃)	〃	37	B	8:3(1.5):2 △	3	3	
	奥13号	〃	〃	30	B	8:3(1.5):2 △	3	3	
	丸井	長尾町(〃)	〃	29.8	B	8:3(2):3 △	4	4	
	タイバイ山	坂出市	〃	35	B	8:3(2):2	2	2	
	白砂	〃	〃	33	C	8:4(2):2	4	4	
	吉岡神社	丸亀市	〃	56	B	8:2(1.5):4 △	2	2	
	野田院	善通寺市	〃	47.5	B	8:3(2):3 △	3	3	積石塚
	大麻山椀貸塚	〃	〃	39	B	8:2(1.5):3 △	3	3	積石塚
	御産盥山	多度津町(仲多度津郡)	〃	50	B	8:3(2):3 △	3	3	ハニワ：円筒Ⅱ式
	陣の丸1号	綾歌町(綾歌郡)	〃	35	B	8:4(2):2	2	2	
	陣の丸2号	〃	〃	30	B	8:3(2):3 △	3	3	
	六ツ目	国分寺町(〃)	〃	21.4	B	8:3(2):3 △	3	3	
徳島県(4)	国高山	阿南市	阿波	51	B	8:2(1):2	3	3	
	大河別神社3号	鳴門市	〃	42	B	8:3(2.5):2.5	3	3	ハニワ：円筒Ⅲ式
	山ノ神	石井町(名西郡)	〃	61	B	8:3(2):2.5	3	3	
	前山1号	〃	〃	17.7	B	8:3(1.5):3 △	3	3	
愛媛県(3)	経石山	松山市	伊予	56	B	8:3(2):3	2	2	
	唐子台	今治市	〃	29.5	B	8:3(2):2	3	3	
	大久保1号	小松市(周桑郡)	〃	22.4	B	8:3.5(1):3	1	2.5	二重口縁壷（庄内3～布留0式）

セント、CD二単位のものも一一基である。前方部が途中からハの字に開くタイプ（△印をつけたもの）も多く、五二基もあって五七・八パーセントを占め、岡山県では一六基中一二基、香川県では二一基中一六基でともに約七五パーセントを占める。これに対し奈良県では八基中三基で三七・五パーセントであり、岡山・香川両県との違いを示している。

纒向型前方後円墳がつくられた時期を出土した土器や埴輪《はにわ》などでみると、纒向古墳群最古の石塚古墳の土器は庄内0〜1式（纒向1式）で三世紀初めごろと考えられており、周濠出土の木製品の年輪年代測定値はすでに書いたように二世紀代にさかのぼる可能性がある。奈良県の中山大塚古墳からは吉備系の特殊器台が出ているが、円筒Ⅰ・Ⅱ式埴輪をともなうものが多い。Ⅲ式も一例あるが大部分はⅡ式までである。

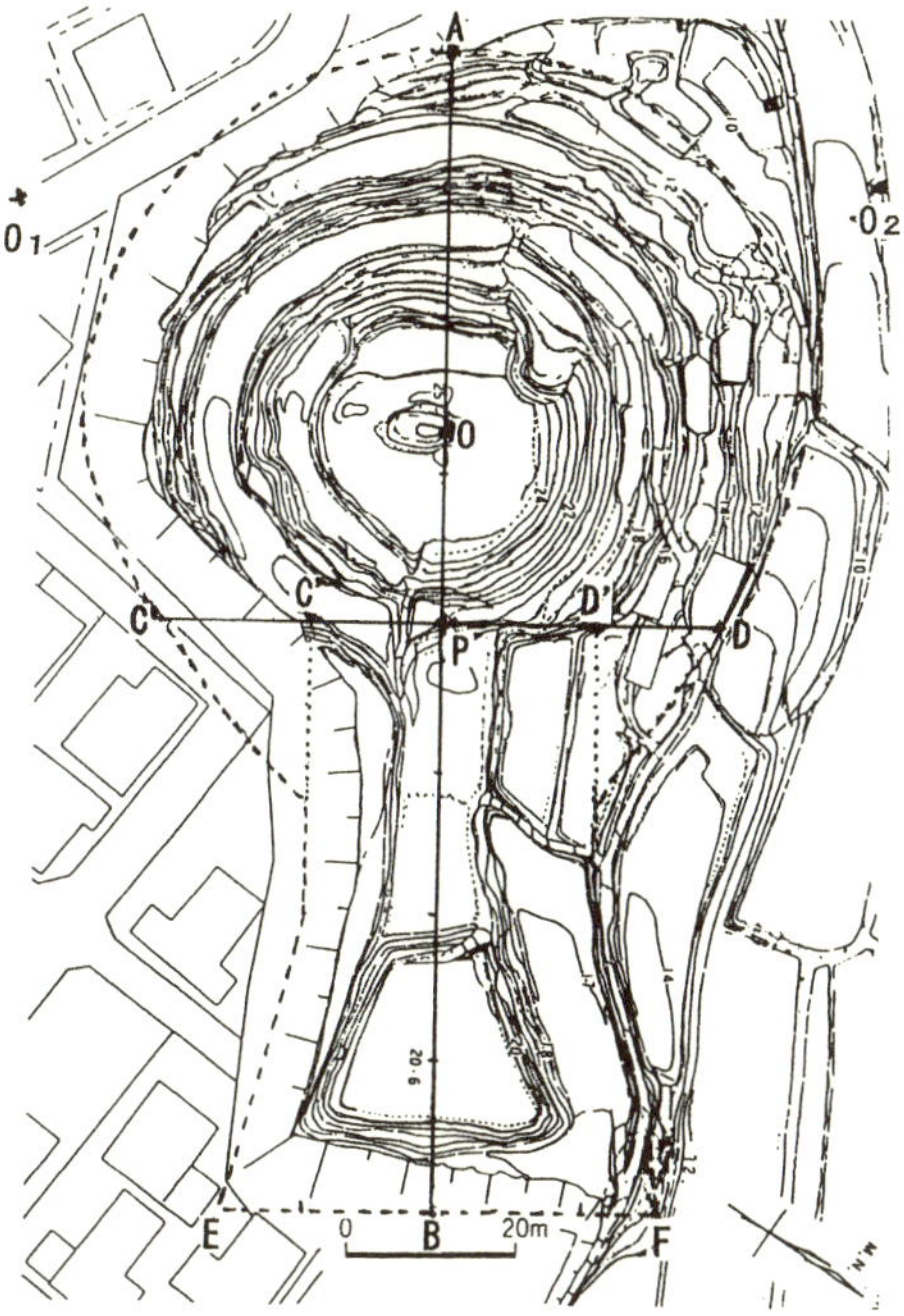

図51　すでに有段づくりがはじまっている纒向型B型の浦間茶臼山古墳（原図は宇垣匡雅「吉備の前期古墳1浦間茶臼山古墳の測量調査」『古代吉備』第9集、1987より）

分布の特色と問題点

岡山県と香川県

岡山県では一六基中八基が備前（岡山市など）にあり、ほかに比べて大型のものが多い。最大の金蔵山《かなくらやま》古墳は比較的新しい時期のものとおもわれるが一六五メートルあり、器台形埴輪が出ている浦間茶臼山古墳も一三八メートルの墳丘をもつ（**図51**）。美作には五

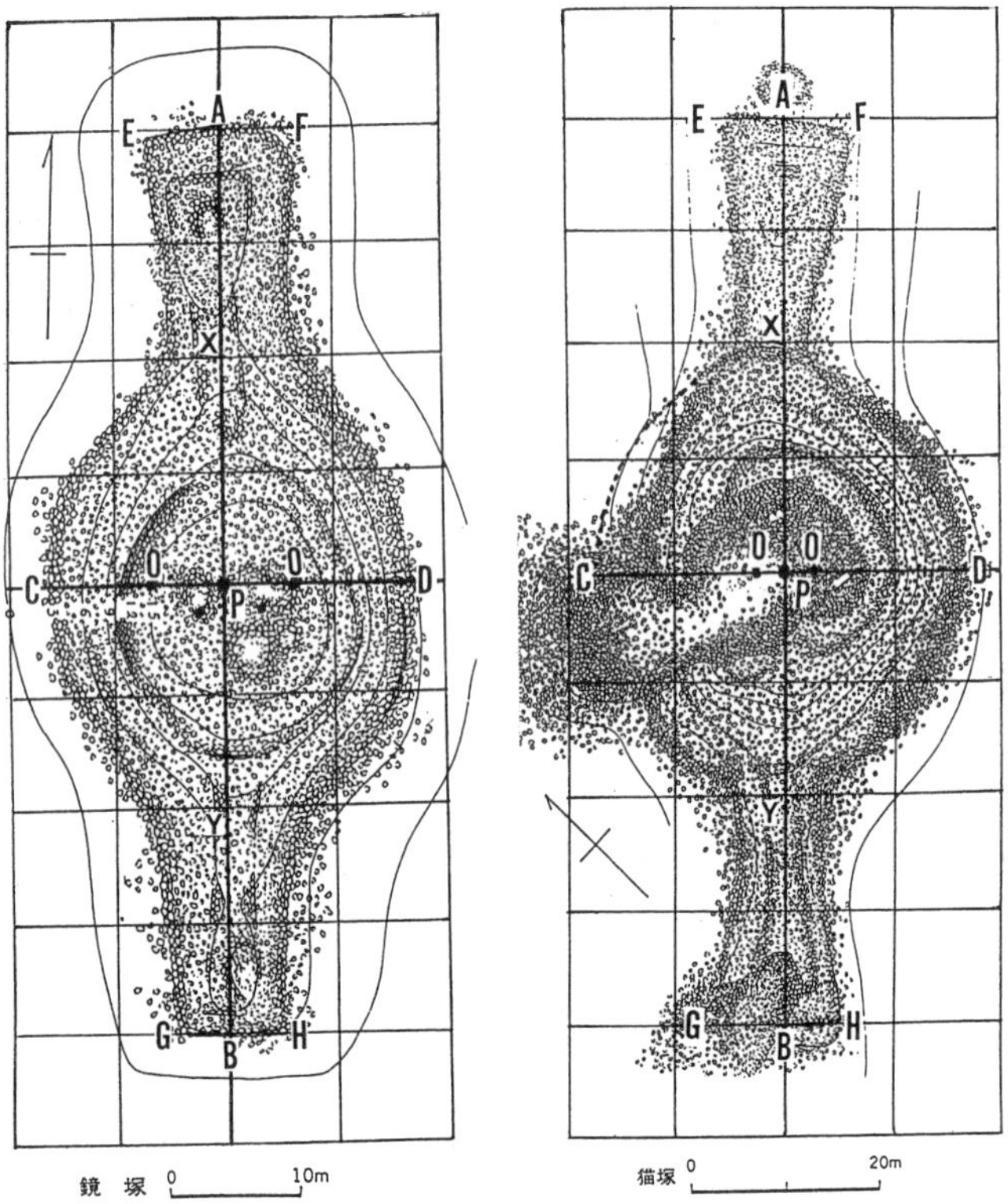

図52　双方中円墳の猫塚・鏡塚両古墳（原図は梅原末治『讃岐高松岩清尾山石塚の研究』京都帝国大学文学部考古学研究報告12、1933より）

基、備中には三基あるがいずれも小型である。設計型はA型一基、B型九基、C型六基で、C型の率が高い。なお、丘陵などを利用してつくっているため、選地がおこなわれても纒向古墳群のような位置決定は考えにくい。

香川県では二一基が讃岐平野の比較的海に近い丘陵などに分布し、高松市に多い。規模が小さく一〇〇メートルをこすものはなく、大部分が四〇メートル以下で、積石塚があるのが顕著な特色である。双方中円墳の猫塚・鏡塚両古墳も積石塚である（**図52**）。

奈良県

八基中六基が纒向古墳群にあり、石塚古墳を起点にして測量による位置決定がおこなわれ、現在のところわが国最初の計画的古墳群である。つくるたびに墳形を変えて三種類のタイプを生み、B型はほぼ全国的に広がっている。C型は岡山県とともに多く、半数を占め、纒向型前方後円墳の完成型といえる。B型が広がったのはその形以上に「方格法」の技術的な広がりであったとおもわれ、この地の先進性と影響力の大きさを示している。

　残る二基は天理市にある中山大塚古墳（**図53**）と北葛城《きたかつらぎ》の佐味田《さみた》宝塚古墳で、ともにB型であり、後者はCD二単位で京都府の椿井大塚山古墳のように後円部側が長い。

周辺地域

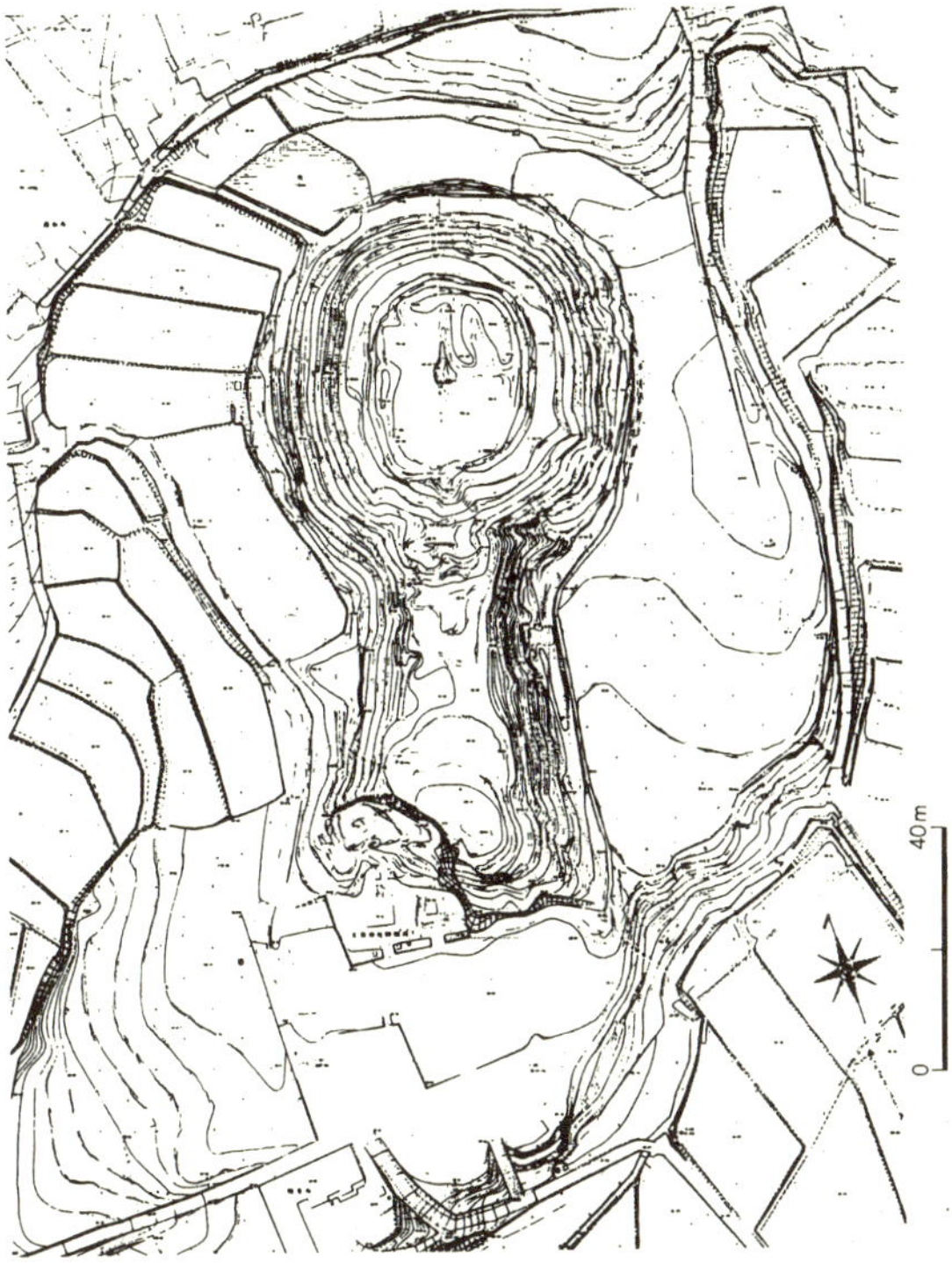

図53　纒向型Ｂ型の中山大塚古墳（原図は東潮「中山大塚古墳」『磯城・磐余地域の前方後円墳』奈良県史跡名勝天然記念物調査報告42、1981より）

　両地域周辺の纒向型前方後円墳の数をみると、岡山県では東の兵庫県に八基、西の広島県に五基で、山口県にはない。北の日本海側では鳥取県に五基、前方後方墳が多い島根県に二基である。香川県では北東の徳島県に四基、西の愛媛県に三基で、高知県にはない。

　奈良県では西の大阪府に五基、北の京都府に四基、その東の滋賀県に六基あるが雪野山古墳は疑問符がつく。特別に加えた三重県は三基で、南の和歌山県にはみられない。これらの数は残り方の偶然性などから重視はできないが、周辺地域の状況を知ることができる。

瀬戸内海東半沿岸勢力圏

近畿と中国・四国の纒向型前方後円墳の分布状態は、四章図33の前期古墳の分布状態とほぼ同じであり、岡山県と瀬戸内海の対岸香川県に集中的に分布し、数に大差があるがつづいて多いのが兵庫県と奈良盆地内である。後者は内陸部ではあるが、瀬戸内海の東半海域を囲む沿岸地域に多いといえる。この地域一帯はすでに書いたように弥生時代から活気があり、海が重要な役割を果たしていたのであろう。

とくに海を間に挟んだ岡山・香川両県は、海上交通や交易などで結びつきが強かったとおもわれ、北九州などのように大陸文化も渡来したとおもわれる。古墳の数は香川県側が多いがいずれも小型であり、墳形に共通性がありながらも墳丘に石を積んだものがあるのは墓制の違いを示し、一様な居住集団ではなかったのであろう。岡山県側で早い時期に楯築墓などの複合形古墳がつくられたのは備中の地域であり、その後一〇〇メートル級、一五〇メートル級の纒向型古墳や正円型古墳がつくられたのは備前の地域であり、吉備勢力の中心域が東側に移って発展したことを示している。

正円型と連弧型（纒向型）

出現期とつづく時期の古墳は、後円部側が正円であるものと半円や過半円に弧をつないだ連弧形に二分類でき、正円型と連弧型（纒向型）とした。全体的には正円型が多いが、連弧型は香川・岡山両県が突出して多く、備前では約半数を占める。

纒向古墳群に巨大な正円有段型の箸墓古墳がつくられたのは、東田大塚古墳のつぎであるので五番目であり、最初の石塚古墳がつくられてから数十年たっている。一九八八年ごろのことであるが、箸墓古墳に結びつく備前の前方後円墳として浦間茶臼山古墳が話題になった。墳形が同じであり、墳丘長が二分の一で器台形埴輪が出ているることがその理由であったが、纒向型前方後円墳探しのなかで、後円部が正円ではなく、B型の纒向型古墳であることに気づいた（図53）。翌年『多摩考古』第34号の「近畿、中国・四国の纒向型前方後円墳――分布からみた歴史への接近」（二〇〇四）のなかにこのことを書いたが、そのため、箸墓古墳に結びつく別の正円型古墳を探さなければならなくなった。

その古墳はまだみつかっていないが、この論文のなかで吉備の出現期古墳が正円型か連弧型かについて少し検討した。『前方後円墳集成』の『補遺編』におさめられた備中の宮山・矢藤治山両古墳は測量図では正円のようであったので正円型としたが、両古墳よりさかのぼる立坂《たちさか》墳丘墓が小さい図ではあるが纒向型のようにみえたので断定をさけた。さらに古い楯築墓は双方中円墳とみることができるが中円部は正円でなく、中心点を左右にずらして作図した銅鐸のヨコ断面のような形である。備前では前方後方墳備前車塚古墳（四八メートル）もつくられており、三種類の複合形古墳がみられるのは吉備地方への方格法の渡来期を示すものであろう。

明らかになってきたこと

纒向古墳群の検討結果と、『前方後円墳集成』の『近畿編』と『中国・四国編』『補遺編』で調べてわかってきたことを推定もまじえて箇条書きにするとつぎのようになる。

①纒向型前方後円墳は渡来した方格法で設計・築造された複合形古墳である。
②方格法は二世紀末か三世紀初めごろ、吉備（備中）や纒向に渡来したと推定される。
③吉備では丘陵などを利用してつくり、纒向では平地につくって周濠（採土地）をめぐらす。
④纒向古墳群では出現期にそのつど墳形を変え、A・B・C三型に分類できる。
⑤吉備では備中に出現期の小型ものがあり、のちに備前で大型化する。
⑥纒向型前方後円墳は各地に分布し、瀬戸内海東半沿岸地域に多い。
⑦とくに香川・岡山両県に多く、香川県のものは小型で積石塚をともなう。
⑧纒向古墳群では方位角と戦国・前漢尺による距離によって古墳の位置を決定している。
⑨A・B・C三型がそろっているのは纒向と吉備だけであり、両勢力の親縁関係を示す。
⑩約九〇基中B型古墳が八〇パーセントを占める。
⑪纒向型前方後円墳の広がりは纒向勢力の影響力の強さと、各地の受容力を示す。
⑫正円有段型の箸墓古墳の築造は吉備系勢力の進出とおもわれる。
⑬箸墓古墳から吉備系の特殊器台と特殊壺の破片が採集されているが、纒向型前方後円墳にはみられない。
⑭箸墓古墳のあとにも纒向型古墳がつくられているのは、在地勢力の墓制の尊重あるいは容認とみられる。
⑮茅原大墓古墳を最後に墓域が山麓部に移り、中山大塚古墳以外は正円型である。
⑯墓域変化と正円型前方後円墳の定着は進出勢力のその後の発展とおもわれる。

一一章　纒向型前方後円墳の全国的分布（二）

近畿、中国・四国の纒向型前方後円墳についての調査結果は、「分布からみた歴史への接近」というサブタイトルをつけて『多摩考古』第34号（二〇〇四）に発表した。そのあと残りの地方について調べたが、便宜的に中部、九州、関東・東北の順にした。なお、三重県は前回近畿に加えたため中部からのぞいた。その結果は、南は鹿児島県から北は宮城・山形両県まで分布していて七九基あり、合計一六九基になった。近畿、中国・四国よりは少ないが半数近い四七パーセントを占めている。

中部

中部は高地帯であり、太平洋側と日本海側と中央高地の三地域に大別でき、近畿に接して南に伊勢湾、北に若狭湾がある。太平洋側は三重県三基、愛知県四基、静岡県二基計九基、日本海側は福井県一〇基、石川県ゼロ、富山県二基計一二基、中部高地は岐阜県一基、長野県二基（森将軍塚古墳を加えると三基）、山梨県ゼロで計三基で総計二四基あり、三重県をのぞくと二一基である（**表11**）。

表11　中部・九州・関東・東北の纒向型前方後円墳一覧

△印……前方部が途中から開くもの

府県＼項目	古墳名	所在地	旧国名	墳丘長（m）	3型式分類	設計比 AB：CD(C'D')：EF	連結弧の中心点の位置 タテ軸～（単位）	ヨコ軸～（単位）	年代などを示す参考事項
愛知（4）	吉良八幡山	吉良町（幡豆郡）	三河	66	B	8:3(2):2	3	3	
	御津船山	御津町（宝飯郡）	〃	38	C	8:3(2):3	3	3	
	権現山1号	豊橋市	〃	38.4	B	8:3(2):3	3	3	二重口縁壺
	権現山2号	〃	〃	33	B	8:4(2):2	3	3	
静岡（2）	松林山	磐田市	遠江	116	C	8:3(2):3	3	3	
	寺谷銚子塚	〃	〃	109	C	8:3(1.5):2	3	3	
福井（10）	長泉寺山	鯖江市	越前	52	B	8:3(1.5):3 △	3	3	
	小坂1号	〃	〃	36	B	8:3(1.5):2.5	3	3	
	小羽山10号	〃	〃	32	B	8:3(2):3	3	3	
	高島	〃	〃	46	B	8:3(1.5):2	2	2	
	成願寺山13号	福井市	〃	45	A_{I}	8:5(3):3	3	1	
	成願寺山27号	〃	〃	34	B	8:2(1):2.5	2	2	
	中坂	〃	〃	45	C	8:4(1.5):4	3	3	
	酒生	〃	〃	70	B	8:2.5(2):2.5	2	2	
	六呂瀬山3号	丸岡町（坂井郡）	〃	85	B	8:2(1.5):4	2	2	
	山ヶ鼻6号	大野市	〃	31	A_{II}	8:3.5(0):3	—	—	
富山（2）	谷内16号	小矢部市	越中	47.6	B	8:3.5(1):2.5△	3	3	
	中村天場山	氷見市	〃	32	B	8:4(2):3	3	3	
岐阜	亀山	可児市	美濃	98	B	8:4(2):3	3	3	
長野（2）	和田東山3号	長野市	信濃	46	A_{I}	8:3.5(1):2.5	3	1	円筒・朝顔型埴輪Ⅰ式
	高遠山	中野市	〃	55	B	8:4(1.5):2.5	1	1	片側変形
福岡（6）	石塚山	苅田町（京都郡）	豊前	110	B	8:4(2):4	3	3	布留式古相併行期の土器、銅鏃
	島津丸山	遠賀町（遠賀郡）	筑前	57	B	8:2.5(1.5):2.5	3	3	
	戸原王塚	粕屋町（糟屋郡）	〃	45	C	8:3.5(1.5):3	3	3	
	那珂八幡	福岡市	〃	75	B	8:4(1):3	3	3	
	原口	筑紫野市	〃	73	C	8:5(1):3	2	2	

	津古1号	小郡市	筑後	42	B	8:3(1):2	2	2	
佐賀(3)	谷口	浜玉町(東松浦郡)	肥前	約80	B	8:3(2):4 △	2	2	円筒埴輪Ⅱ式
	久里双水	唐津市	〃	108	A_{II}	8:4(2):3	—	—	中心線屈折
	双水柴山2号	〃	〃	34.7	B	8:3(2):4 △	3	3	二重口縁壺
大分(4)	小牧山6号	大分市	豊後	45	B	8:3(2):2 △	2	2	
	坊ノ原	大野町(大野郡)	〃	45	B	8:3(1.5):2.5△	3	3	
	七ツ森B	竹田市	〃	51	B	8:2(1.5):2	3	3	
	城山	日田市	〃	26.5	C	8:4(2):2	3	3	
宮崎(9)	南方1号	延岡市	日向	62	B	8:3(1.5):2.5	3	3	
	南方10号	〃	〃	84	B	8:4(1.5):3	2	2	
	富高2号	日向市	〃	75	B	8:3(1.5):3	3	3	
	西都原81号	西都市	〃	87.5	B	8:2(1.5):3	3	3	
	西都原92号	〃	〃	53	B	8:3(2):2	2	2	
	西都原239号	〃	〃	56	B	8:3(1):3	2	2	
	持田47号	高鍋町(児湯郡)	〃	53	A_{II}	8:2(1):2.5	—	—	
	下北方6号	宮崎市	〃	72	B	8:3.5(2):4	2	2	
	本庄15号	国富町(東諸県郡)	〃	73	B	8:2.5(1.5):2.5	3	3	
長崎(4)	笠松天神社	田平町(北松浦郡)	肥前	35	B	8:3(2):3 △	3	3	
	大原天神の森1号	郷ノ浦(壱岐郡)	〃	27	B	8:3(2):2	2	2	
	根曽1号	美津島町(下県郡)	対馬	30	B	8:5(2):2	2	2	
	根曽2号	〃	〃	35.6	B	8:2.5(2):2	2	2	葺石、須恵器
熊本(2)	山下	玉名市	肥後	59	C	8:4(2):3 △	3	3	A_{II}型の可能性、消滅
	潤野3号	宇土市	〃	39	B	8:4(2.5):2.5	1	1	小型丸底壺
鹿児島	塚崎11号	高山町(肝属郡)	大隅	56	B	8:4(1.5):2	2	2	
神奈川(4)	秋葉山2号	海老名市	相模	48	C	8:4.5(1.5):4	3	3	
	秋葉山3号	〃	〃	約50	A	8:6(?):?	?	?	
	大塚	横須賀市	〃	33	B	8:3(2):2	3	3	?
	稲荷前6号	横浜市	武蔵	32	C	8:2(1):2	3	3	
千	白駒1号	君津市	上総	45	B	8:3(2):3	3	3	
	鹿島塚	木更津市	〃	80	B	8:3(2):3	3	3	

葉(5)	神門4号	市原市	上総	49	B	8:4(1):2	2	2	調査後消滅
	今富塚山	〃	〃	110	B	8:3(1.5):2	3	3	
	山崎ひょうたん塚	佐倉市	下総	37	C	8:4(2):2	3	3	
茨城(8)	赤坂山1号	鹿島町(鹿島郡)	常陸	60	B	8:3(1.5):3	2	2	
	王塚	土浦市	〃	84	B	8:2(1):1.5	3	3	
	后塚	〃	〃	65	B	8:4(2):2	3	3	
	常名天神山	〃	〃	85	B	8:4(2):2	3	3	
	原1号	桜川村(稲敷郡)	〃	29.5	B	8:3(2):2.5	2	2	
	羽黒	美野里町(東茨城郡)	〃	67	B	8:3(2):2	2	2	
	六所塚	石下町(結城郡)	下総	70	C	8:4(3):3	3	3	
	柴崎2号	千代川村(〃)	〃	55	B	8:3(2):2	3	2	
栃木(2)	中妻	小山市	下野	32	B	8:3(2):2	3	3	
	木幡神社	矢板市	〃	52.6	B	8:3(2):2	2	2	
福島(4)	玉山1号	いわき市	陸奥	118	B	8:2(1):2.5 △	1	2	
	堂ケ作山	会津若松市	〃	84	A	8:4(2):3	—	—	二重口縁壺
	出崎山7号	会津坂下町(河沼郡)	〃	29.3	B	8:3(1.5):2.5	3	3	
	灰塚山	喜多方市	〃	61	B	8:4(2):3	3	3	
宮城(4)	吉の内	角田市	〃	約70	B	8:3.5(2):3	3	3	
	千塚山	村田町(柴田郡)	〃	85	A_{II}	8:3(2):3 △	—	—	B型の可能性も、中心線屈折
	かめ塚	岩沼市	〃	39.5	B	8:2(1.5):3	3	3	?
	遠見塚	仙台市	〃	110	B	8:3(1.5):3	3	3	
新潟	吉井行塚1号	柏崎市	越後	32	B	8:3(2):3	2	2	
山形	蒲生田山	南陽市	出羽	30	B	8:3(2):4	3	3	

設計型はA型ゼロ、A′型一基、B型一四基、C型四基で、B型が約六七パーセントを占め、残りの二基は長野市の和田東山3号墳と福井市の成願寺山《じょうがんじやま》13号墳で知った新しいタイプで、半径が異なる上下の半円を短い弧でつないだものである（**図54**）。図形的にはA′型（対象弧型）よりA型に近いため**図55**のようにA_{I}型とし、A′型をA_{II}型に改め、名称もやや具体的なものに変えた。和田東山3号墳は長野市教育委員会と明治大学によって調査がおこなわれ、設計比は8：4（1）：2.5である。**図56**は墳丘長の八分の一を基準単位とした方眼で作図したものである。

地域的にみると太平洋側には、愛知県に三河湾に面した吉良《きら》八幡山・御津《みと》船山《ふなやま》両古墳と豊橋市の権現山1号・2号墳があり、静岡県には天竜川左岸の磐田市に寺谷《てらや》銚子塚《ちょうしづか》古墳と松林山《しょうりんざん》古墳がある。前者は吉良八幡山古墳をのぞいて小型であるが、後者はともに一〇〇メートル以上あり、C型である。

日本海側では若狭湾に面した福井県が突出して多く、A型をのぞく設計型がそろっている。地理的に大陸とも大和とも関係をもつ地域であるためであろうか？　一〇基のうち八基が鯖江・福井両市に集まり、鯖江市には長泉寺山・小坂1号・小羽山《おばやま》10号・高島古墳、福井市には成願寺山13号・同27号・中坂・酒生古墳があり、このほか丸岡町（坂井郡）に六呂瀬山3号墳、大野市に山ヶ鼻6号墳がある。富山県の二基は小矢部市の谷内16号墳と氷見市の中村天場《てんば》山古墳である。

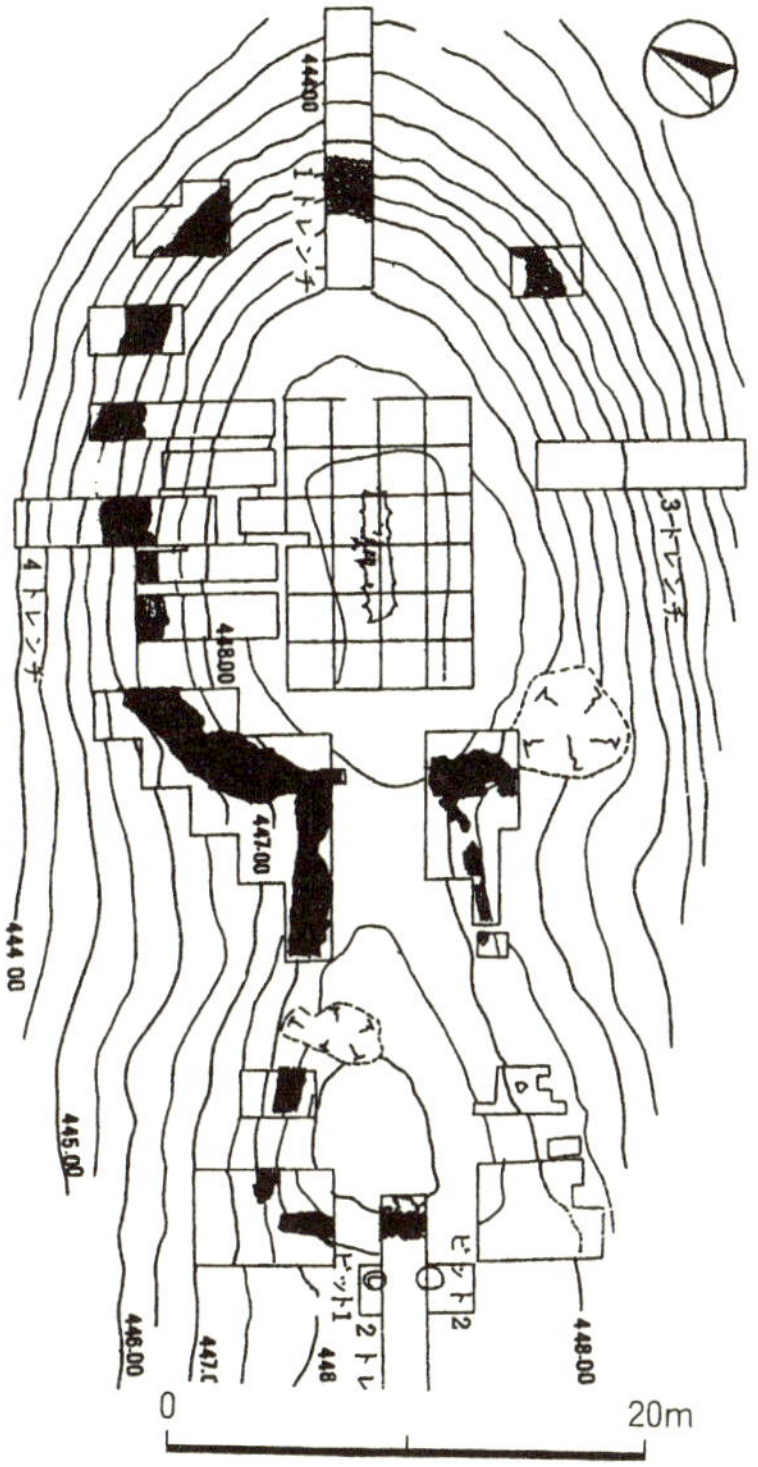

図54　新しいタイプの和田東山3号墳をA_{I}型とする（原図は小林三郎他『和田東山古墳群』1995より）

中部高地には岐阜県の亀山古墳

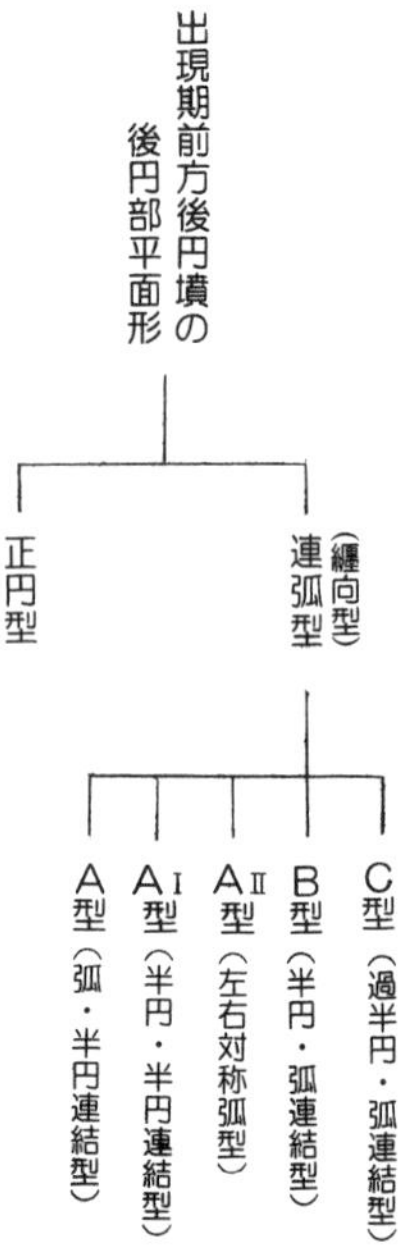

図55　つくりなおした出現期前方後円墳の後円部形による分類

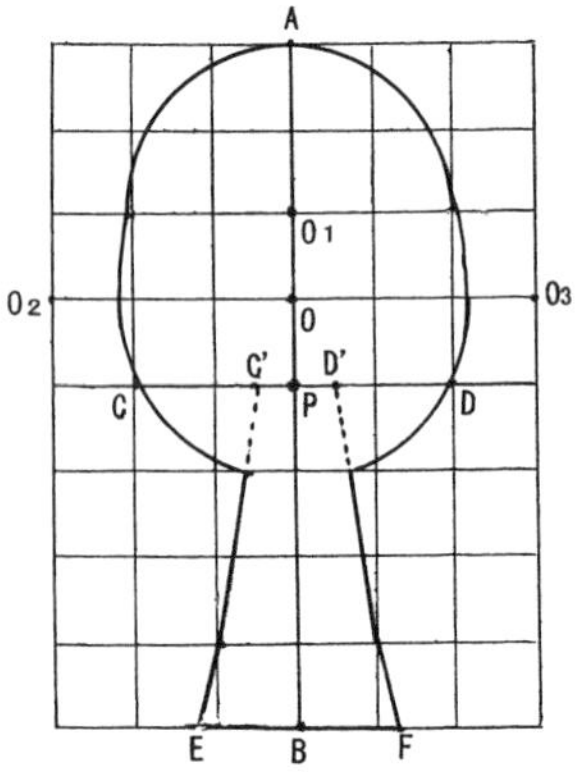

図56　方眼を使って作図した和田東山3号墳

と長野県の高遠山《たかとおやま》・和田東山3号墳があり、亀山古墳は可児《かに》市の平地につくられ、B型で九八メートルの墳丘をもつ。高遠山古墳は中野市の標高三四〇メートル、比高三〇メートルの場所につくられ、B型で墳丘五五メートル。墳丘中心線が屈折している。長野市の和田東山3号墳は標高四四八メートル、比高一〇〇メートルにつくられ、墳丘四六メートル。円筒・朝顔型I式埴輪の出土から更埴市の森将軍塚古墳（九九メートル）とともに善光《ぜんこう》寺平《じだいら》に入った古墳文化の古さを示している。前者はおそらく日本海側から信濃川あるいは関川・荒川をさかのぼり、後者は野尻湖周辺を経て入ってきたのであろう。

九州

九州の纒向型前方後円墳は二九基で近畿の三一基に近い。県別にみると福岡県六基、佐賀県三基、大分県四基、宮崎県九基、長崎県四基、熊本県二基、鹿児島県一基で北九州と東海岸側に多い。設計型はA型とA_I型がなく、A_{II}型二基、B型二三基、C型四基で、B型が七九・三パーセントを占める。C型は福岡県二基、大分・熊本両県各一基である。

驚いたのは、古墳が少なく日葉酢媛陵型古墳がない鹿児島県にあったことである。『補遺編』におさめられていた塚崎11号墳である（**図57**）。鹿児島県に次いで古墳が少ない長崎県にも四基あるが、このうち二基は対馬にあり、出土遺物からみて新しそうである。

北九州からみていくと、福岡県は弥生時代に大陸文化渡来の玄関口であったため古墳も多く、二〇〇基をこえる。また、日葉酢媛陵型古墳が応神陵型古墳より多く、早い時期からつくられたことを示す。六基のうち三基は博多湾に面した福岡市と粕屋町（糟屋郡）と少し奥まった筑紫野市にあり、ほかは遠賀《おんが》町（遠賀郡）・苅田《かんだ》町（京都郡）・小郡《おごおり》市に各一基である。規模は五〇メートル前後と七〇数メートルのものがあるが、苅田町の石塚山古墳は一一〇メートルもあり、布留式古相《ふるしきこそう》併行期の土器が出ている。

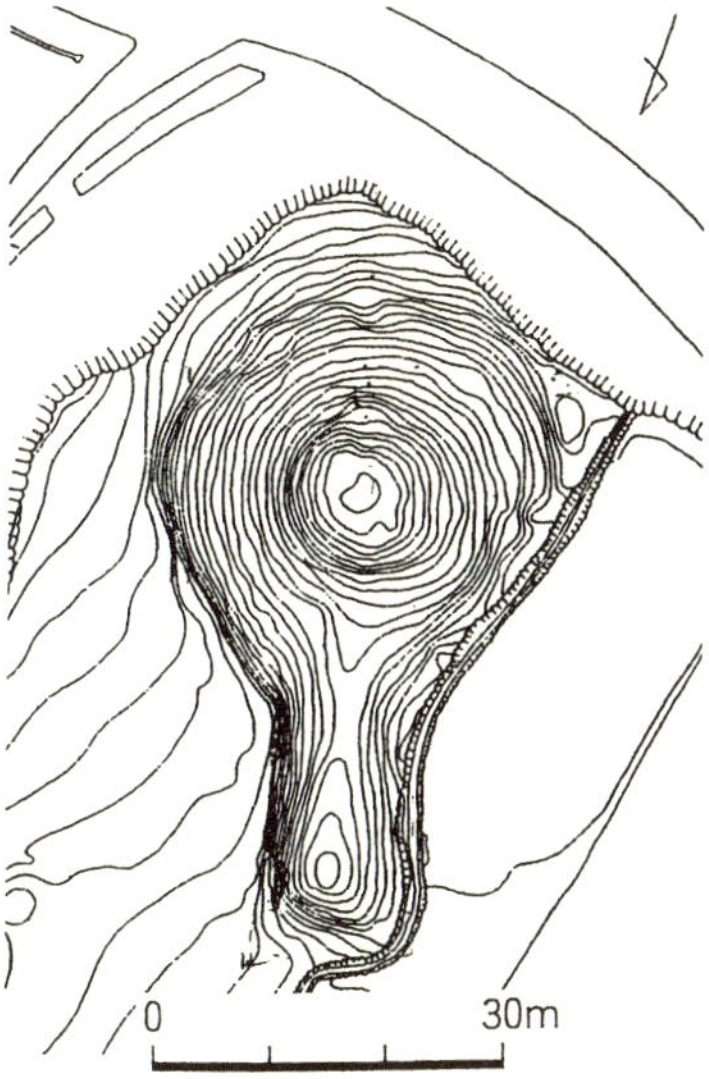

図57　南限の塚崎11号墳（B型）（原図は中村耕治「先史・原始時代」『高山郷土誌』1997より）

佐賀県では唐津湾に面して三基あり、唐津市の久里双水《くりそうずい》・双水柴山2号墳と浜玉町（東松浦郡）の谷口古墳である。久里双水古墳はAⅡ型で一〇八メートルの墳丘をもち、中心線が屈折している。最古期の古墳と推定されていて一九九二年から一九九四年にかけて発掘調査がおこなわれ、三、四世紀のものと報告されている。ほかの二基はB型で、谷口古墳からはⅡ式の円筒埴輪、双水柴山2号墳からは二重口縁壺が出ている。

東海岸側は、瀬戸内海と向き合う大分県とおだやかな海岸線が南につづく宮崎県であり、両県はかなり様相が異なっている。大分県は古墳数が福岡県の約三分の一で日葉酢媛陵型古墳が応神陵型古墳を上回り、佐賀県と似ているが、福岡県についで古墳が多い宮崎県は応神陵型古墳が三分の二近くを占め、新しい時期のものが多い。応神陵型でありながら古い柄鏡《えかがみ》型古墳に似た墳形が多いのは、CDを二単位前後にして前方部の開きを抑えているためで、盛り土量を少なくするためであったろう。そして、西都原《さいとばる》古墳群のようにこうしたタイプの古墳が多く集まっているのがこの地方の特色である。

大分県は別府湾に面した大分市と大野川流域の大野町（大野郡）と内陸の小盆地竹田・日田《ひた》両市にみられる。五〇メートル以下のものが多く、C型の日田市の城山古墳をのぞいてB型である。

宮崎県の場合は山地から日向灘《ひゅうがなだ》に流れこむ川の下流域にみられ、延岡市に二基、西都市に三基、日向・宮崎両市に各一基、高鍋町（児湯《こゆ》郡）・国富町（東諸県《ひがしもろあがた》郡）に各一基である。ここではすべて五〇メートル以上で、A_{II}型の高鍋町の持田47号墳をのぞきB型である。

西海岸側は長崎県と島原湾や八代海に面した熊本県である。長崎県には田平町（北松浦郡）の笠松天神社古墳と壱岐郡郷ノ浦の大原天神の森1号墳があり、ほかに対馬の美津島町（下県郡）に根曽1・2号墳があるが、ともにB型で三〇〜三五メートルの規模である。

熊本県は佐賀・大分両県より古墳が多く、ここも日葉酢媛陵型古墳のほうが多いが、纒向型前方後円墳は玉名市の山下古墳と宇土市の潤野《うるの》3号墳の二基である。前者は墳丘五九メートルのC型で、A_{II}型の可能性もあったが消滅した。後者は墳丘三九メートルのB型で小型丸底壺が出土している。

南九州は鹿児島県であり、古い時期の古墳がないと考えられていたこの地方にも纒向型の塚崎11号墳（瓢箪塚古墳）がつくられていたことのもつ意味は大きい。大隅半島の高山町（肝属郡）にあり、B型で五六メートルの墳丘をもつ。

関東・東北

関東・東北は中部高地がつきてわが国最大の関東平野が広がり、さらに北東につづく地方である。すでに書いたように、関東には二〇〇メートルをこえる前方後円墳が一基しかないが、一〇〇メートル以上のものが六〇基以上あり、数では全国最高である。しかし、纒向型古墳は他地方より少なく一九基であり、東北の一〇基を加えて他地方なみである。

その一九基は、神奈川県四基、千葉県五基、茨城県八基、栃木県二基で、東京都と内陸の群馬・埼玉両県にはみられない。この傾向はつづく時期の日葉酢媛陵型I型古墳の分布とほぼ同じであり、初期古墳文化伝播の内陸部への遅れを示しており、東京都では今後多摩川河口域などでみつかる可能性もある。

県別にみると神奈川県には相模川の河口から一五キロさかのぼった海老名市の丘陵上に二基みられる。秋葉山2・3号墳で前者は墳丘四八メートルのC型、後者は前方部が失われているが、後円部側の形からみてCD六単位のA型とおもわれ、墳丘は五〇メートル前後であろう。ほかの二基は、横須賀市の大塚古墳と横浜市の稲荷前6号墳で、前者はB型で三三メートル、後者はC型で三二メートルである。

千葉県では五基中四基が東京湾岸にあり、君津市の白駒1号墳、木更津市の鹿島塚古墳、市原市の神門4号墳と今富塚山《いまとみづかやま》古墳でともにB型である。もう一基は内陸に入った佐倉市の山崎ひょうたん塚古墳でC型である。このうち神門4号墳はすでに書いたように早くから纒向古墳群と同じタイプのものとして注目されたが、調査後削られて消滅した。規模は三基が五〇メートル以下であるが、今富塚山古墳は一一〇メートル、鹿島塚古墳は八〇メートルである。

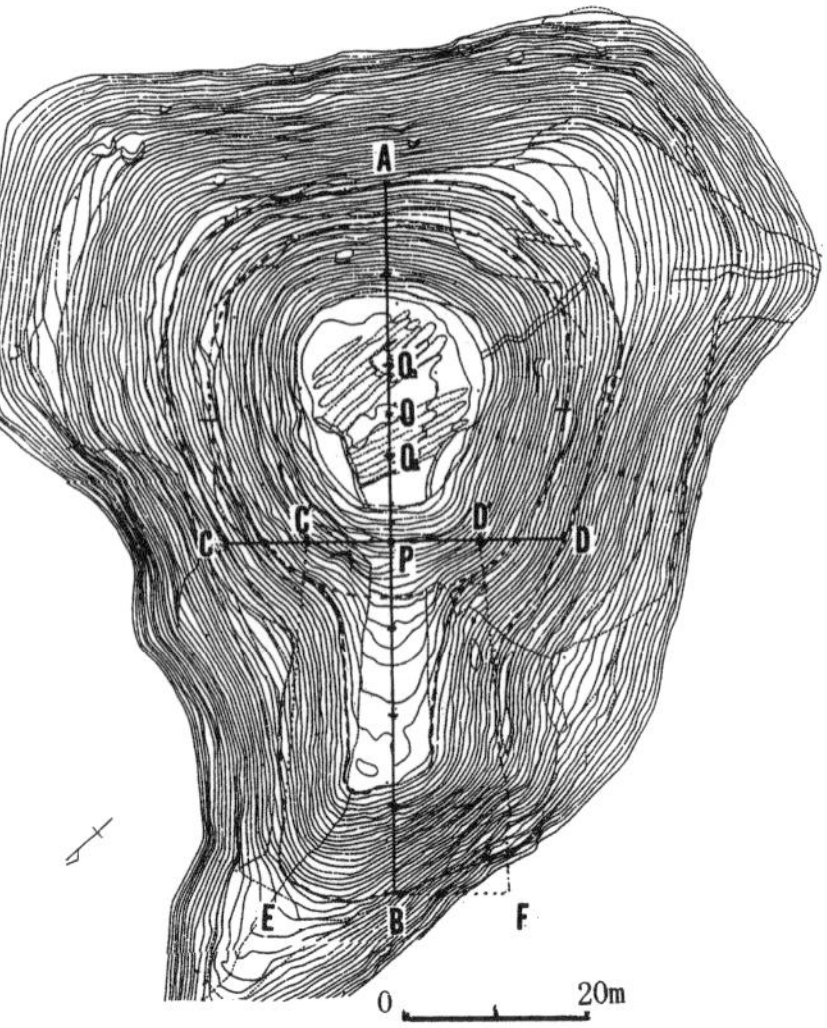

図58 急峻な山上につくられた堂ケ作山古墳（A型、前方部の平坦面が工事基準面）（原図は『堂ケ作山古墳Ⅰ測量調査報告、1990年度発掘調査概報』より）

茨城県の八基は関東の纒向型古墳の四二パーセントを占め、かって内海であったと考えられている霞ケ浦・北浦の沿岸と周辺に多い。霞ケ浦沿岸でとくに重要な場所は土浦口で、王塚・后塚《きさきづか》・常名《したな》天神山の三古墳がある。いずれもB型で王塚と后塚は同じ丘陵上のすぐ近くにあり、墳丘八四メートルと六五メートルである。北浦沿岸の鹿島町（鹿島郡）には赤坂山1号墳があり、このほか羽黒古墳（東茨城郡）、原1号墳（稲敷郡）、六所塚古墳（結城郡）、柴崎2号墳（同）があり、C型の六所塚古墳をのぞいてB型である。

栃木県は内陸部であるが小山市に中妻古墳、矢板市に木幡《きばた》神社古墳があり、ともにB型である。群馬・埼玉両県にはないので茨城県側から伝わったのであろう。

東北は福島県四基、宮城県四基、新潟県一基、山形県一基の計一〇基で、秋田・岩手・青森三県にはなく、その多くが太平洋沿岸と内陸の会津盆地にある。

県別にみると福島県は盆地内に三基、沿岸部に一基で会津盆地の重要性を示し、その三基は会津若松市の堂ケ作山古墳、会津坂下町の出崎山《でさきやま》7号墳、喜多方市の灰塚山古墳である。堂ケ作山古墳は標高三七〇メートル、比高一〇〇メートルの急峻な堂ケ作山の上にあり、A型で八四メートルの墳丘をもつ（**図58**）。A型であることにやや奇異な感じを受けるが、地形的制約のためであろうか？ ほかの二基はB型で出崎山7号墳は小型である。

問題は会津盆地の纏向型前方後円墳が太平洋側と日本海側のどちらから入ってきたかである。伝播の主流ルートが太平洋側であるのでいわき市方面から入ってきた可能性が高いが、新潟から阿賀野川をさかのぼってきた可能性もある。いわき市にある玉山1号墳はB型で一一八メートルの墳丘をもち、CD二単位の細身の墳丘は前方部がやや異なるが土浦口の王塚古墳に近似し、茨城県との関係が考えられる。

宮城県は四基が仙台平野にあり、南から角田市の吉の内古墳、村田町（柴田郡）の千塚山古墳、岩沼市のかめ塚古墳、仙台市の遠見塚古墳である。千塚山古墳は中心線が屈折するがA_{II}型のようであり、前方部が途中から開く（**図59**）。ほかはB型でかめ塚古墳をのぞいて比較的規模が大きく、最大の遠見塚古墳は一一〇メートルもある。纏向型前方後円墳がここまでおよんでいるのは、おそらく北方を牡鹿半島に守られた沿岸地方の豊かさにあるとおもわれるが、つぎの日葉酢媛陵型I型古期の古墳は東北まで入っていない（**図33**）。

日本海側の新潟県には柏崎市に吉井《よしい》行塚《ぎょうづか》1号墳、山形県には蒲生田山《かもうだやま》2号墳があるが、ともにB型で墳丘は三〇メートル規模である。

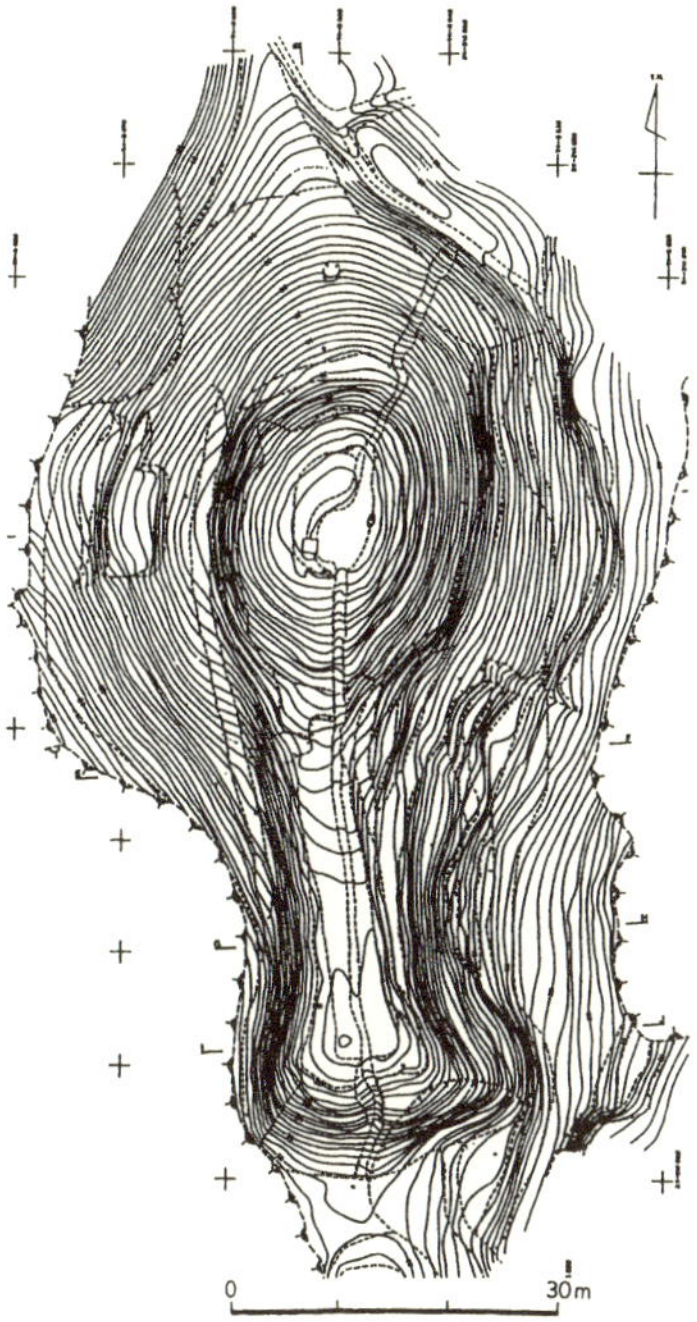

図59 千塚山古墳（A_{II}型）（千塚山古墳調査団『千塚山古墳測量調査報告書』1991より）

日本列島全域の分布

二回に分けて調べた纏向型前方後円墳の数は、近畿と中国・四国が九〇基、中部と九州と関東・東北が七九基で合計一六九基になる。このなかには二〇パーセント前後の検討ミスがあるとおもうが、見落としたものもあるだろうし、今後の測量で新たにみつかるものもあるとおもわれるので、この数より増えることがあっても減ることはないであろう。

『前方後円墳集成』で設計検討した前方後円墳数は本編で一六八四基、『補遺編』で約一〇〇基であるので、纒向型古墳は検討した前方後円墳全体の一〇パーセント近くを占め、『補遺編』に収録されたもののなかにかなりあった。前方後円墳の出現期に後円部が正円でない纒向型古墳がこれだけあり、南は鹿児島県から北は宮城・山

表12　纒向型前方後円墳3設計型の地方別・府県別一覧

地方・府県 ＼ 設計型		A型	A_I型	A_{II}型	B型	C型	計
近畿	奈良	1			3	4	8
	大阪				5		5
	兵庫			1	7		8
	京都				4		4
	滋賀				6		6
	小計	(1)		(1)	(25)	(4)	(31)
中国	岡山	1			9	6	16
	広島	2			3		5
	鳥取				5		5
	島根				2		2
	小計	(3)			(19)	(6)	(28)
四国	香川			1	19	1	21
	徳島				4		4
	愛媛				3		3
	小計			(1)	(26)	(1)	(28)
中部	三重				2	1	3
	愛知				3	1	4
	静岡					2	2
	福井		1	1	7	1	10
	富山				2		2
	岐阜				1		1
	長野		1		1		2
	小計		(2)	(1)	(16)	(5)	(24)
九州	福岡				4	2	6
	佐賀			1	2		3
	大分				3	1	4
	宮崎			1	8		9
	長崎				4		4
	熊本				1	1	2
	鹿児島				1		1
	小計			(2)	(23)	(4)	(29)
関東	神奈川	1			1	2	4
	千葉				4	1	5
	茨城				7	1	8
	栃木				2		2
	小計	(1)			(14)	(4)	(19)
東北	福島	1			3		4
	宮城			1	3		4
	新潟				1		1
	山形				1		1
	小計	(1)		(1)	(8)		(10)
	合計	6	2	6	131	24	169
	%	3.55	1.2	3.55	77.5	14.2	100

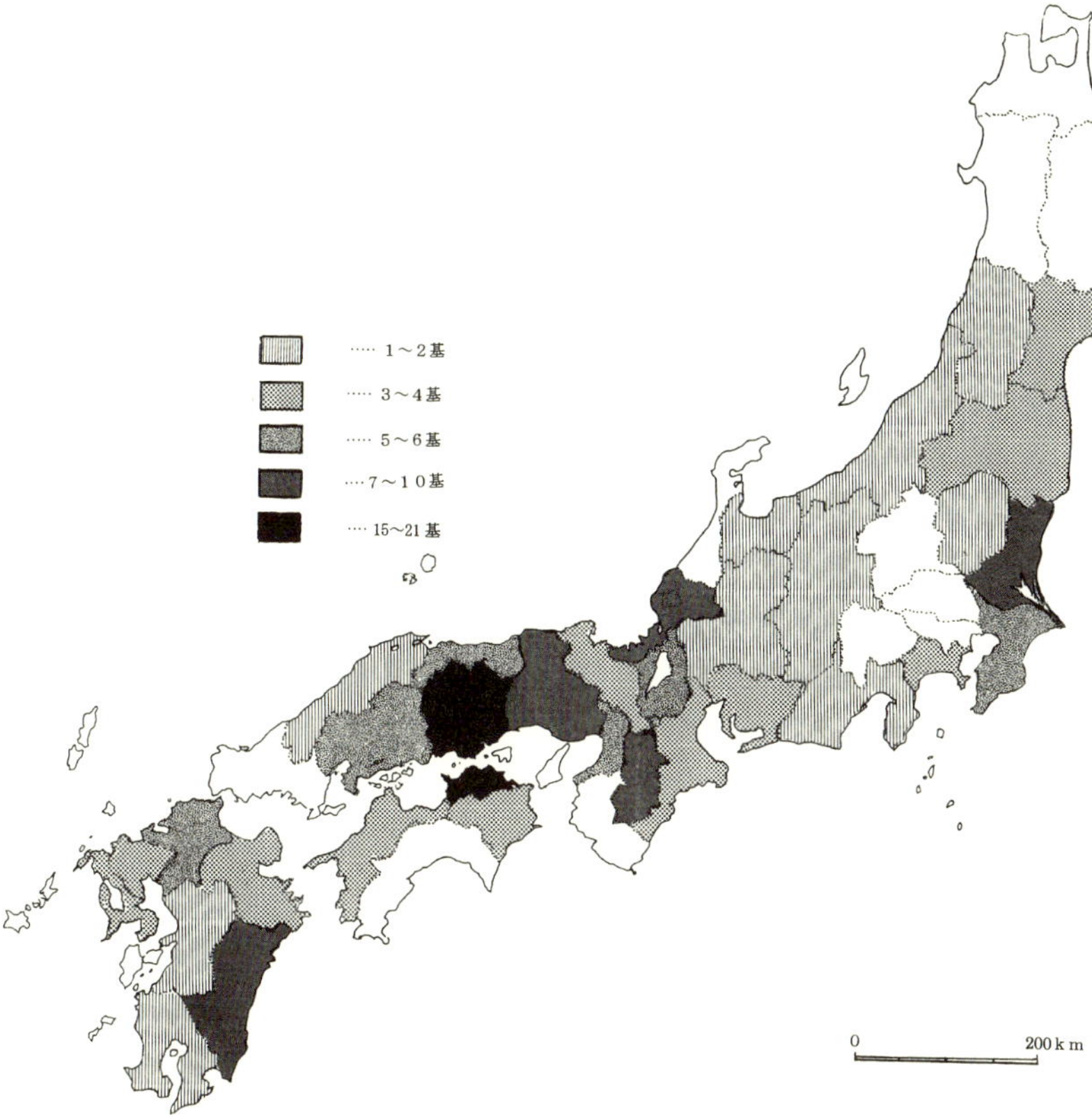

図60　纒向型前方後円墳の密度分布図（図33の古式日葉酢媛陵型古墳の分布より広い）

形両県までの大部分の地域に分布していることは、重視しなければならない現象である。**表12**は地方別・府県別・設計型別一覧表であり、**図60**は府県別数を五段階に分けた密度分布図である。広域に分布していることがなによりも重要であるが、奈良盆地をふくめた瀬戸内海東半沿岸地域に集中現象がみられ、ここに大きな勢力圏があったことを示している。

それ以外の地域では、瀬戸内海東半沿岸勢力圏に比較的近い若狭湾沿岸の福井県、遠隔地では日向灘に面した宮崎県と霞ヶ浦・北浦をもつ茨城県に多い。ないのは瀬戸内海外周地域の山口・和歌山・高知三県と、関東西北部から中部高地にかけての群馬・埼玉・山梨内陸三県と東京都、日本海側の石川県、東北北部の秋田・岩手・青森三県である。今後みつかる地域もあるであろうが、わが国の三、四世紀ごろの勢力状況をある程度示しているようにおもわれる。なお、第三段階になっている福岡・広島・鳥取・滋賀・千葉県なども第四段階の京都府も加えてそれに準ずる地域であったろう。

このほか、九州に空白県がないことは、各地に諸勢力が分立しながらも一つの大きな島としてのまとまりや独立性をもっていたためであろうか？　中部、関東・東北の太平洋岸に比較的分布が濃いのは、伝播の起点が伊勢湾からであったとおもわれ、天竜川河口・東京湾・霞ヶ浦と北浦・仙台湾などの重要性を示している。

設計型はB型が一三一基で七七・五パーセントを占め、C型は二四基で一四・二パーセントであり、各地方に五基前後みられるが、四国は一基だけで東北にはない。A型とA_{II}型はともに六基で三・五五パーセントであり、A_{I}型は二基で一・二パーセントにすぎず、三種合わせても一四基で八・三パーセントである。

一二章　纒向型前方後円墳の出現と広がり

纒向型前方後円墳の出現

古墳時代の開始期になぜ後円部が正円でない纒向型前方後円墳がつくられ、ほぼ全国的に広がったのであろうか？　この疑問をもったのは、纒向型古墳が南は鹿児島県から北は宮城・山形両県までの各地に一六〇基以上分布していることを知った二〇〇四年であり、まだ新しい。前方後円墳のなかに後円部が長円のものがあるのは早くから知っていて、地形的な制約のなかで墳丘を長くするためではないかと考えてきたが、纒向古墳群が誤りに気づかせてくれた。この地は平地に近く、地形的制約がないからである。

纒向古墳群の検討をはじめて築造順がほぼわかってきたとき、最初の石塚古墳につづく勝山・矢塚・東田大塚三古墳がつくられるたびに後円部側の形を変えていることに、「『方格法』が渡来してそれほど長い年代がたっていない」とおもった。方格法へのつよい関心や好奇心が感じられたからであり、この地でほぼ定形化したのはC型の東田大塚古墳のときである。

纒向型前方後円墳の大部分を占めるB型古墳の半円と弧をつないだ連弧型古墳の作図は正円型古墳の作図より

むずかしく、それを地上に数十倍、数百倍に拡大するのはさらにむずかしい。八章の作図法に書いたように連結弧の半径の中心点の位置のわずかな違いで連結しなかったり、形が変わってしまうからである。

こうした連弧型古墳が出現期に全国的に広がったのであるから奇異な現象といえるが、方眼を使えば作図法を少し変えるだけで正円型古墳と同じように設計も拡大も比較的容易にできるのである。連結弧の半径の長さと中心点は、正円型古墳が後円部の比率を決めるヨコの設計基準線上のC・D両点と、タテ・ヨコの方眼線の交点を使い、連結弧がC・D両点を通り、半円の両端にもつながる中心点を方眼線の交点に求めて設計するのである。一一七ページの**図46**のように勝山・東田大塚両古墳の連結弧の中心点はタテ・ヨコ両設計基準線から三単位の方眼線の交点、ホケノ山・茅原大墓両古墳の中心点は二単位の方眼線の交点である。このように設計点（測点）を決めているのは地上に正確な拡大相似形を描くためであり、前方部の台形の上辺をヨコの設計基準線上のC′・D′の単位数で決めているのもそのためである。

B型の勝山古墳の半円と弧の連結はみごとでありながら、なおすこし不自然さが残るが、C型古墳はヨコの設計基準線から上をA・C・D三点を通る過半円にしたため連結弧のふくらみが増し、東田大塚・ホケノ山両古墳の形は美しい。このように纒向型前方後円墳の後円部形は正円型前方後円墳より作図的に進んだものであり、方格法の機能を生かしたものともいえる。この時期には墳丘の高さより平面形が重視されたのであり、高さを求める有段化と正円化は備前での大型化のなかではじまったのである。

「方格法」の渡来と受容

私の方眼設計法が、中国漢代の発明とされる方格法であったことを知ったのは、二〇〇一年である。その数年前に買い求めて時おり読んでいたジョゼフ・ニーダム著『中国の科学と文明　第6巻　地の科学』のなかである。一九五九年の初版で、訳書は一九九一年に思索社から東畑精一・藪内清監修、海野一隆・橋本敬造・山田慶児訳で刊行された。

そこには、後漢の天文学者張衡《ちょうこう》（七八～一三九）が方格法の創始者で方格法による地図をつくったこと、晉《しん》代の裴秀《はいしゅう》（AD二二四～二七一）が分率（縮尺）、準望（方格）、道理（直角三角形の辺の歩測）などの六原則によって科学的な地図に発達させたことなどが書かれており、方眼が拡大・縮小相似形の作図に使われることは知っていたが、発明であるとは気づかなかった。

張衡と裴秀が生存していた時代は弥生時代後期と古墳時代初期であるので、時期的にみて方格法がわが国に渡来していてよく、纒向型前方後円墳の出現と広がりがそれであったのであるが、誰も気づかず見過ごされてきたのである。なお、方格法の発明期は、漢代望都《ぼうと》の墓から出た明器《めいき》の石製棋盤《きばん》や馬王堆《まおうたい》三号墓出土の地図からみて前漢時代にさかのぼり、さらにさかのぼる可能性もある。

方格法が渡来したとき、死者を葬るにはあまりにも大きい複合形の墓がつくられたのは、当時この国でつくることができた大きいものが土木的なものに限られたためであろう。そのために広がりやすかったともいえ、分布範囲は古墳時代を通じて最大である。そのうえ、日葉酢媛陵型古墳がない鹿児島県にまでつくられたのは、広がる可能性をもつすべての地域に広がったといえ、その原因は新しい墓づくり以上に巨大な相似形物をつくり出す方格法にあったのであろう。そのため、纒向型前方後円墳の広がりは、わが国古代の技術革新であったといえる。

方格法の渡来期は、纒向石塚古墳の周濠出土の木器から二世紀代までさかのぼりそうであるが、纒向型前方後円墳の集中地域といえる吉備・讃岐地方への渡来期のほうがやや早かったようにおもわれ、今後の研究課題である。

纒向型前方後円墳の広がりは、現存する古墳がなによりもよく事実を示しているが、広がり方については不明である。纒向勢力の強い影響力によるものとも、すでに各地に渡来技術を受容できる体制があったとも考えられるが、一方だけであったとはおもえない。方格法の渡来期からすると、『漢書　地理志』に「楽浪海中有倭人分為百余国」と記されたような社会状態がまだまだ残っていたとおもわれるが、渡来技術などが急速に伝播するような状況があったのであろう。

一五一ページの**図60**の纒向型前方後円墳の密度分布図も、地域的な勢力差がありながらもそのことを示しているようである。そして、方格法が渡来すると、弥生時代後期にあったさまざまな墓制は、円墳と方墳をのぞいてやがて姿を消し、前方後円墳を主とする複合形古墳に変わったのである。

箸墓古墳と吉備の出現期古墳

纒向古墳群内に箸墓古墳がつくられたのは五番目であり、その実年代は年輪年代を測定できる木器でも出ないかぎりわからないが、仮につぎの古墳がつくられるまでの平均期間を一〇年とすると、最初につくられた石塚古墳から四〇年後、一五年とすると六〇年後になる。

箸墓古墳の後円部上からは宮山型特殊器台・同特殊壺・都月《とつき》型円筒埴輪・同A類壺の破片、前方部上から都月型B類壺の破片が採集されており、いずれも吉備系のものである。そのため吉備に目を向けると、弥生時代後期末から特殊器台と特殊壺を使った墳丘祭祀がおこなわれたのは備中の地域であり、古いものから立坂型・向木見《むきみ》型・宮山型に分類され、そのあと宮山型の特殊器台と特殊壺が都月型円筒埴輪とA類壺に変化したという。

備中には特殊器台と特殊壺が出た前方後円墳に宮山古墳と矢藤治山《やとうじやま》古墳があるが、備前にはなく、都月型円筒埴輪とA類壺が出た纒向型古墳B型の浦間茶臼山古墳がもっとも古そうである。そのため、備前は備中より遅れて勢力をもった地域といえる。

宮山古墳はこれまで正円型の前方後円墳とおもってきたが、近藤義郎先生の近著『前方後円墳と吉備・大和』（吉備人出版）にのっている等高線が密な藤田憲司氏の測量図をみると、B型の纒向型古墳のようであり、8：3（1）：2の設計比である。矢藤治山古墳もその可能性があり、8：4（1）：2の設計比である（**図61**）。もし、両古墳とも纒向型であるとすると、備中の出現期古墳はすべて纒向型になってしまいそうであるが、矢藤治山古墳が正円型であれば、纒向型古墳と箸墓古墳との間をつなぐ「失われた環」になりそうである。

備前には大型の纒向型前方後円墳が多く、一五〇メートル前後のものが三基ある。そして大型化にともない、浦間茶臼山古墳のように高さを求める有段化がはじまっている（**図51**）。そして、矢藤治山古墳の墳形がたとえどちらであったにしても、備中で五、六基目ぐらいにつくられた複合形古墳とおもわれ、出現時から三〇～五〇年あるいはそれ以上たっていると考えられるので、備前の浦間茶臼山古墳とともに箸墓古墳の築造期に近い。

箸墓古墳と吉備の正円型古墳との間でもう一つ問題になるのは、後円部の

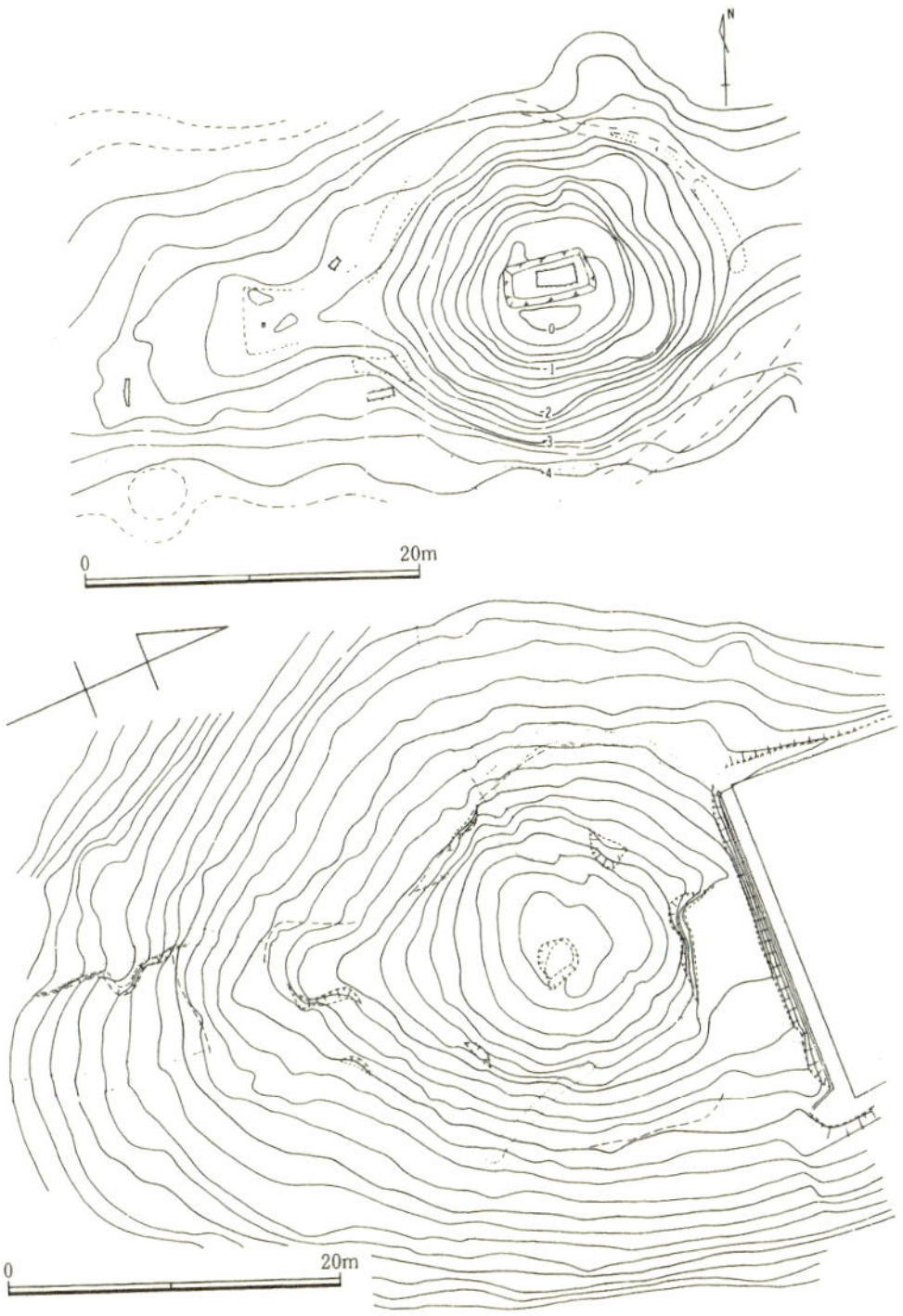

図61　備中にある宮山古墳（上）と矢藤治山古墳（下）の墳形（藤田憲司氏測量・提供）

比率を決めるCDの単位数が異なることである。吉備では纒向型にも正円型にもCD四単位のものが比較的多いが、箸墓古墳は三単位であり、奈良盆地南東部では、同一設計比の西殿塚・中山大塚両古墳をはじめ、桜井茶臼山古墳、メスリ山古墳、馬口山《ばくちやま》古墳など、三単位のものが多い。以後のものは箸墓古墳にならったのであろうが。

纒向勢力の成立と歴史的意義

三輪山麓の纒向の地に、最初につくられた複合形古墳は丸みがつよい石塚古墳である。蓋つき高杯のような形で一〇〇メートル近い墳丘をもち、周濠をめぐらしている。

被葬者は纒向勢力の基礎を築いた初代の首長とおもわれ、出土した土器から三世紀初めごろのものと考えられているが、周濠出土の木製品の年代測定値から二世紀代にさかのぼる可能性もある。

纒向型前方後円墳は、正円・有段型の箸墓古墳と異なり、後円部側がすべて半円や過半円に弧をつないだ連結形であり、日葉酢媛陵型古墳と同じように後円部側がヨコの設計基準線をこえて前方部側に入っている。

纒向の地には纒向型前方後円墳より古い墓跡も居住跡もみつかっていないため、無人の地を墓域に選んだようであり、使用土器が奈良盆地の弥生時代後期のものと異なっているので、おそらく他所から移り住んだ集団の墓域であろう。

石塚古墳につづいてつくられた勝山古墳の位置は、石塚古墳の工事基準点と墳丘中心線を使って方位角二二・五度、距離八〇〇尺（一八五メートル）に決められ、墳丘が二〇メートル余り長いのはこのタイプ（B型）が全国の纒向型前方後円墳の八〇パーセントを占め、被葬者の存在が大きかったからであろう。

三番目の矢塚古墳の位置は、勝山古墳から方位角三七・五度、距離八〇〇尺に決められ、これらの三古墳は二等辺配置でまとまりがよく、同族の墓地とみてまちがいない。

四番目の東田大塚古墳についてはくり返さないが、このあと箸墓古墳の築造で墓域の規模と性格が変わり、そのあとホケノ山古墳と茅原大墓古墳がつくられて終わる。その後は、標高が四、五〇メートル高い山麓部に正円・有段型の大型前方後円墳がつくられ、この立地変化は吉備の古墳本来の場所に復帰したようにおもわれる。

一九七一年に石塚古墳の周濠調査からはじまった纒向遺跡の調査は、六年後橿原考古学研究所から桜井市教育委員会にひきつがれ現在もおこなわれている。すでに一六〇次におよび、おびただしい量の土器片や細い柱を立てたようなピット（孔）群とともに、当時の水路遺構、祭祀跡などがみつかっているが、纒向古墳群を残した勢力の所在を示す建物跡も人びとの暮らしを示す竪穴住居群もみつかっていない。小規模な調査が多いため今後みつかる可能性はあるが、墓域と居住域とは遠く離れた場所にあったのかもしれない。

早く纒向勢力の所在跡が明らかになり、墓域と合わせて考えられる日を待ちたいが、この古墳群が大分損傷を受けながらも残りつづけてきたのは、奇蹟ともいえる好運である。

前方後円墳が方眼を使い、墳丘長の八分の一を基準単位にして設計されていることは早くから知っていたが、出現期古墳の後円部側が正円でなく、半円や過半円と弧の連結形であることを教えてくれたのは、纒向古墳群である。そして、その後纒向型前方後円墳が日本列島のほぼ全域に分布し、古期の日葉酢媛陵型I型古墳の分布範囲より広いことを知った。

さらに、ジョゼフ・ニーダムの書から方眼設計法が漢代の方格法だったことを知り、その渡来がわが国の弥生時代を古墳時代に変えたこともわかってきた。

そのうえ、たまたま箸墓古墳とホケノ山古墳の工事基準点間距離を調べてみたことから、纒向古墳群が方位角と戦国・前漢尺で位置決定されたことが明らかになった。まったく予想もしなかったことであり、方格法などとともに渡来したのであろう。

纒向古墳群の六基の纒向型古墳は、箸墓古墳に比べてあまりにも貧弱であるが、死者を埋葬する墓としてみると、丘のような大きさであり、当時の人びとは二つの形を一つにしためずらしい形とともに驚きの目を見張ったにちがいない。そして、この墓が急速に日本列島の各地に広がったのは、墓である以上に巨大な相似形物を地上につくることができる「方格法」にあったとおもわれ、古代における技術革新であったといえるであろう。

纒向の地に巨大な箸墓古墳がつくられたのは、この地に画期的な大事業を計画し、実現できる権力が成立したことを物語るものであり、この地方が王都や首都のようになったことを示すものでもあろう。

そのため、箸墓古墳の築造はわが国古代史上特筆すべき出来事であるが、時代や社会を変えた原因はそれ以上に重要であり、方格法などの先進技術の渡来と、それを列島各地に伝播させた纒向北西グループの首長たちが果たした役割を忘れてはならないであろう。

第Ⅲ部　畿内三大古墳群の形成と歴史

古墳群の形成という問題に私の目を向けさせてくれたのは、一九八〇年一一月に埼玉県教育委員会から刊行された『埼玉稲荷山古墳』である。一九ページの古墳群測量図をみていてふと、「一族の系図のような配置である」とおもったのである。

各古墳にタテ・ヨコ設計基準線を記入し、その交点である工事基準点を直線で結んで距離を測ると戦国・前漢尺が驚くほどよく適合した。そのため、畿内の三大古墳群についても調べると、適合尺に違いがあったが、佐《さ》紀《き》・盾列《たてなみ》古墳群には戦国・前漢尺が適合した。しかし、前章に書いたように方位角が欠落していたため再検討が必要になった。纒向《まきむく》古墳群と同じ方法がひきつがれているかどうかも確かめなければならないからである。

その結果は、継承されており、一部に訂正も生じたが、新しくわかったこともあり、三古墳群の特色や相互の関係、歴史などがおぼろげながらみえてきた。これらについては、二〇〇六年に「工事基準点からみた佐紀・盾列、古市《ふるいち》両古墳群の形成」の題で『多摩考古』第36号に発表し、検討が遅れて間に合わなかった百舌鳥《もず》古墳群は、翌年同誌第37号に「工事基準点から見た百舌鳥古墳群の形成」という題で発表した。第Ⅲ部はこれをもとにまとめたもので、古墳群別に記述したあと、全体的にとらえて歴史への接近を図りたい。

一三章　佐紀・盾列古墳群の形成

位置決定法の再検討

佐紀・盾列古墳群の再検討には国土地理院国土基本図（五〇〇〇分の一）Ⅵ－ＯＤ85を使ったが、五社神古《ごさし》墳が一部しか入っていないため同75の下端部を貼り合わせた（**図62**）。まず、各古墳に墳丘中心線を記入し、中点を求めてヨコの中心線を引いた。中点は工事基準点であり、設計基準点でもある。纒向古墳群の場合は箸墓古《はしはか》墳をのぞいて復元した墳形図を同縮尺で記入したが、この古墳群ではその必要がなく、平城宮造営時に前方部を失った市庭《いちにわ》古墳だけ電波探査図をもとに工事基準点の位置を推定したが、とり方が悪かったため後述するように約二六メートルの誤差が出た。つぎに、工事基準点を直線で結んで距離を測り、尺数と誤差から尺の使用の有無と使用尺を調べたが、纒向古墳群と同じように戦国・前漢尺（二三・一センチ）がよく適合し、誤差の多くは一パーセント前後であった。

丘陵地につくられた日葉酢媛《ひばすひめ》陵型Ⅱ型の五社神・佐紀石塚山・佐紀陵山《みささぎやま》三古墳が古く、なかでも位置と箸墓級の規模からみて北端の五社神古墳がもっとも古く、佐紀・盾列勢力の基礎を築いた首長墓であろう。纒向古墳群では最初の石塚古墳の墳丘中心線が子午線から決められていたので方位角を測ると一一度であった。これまで接したことのない角度でとまどったが、半年後、百舌鳥古墳群に四例あったことから再考の機会を得、直角の八分角（一一・二五度）であることに気づいた。

つぎの佐紀石塚山古墳への方位線の角度は五社神古墳の中心線から七度で七・五度を意図したものとおもわれ、距離は七〇三メートルで戦国・前漢尺の三〇〇〇尺＋一〇メートルである。なお、これらの数値は**図62**に記入してもみにくいため、別図（**図63**）をつくった。佐紀石塚山古墳の中心線は方位線から一四度で一五度を意図したものであろう。

三番目の佐紀陵山古墳は、佐紀石塚山古墳と接しているので最初方位角も距離も考えなかったが、その後佐紀石塚山古墳（以下佐紀を略）と同じように五社神古墳から測定されていることを知った。方位線の角度は中心線から一五度で距離は七九五メートルあり、三五〇〇尺－一三・五メートルである。中心線は方位線から一五度である。誤差はともに一パーセントをこえるが、三〇〇〇尺が三カ所、一万尺が二カ所あり、三〇〇〇尺と三五〇〇尺の二倍の六〇〇〇尺と七〇〇〇尺もあるので、戦国・前漢尺が使われたとみてまちがいない（**表13**）。

このあと、古墳は平地に移って応神陵型に変わり、墳丘の周囲に盛り土を求め、その跡に水を引いて周濠にしている（**図64**）。纒向古墳群のように平地型古墳の復活であり、後円部を丘陵側に向けてほぼ南北方向に分布しているのは水を貯えて利用したのかもしれない。丘陵上と平地の古墳の工事基準点を結んで距離を調べると戦国・前漢尺がよく適合したのは石塚山古墳との間であり、宝来山《ほうらいさん》・コナベ・ヒシアゲ三古墳が結びつく。このことは石塚山古墳が位置決定にかかわったことを示すもので、三古墳がつくられた順は五章に書いたように盛り土の減量↓復旧↓形の修正を示す墳形変化からみてこの順に違いない。

石塚山古墳から宝来山古墳までの距離は二三〇八メートルもあり、最初同一古墳群かどうか疑ったが、その後

表13　佐紀・盾列古墳群の設計型・工事基準点間距離・方位角など

23.1cm 尺…戦国・前漢尺

古墳名＼項目		墳丘長（m）	設計型（細分型）	設計比 AB：CD（C′D′）：EF	埴輪（式）	工事基準点間距離（m）	23.1cm 尺数と誤差（尺・m）	1尺の長さ（cm）	方位角 中心線（°）	方位角 方位線（°）
1	五社神	275	日葉酢媛陵型（Ⅱ）	8：4（2）：3.5	—	—	—	—	N～11	中心線～7 〃 ～15
2	佐紀石塚山	218	〃（Ⅱ）	8：4（2.5）：4	—	五社神～703	3,000 ＋ 10	23.43	方位線～14	〃 ～15 〃 ～75 〃 ～90
3	佐紀陵山	207	〃（Ⅱ）	8：4（2.5）：3.5	Ⅱ	五社神～795	3,500 － 13.5	22.71	〃～15	—
4	宝来山	227	応神陵型（Ⅰ）	8：2.5：4	—	石塚山～2,308	10,000 － 2	23.08	〃～30	〃 ～53 〃 ～67.5
5	コナベ	204	〃（Ⅱ）	8：4：5	Ⅲ	石塚山～1,600	7,000 － 17	22.86	〃～75	〃 ～75
6	ヒシアゲ	219	〃（Ⅱ′）	8：3.5：5.5	—	石塚山～1,390	6,000 ＋ 4	23.17	〃～82.5	〃 ～60
7	市庭	250	〃（Ⅱ′）	8：3.5：5.5	Ⅲ	コナベ～ 720 宝来山～2,285	3,000 ＋ 27 10,000 － 25	24.00 22.85	〃～67.5 〃～53	—
8	ウワナベ	254	仁徳陵型（Ⅰ）	8：3：4	Ⅳ	ヒシアゲ～705 宝来山～3,200	3,000 ＋ 12 14,000 － 34	23.50 22.86	〃～52.5 〃～67.5	—

（埴輪は川西編年による）

この古墳と市庭古墳との工事基準点間も同じ距離であることを知って解消し、このとき、市庭古墳の位置が宝来山古墳とコナベ古墳の両方から決められていることを知った。

石塚山古墳から宝来山古墳の位置を決める方位線の角度は、石塚山古墳の中心線から一五度で、二三〇八メートルの距離は一万尺－二メートルであり、中心線を方位線から三〇度に決めている。

石塚山古墳からコナベ古墳の位置を決める方位線の角度は、石塚山古墳の中心線から七五度で、一六〇〇メートルの距離は七〇〇〇尺－一七メートルであり、中心線を方位線から七五度に決めている。

石塚山古墳からヒシアゲ古墳の位置を決める方位線の角度は、石塚山古墳の中心線から九〇度で、一三九〇メートルの距離は六〇〇〇尺＋四メートルであり、中心線を方位線から八二・五度に決めている。

残る市庭・ウワナベ両古墳の位置は、市庭古墳がコナベ古墳から、ウワナベ古墳がヒシアゲ古墳から決められており、ともに三〇〇〇尺の距離で、同時

図 62 佐紀・盾列古墳群の工事基準点を結んで距離と方位角を測る（国土地理院発行国土基本図Ⅴ
Ⅰ－OD85 と同 75 の一部を使用）

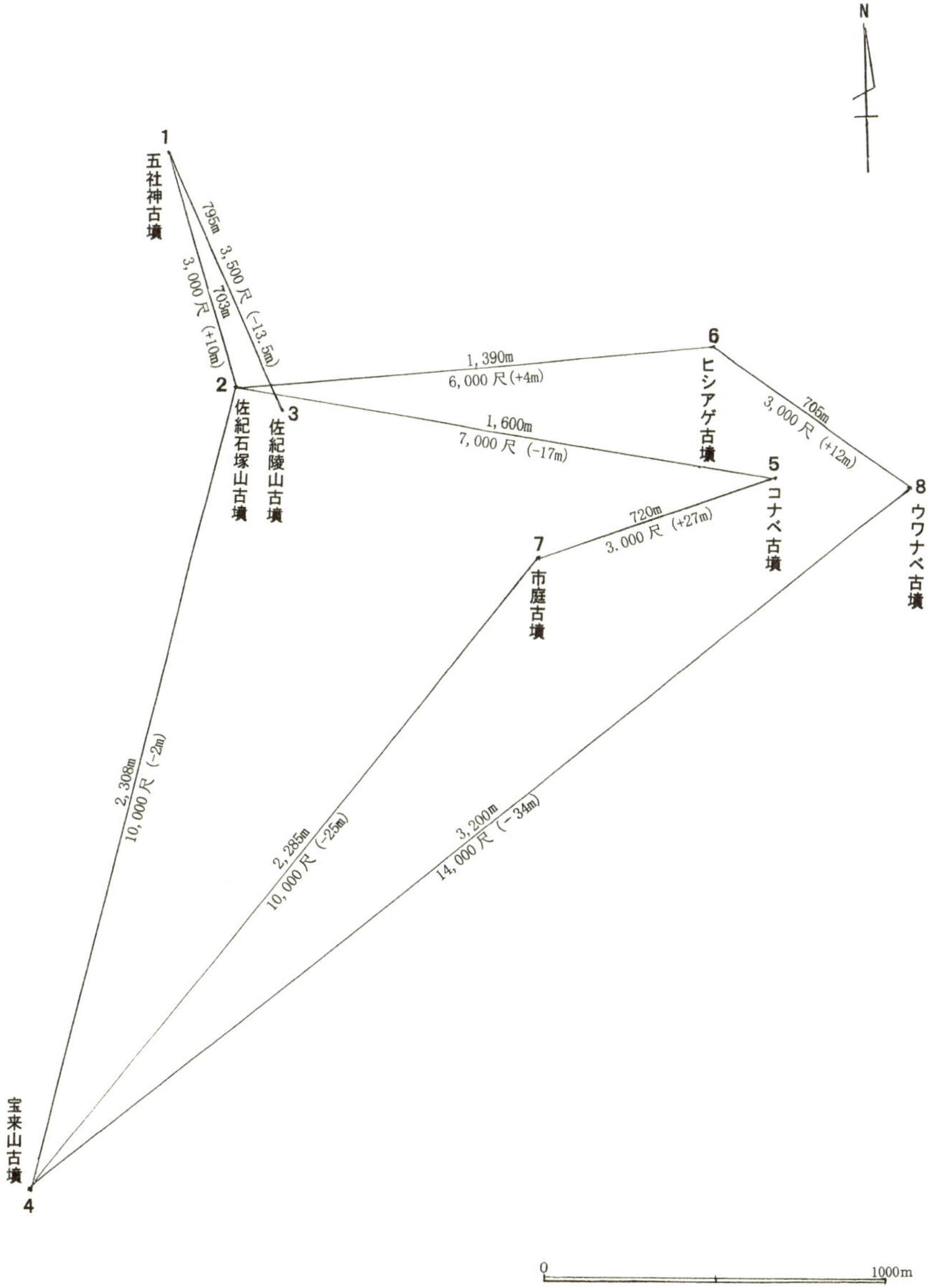

図63 佐紀・盾列古墳群の工事基準点間距離と戦国・前漢尺の適合状態

図64　空からみた宝来山古墳（著者撮影）

に宝来山古墳からも決められている（**表13**）。

コナベ古墳から市庭古墳の位置を決める方位線の角度は、コナベ古墳の中心線から七五度で、七二〇メートルの距離は三〇〇〇尺＋二七メートルであり、中心線を方位線から六七・五度に決めている。一方の宝来山古墳からの距離は二二八五メートルで、一万尺－二五メートルであり、この不足はコナベ古墳の工事基準点から推定した市庭古墳の工事基準点の位置を二六メートル（平均値）長くとりすぎたためである。なお、方位角は五三度である。

ヒシアゲ古墳からウワナベ古墳の位置を決める方位線の角度は、ヒシアゲ古墳の中心線から六〇度で、七〇五メートルの距離は三〇〇〇尺＋一二メートルであり、中心線を方位線から五二・五度に決めている。一方の宝来山古墳からの距離は三二〇〇メートルで、一万四〇〇〇尺－三四メートルであり、方位角は六七・五度である。

二基の古墳による位置決定は、纒向古墳群のホケノ山古墳もその可能性があるが、どのようにして決めたのであろうか？　地図があって机上でコンパスを使って決めるのは容易であるが、三キロメートルも離れた場所である。一万尺と三〇〇〇尺の紐を半径として交点を求めたとはおもえないので、この地がすでに方格測量されていて、その縮尺図上で決めて拡大した可能性がある。そして、この推測がもしあたっていれば、当時すでにわが国に原初的な地図があったことになる。

纒向古墳群との比較

佐紀・盾列古墳群における工事基準点間距離の戦国・前漢尺適合状態は纒向古墳群よりやや落ち、誤差が一パーセントをこすもののほうが多いが、すべて二パーセント以内であり、距離を測って位置を決めないかぎりこのようにはならないので、物尺《モノサシ》の使用が確実である。**表13**の一尺の長さを算出した欄をみると、工事基準点の位置を推定して二六メートルの誤差がでた市庭・コナベ古墳間をのぞいて二三センチ前後が多い。

工事基準点間距離は、纒向古墳群で一里（一八〇〇尺、四一五メートル）が三カ所、二里が一カ所使われていた（**図48**）のに対して、佐紀・盾列古墳群では里の単位が使われず、一〇〇〇尺（二三一メートル）が単位でその一〇倍の一万尺が二カ所あり、規模の大きな違いをみせている。墓域面積は約五倍もあり、この広さは纒向古墳群もふくめて死者を葬る単なる墓地と墓ではなく、測地術を使って位置を定めた聖域であったのかもしれない。

纒向古墳群には一辺八〇〇尺の小さな二等辺配置と一辺一里の大きな二等辺配置があり、佐紀・盾列古墳群には一辺一万尺の二等辺配置がある。工事基準点をつづけてとる場合と、一点から二方向にとる場合とがあり、ここでは前者である。二基の古墳から位置を決める方法は、纒向古墳群に可能性のあるもの一例、佐紀・盾列古墳群に二例、古市古墳群では後述するように市野山古墳以後すべて二基の古墳によって位置決定がおこなわれている。

墳丘の規模も、纒向古墳群では巨大な箸墓古墳と勝山・東田大塚両古墳をのぞいて一〇〇メートル前後であるのに対して、佐紀・盾列古墳群では箸墓古墳とほぼ同規模の五社神古墳をはじめ、ほとんどが二〇〇メートルをこえている。そのうえ、新しい設計型の古墳をつくって各地に大きな影響を与え、盆地内最大の勢力であったことを示している。

仁徳陵型の誕生地かも

佐紀・盾列古墳群最後のウワナベ古墳は仁徳陵型であるが、長い間御所《ごせ》市の室大墓《むろのおおはか》（宮山古墳）にならったものと考えてきた。墳丘が仁徳陵型で立派な組み合わせ式長持型石棺が出ていることからである。ところが最近、室大墓が応神陵型古墳であることに気づいた。墳丘を囲む広いテラス状地が一段目で、仁徳陵型の墳丘が二段目だったのである。そのため設計比がCD三単位、EF五単位からCD四単位、EF五・五単位に変わり、このことから、仁徳陵型も佐紀・盾列で生まれた可能性が急に高まった。そして、後円部を縮小させた原因は周濠が特別広いことからみて地下水位が浅く、盛り土不足が心配されたためであろう。なお、ウワナベ古墳の位置を決めたヒシアゲ古墳の周濠の前方部前面だけが二重であるのは、盛り土が不足したためであろう。

佐紀・盾列古墳群は墳形年代尺

仁徳陵型古墳も佐紀・盾列古墳群で生まれたことになると、纒向型前方後円墳とつづく日葉酢媛陵型Ⅰ型古墳、後期の新応神陵型古墳（百舌鳥古墳群のニサンザイ古墳にはじまる前方部の開きが大きいタイプ）の時期をのぞいて、四世紀前半から五世紀中ごろまでの約一三〇年間の古墳がそろっており（**図65**）、墳形（設計型と細分型）が年代尺として使え、各地に与えた影響とその時期をほぼ知ることができる。

この勢力は、丘陵上に造墓地がなくなると急遽平地に築造地を求め、幅広かった墳丘を細形にして広い周濠を

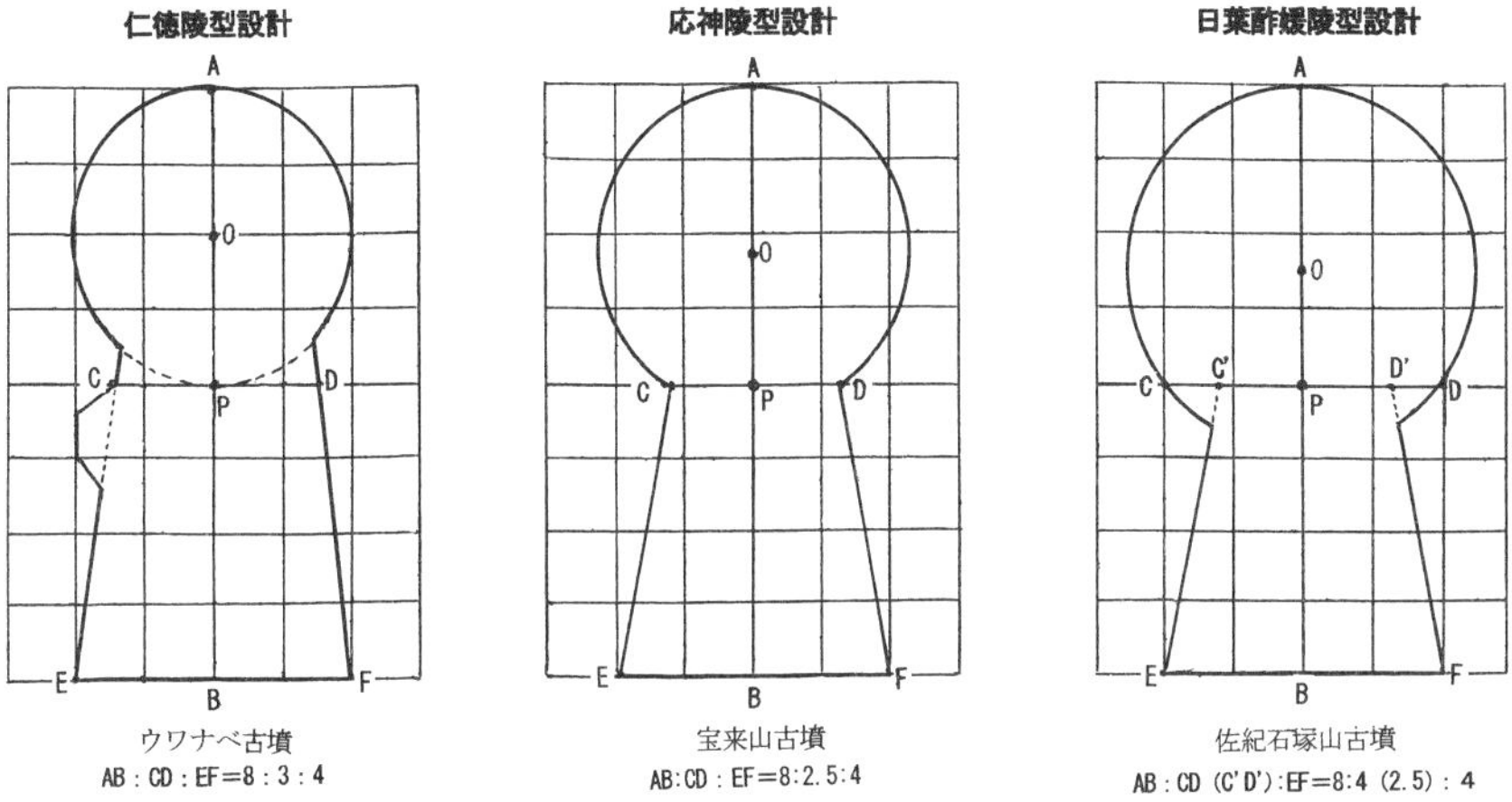

図65　3設計型古墳がそろっている佐紀・盾列古墳群

めぐらし、その後も墳形を変えているのをみると、慣習にとらわれずに変革にあたる行動様式をもっており、長期間盆地内最大の勢力を維持したことと無関係ではないであろう。

　興味深いのは、この古墳群最後のウワナベ古墳と同じ仁徳陵型古墳が生駒《いこま》山地をこえた隣接地古市古墳群になく、海に近い百舌鳥古墳群に三基あることである。このことは一五章で関東に仁徳陵型古墳が多いこととともに取り上げるが、こうした事例は古墳群間の関係や時期などを知るための手がかりになるであろう。

一四章　古市古墳群の形成

位置決定法の再検討

古市古墳群は大阪府の羽曳野・藤井寺両市にまたがる大古墳群で、誉田御廟山《こんだごびょうやま》古墳に代表され、北側を大和川、東側を大和川に合流する石川で画されている。二〇〇メートルをこす巨大古墳が多く、すべて応神陵型古墳と新応神陵型古墳である。しかし、誉田御廟山古墳と仲津山古墳の周辺には一〇〇〜一五〇メートル級の日葉酢媛陵型Ⅱ型古墳が三基あって前史を示している。佐紀石塚山古墳（二一八メートル）と同一型の大鳥塚古墳（一一〇メートル）と、最大規模の古室山《こむろやま》古墳（一五〇メートル）と、誉田御廟山古墳の周濠の形を歪めた二ッ塚古墳（一一〇メートル）である。また、大和川右岸の柏原市には日葉酢媛陵型Ⅰ型の松岳山《まつおかやま》古墳（一三〇メートル）と玉手山丘陵上の玉手山8号墳（一一〇メートル）がある。

二五年前に工事基準点間距離を調べたときには、大阪府教育委員会の「文化財分布図」（一万分の一縮尺）を使ったが、青焼きのため変色して使えないため今回は国土地理院発行の一万分の一地形図「藤井寺」を使った。**図66**は佐紀・盾列古墳群と同じように各古墳の工事基準点を求めて直線で結んだものである。その結果位置関係

表 14　古市古墳群の設計型・工事基準点間距離・方位角など

22.5cm 尺…周尺か？

	古墳名	墳丘長(m)	設計型(細分型)	設計比 AB：CD (C′D′)：EF	埴輪(式)	工事基準点間距離(m)	22.5cm 尺数と誤差(尺・m)	1尺の長さ(cm)	方位角 中心線(°)	方位角 方位線(°)
1	津堂城山	208	応神陵型（Ⅱ′）	8：3.5：4.5	Ⅱ	—	—	—	N～37.5	中心線 ～22.5 〃～40
2	野中宮山	154	〃（Ⅱ′）	8：3.5：4.5	Ⅲ	津堂城山～2,510	11,000 + 35	22.82	方位線 ～67.5	〃～52.5
3	墓山	225	〃（Ⅱ′）	8：3.5：5.5	Ⅲ	野中宮山～350	1,500 + 12.5	23.33	〃～67.5	〃～52.5
4	仲津山	290	〃（Ⅱ′）	8：3.5：5.5	Ⅲ	墓山～1,605	7,000 + 30	22.93	〃　～30	〃～37.5
5	誉田御廟山	415	〃（Ⅱ′）	8：3.5：5.5	Ⅳ	仲津山～891	4,000 − 9	22.28	〃　～30	〃　～40
6	市野山	230	〃（Ⅱ′）	8：3.5（3）：5.5	Ⅳ	誉田御廟山～1,376 津堂城山～2,279	6,000 + 26 10,000 + 29	22.93 22.79	〃～22.5	〃　～60
7	岡ミサンザイ	242	〃（Ⅲ）	8：3：6	Ⅴ	市野山～2,254 津堂城山～1,812	10,000 + 4 8,000 + 12	22.54 22.65	〃　～45	〃～82.5 〃　～48
8	はざみ山	103	〃（Ⅲ）	8：3：6	Ⅳ	岡ミサンザイ～867 誉田御廟山～660	4,000 − 34 3,000 − 15	21.68 22.00	〃～37.5	—
9	軽里大塚	190	〃（Ⅲ）	8：3：7	Ⅳ	岡ミサンザイ～1,818 誉田御廟山～1,364	8,000 + 18 6,000 + 14	22.73 22.73	〃　～67	〃　～50
10	野中ボケ山	122	〃（Ⅲ）	8：3：7	Ⅴ	軽里大塚～897 誉田御廟山～1,364	4,000 − 3 6,000 + 14	22.43 22.73	〃　～88	〃　～66
11	白髪山	115	〃（Ⅲ）	8：3：9	Ⅴ	野中ボケ山～909 軽里大塚～424	4,000 + 9 2,000 − 26	22.73 21.20	〃　～90	〃　～15
12	高屋築山	122	〃（Ⅳ）	8：4：6	Ⅴ	白髪山～848 軽里大塚～577	4,000 − 52 2,500 + 15	21.20 23.08	〃　～8	—

（埴輪は川西編年による）

がよくわかり、大和川に近い津堂城山《つどうしろやま》古墳を北限として南東方向に広がり、墳丘の向きがばらばらであること、石川に沿って大型古墳が並ぶこと、工事基準点間距離が等しい大・中・小の二等辺三角形状配置と鈍角の二等辺配置が二カ所みられること、誉田御廟山古墳の工事基準点に五基の古墳の工事基準点が結びつき、そのうち三基が等距離であること、軽里《かるのさと》大塚《おおつか》古墳と岡ミサンザイ古墳にも結びつく古墳があることなどわかった。**図67**のように工事基準点を結んだ線だけにするとさらに位置関係がはっきりし、距離とともに記した尺数のように誤差はともなうが、計画と測量なしにはこのような配置にならないことを示している。なお、古市古墳群の工事基準点間距離には、纒向、佐紀・盾列両古墳群のように戦国・前漢尺が適合しないで二二・五センチ前

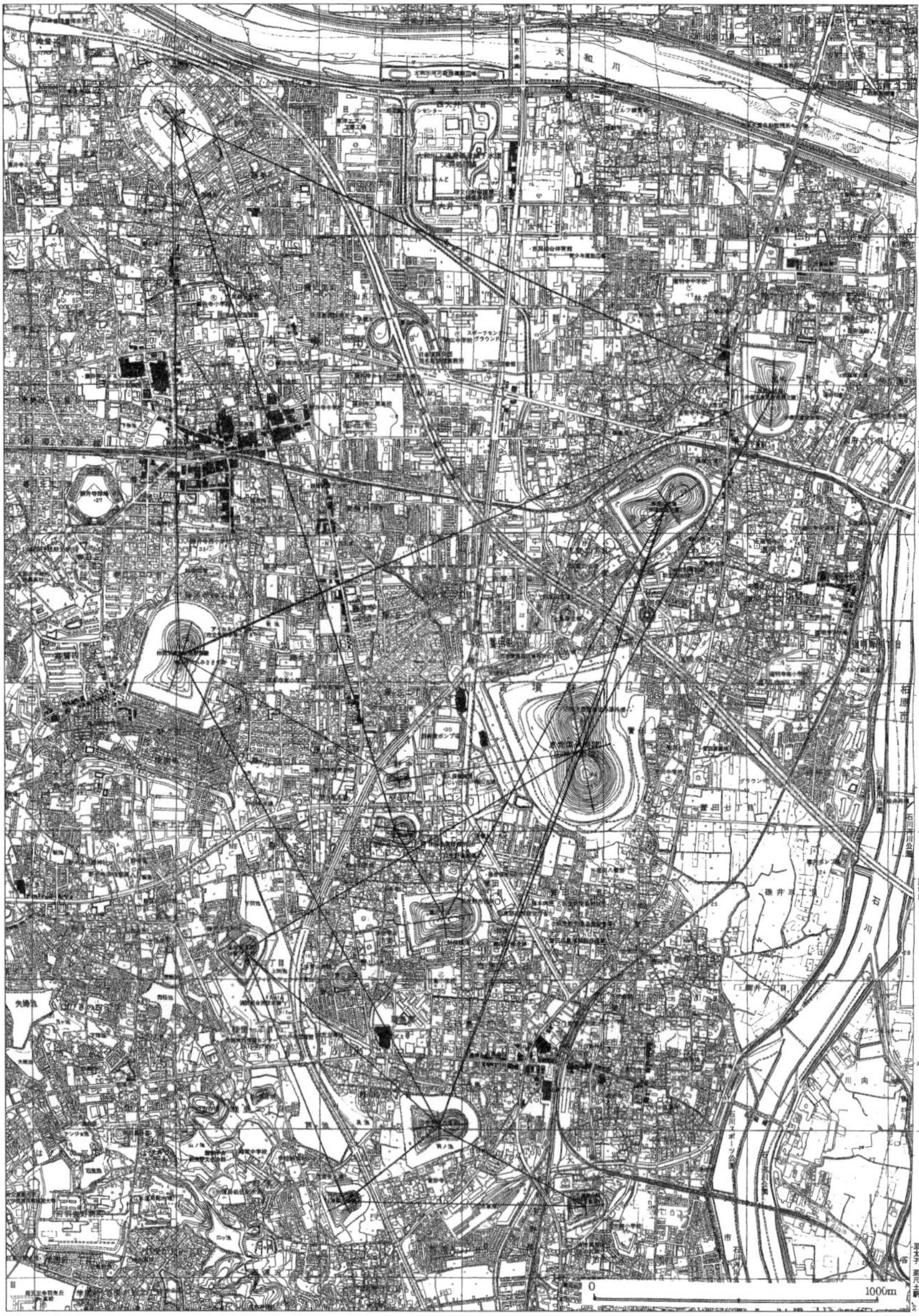

図66　古市古墳群の工事基準点を結んで距離と方位角を測る（国土地理院発行１万分の１地形図「藤井寺」を使用）

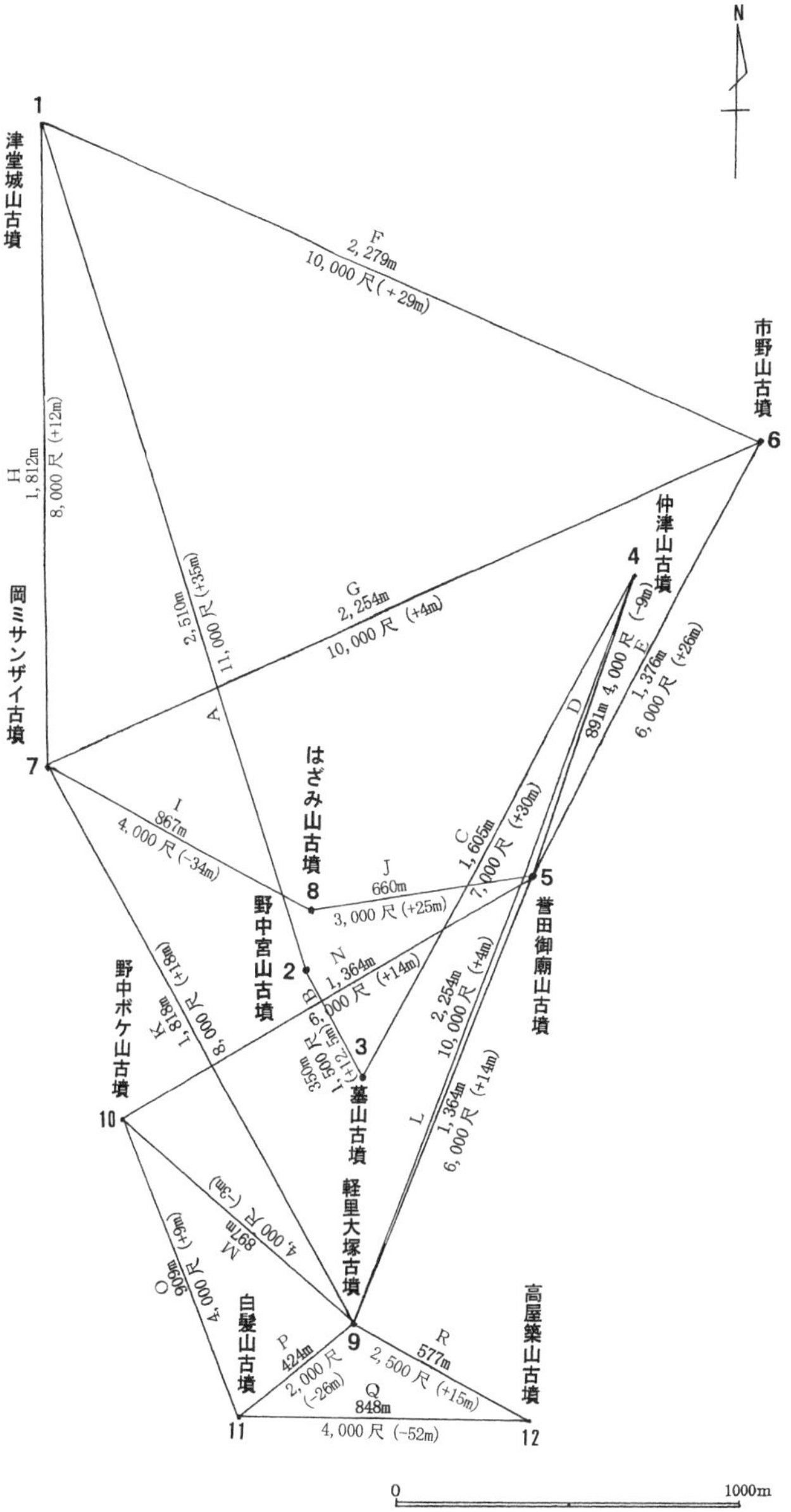

図 67　古市古墳群の工事基準点間距離に適合する 22.5cm 尺

後の尺が適合し、**表14**のなかに一尺の長さの算出値を記入した。この長さの尺が使われた理由は不明であるが、曾武秀氏が一九六四年三期の『歴史研究』に発表した「中国歴代尺度概述」（**表15**）によれば周尺の長さに相当する。

表15　曾武秀・森浩一両氏の中国歴代尺の長さ

森浩一氏		曾武秀氏	
時代	尺の長さ(cm)	時代	尺の長さ(cm)
戦国	23.0	周	22.5
前漢	23.3	秦，漢	23.1
新	23.1	魏，西晋	24.2
後漢	23.5	東晋	24.5
魏	24.3	宋	24.6
晋	24.0	梁	24.7
宋	24.7	北魏（前）	27.9
梁	24.9	〃（中）	28.0
東魏	34.8	〃（後）	29.6
隋	27.4	東魏，北斉	30.1
唐	30.1	北周，隋，唐	29.6
		宋	31.0
		明，清	32.0

二五年前の検討は工事基準点間距離に古代中国尺が使われているかどうかを知るためであったので粗雑で、結びついた線は今回より五、六本少なかった。墓山古墳には結びつく線がみあたらず、岡ミサンザイ古墳は位置と濠形に惑わされて築造順を誤った。今回は、野中宮山古墳とはざみ山古墳を加え、設計比も重視したことから築造順が変わり、**図67**の古墳名のそばにつけた番号のようになった。

この古墳群には応神陵型Ⅰ型古墳がなくⅡ型からはじまるが、前方部の開きが少ない馬見型と佐紀・盾列古墳群のヒシアゲ型がある。前者は津堂城山・野中宮山両古墳、後者は墓山・仲津山・誉田御廟山・市野山四古墳である。前者の津堂城山古墳はⅠ型の巣山古墳につづく古墳の影響をうけ、二重の周濠は威容を示しているが、地下水位との関係も考えられる。後者の誉田御廟山古墳付近は佐紀・盾列の丘陵上の古墳の影響がおよんだ場所であるが、応神陵型Ⅱ′型古墳としては前者のほうが時期的にやや早い。

そのため、前回と同じように津堂城山古墳を起点古墳として子午線をもとに墳丘中心線の方位角を測ると三七・五度であった。纒向古墳群でも三カ所に使われており、直角の二分角と三分角の中間角である。

つぎにつくられたのは今回加えた同一設計比の野中宮山古墳であり、津堂城山古墳からの方位線は墳丘中心線から二二・五度であった。距離は南南東二五一〇メートルで一万一〇〇〇尺＋三五メートルであり、中心線は方位線から六七・五度である。

三番目は前回結びつく線がなかった墓山古墳であり、方位線は野中宮山古墳の中心線から五二・五度で、距離は南東三五〇〇メートルで一五〇〇尺＋一二・五メートルであり、中心線は方位線から六七・五度である。

四番目は北北東に反転した仲津山古墳で規模を増し、方位線は墓山古墳の中心線から五二・五度である。距離は一六〇五メートルで七〇〇〇尺＋三〇メートルであり、中心線は方位線から三〇度である。

五番目は墓山・仲津山両古墳のほぼ中間につくられた最大の誉田御廟山古墳である。方位線は仲津山古墳の中心線から三七・五度で、距離は八九一メートルで四〇〇〇尺－九メートルであり、中心線は方位線から三〇度である。

六番目はふたたび北北東に位置を決めた市野山古墳で、方位線は誉田御廟山古墳から四〇度で誤差が大きい。距離は一三七六メートルで六〇〇〇尺＋二六メートルであり、中心線は方位線から二二・五度である。

この古墳は古市古墳群の位置決定法の転機になった古墳で、誉田御廟山古墳と津堂城山古墳によって位置が決められている。津堂城山古墳からの距離は二二七九メートルで一万尺＋二九メートルである。**表14**には誉田御廟山古墳からの方位角しか記入しなかったが、津堂城山古墳からも方位角を測り、佐紀・盾列古墳群のところで書いたように方格地図が使われた可能性がある。そして、誉田御廟山古墳からの方位角の誤差が大きいのは両古墳からの距離の一致点に誤差が生じたのかもしれない。なお、津堂城山古墳からも位置が決められたのは、この古墳の被葬者の権威が高まったことを示しているが、佐紀・盾列古墳群の市庭古墳の位置決定法にならった可能性もある。

七番目は岡ミサンザイ古墳で市野山・津堂城山両古墳から位置決定がおこなわれている。方位線は市野山古墳の中心線から六〇度、距離は二二五四メートルで一万尺＋四メートルである。津堂城山古墳からの距離は一八一一

図68　空からみた軽里大塚古墳（著者撮影）

二メートルで八〇〇〇尺＋一二メートルであり、〝巨大な二等辺三角形〟をつくっている（**図67**）。この古墳も転機になった古墳であり、百舌鳥古墳群で生まれた新応神陵型古墳（Ⅲ型）である。

八番目ははざみ山古墳であり、岡ミサンザイ・誉田御廟山両古墳によって位置決定されている。方位線は岡ミサンザイ古墳の中心線から八二・五度であり、距離は八六七メートルで四〇〇〇尺－一三三メートルで誤差が多い。誉田御廟山古墳からの距離は六六〇メートルで三〇〇〇尺－一五メートルである。なお、この古墳はつぎの古墳の位置決定をしていないので古墳の築造順からのぞいたほうがよいとおもう。

九番目は軽里大塚古墳であり、岡ミサンザイ・誉田御廟山両古墳によって位置決定されている（**図68**）。方位線は岡ミサンザイ古墳の中心線から四八度で、四五度を意図した場合誤差が大きい。距離は一八一八メートルで八〇〇〇尺＋一八メートルで、津堂城山・岡ミサンザイ両古墳間の距離に等しい。誉田御廟山古墳からの距離は一三六四メートルで六〇〇〇尺＋一四メートルであり、中心線は方位線から六七度である。なお、岡ミサンザイ古墳の方位線角の誤差は岡ミサンザイ・誉田御廟山両古墳から距離の一致点を求めたときに生じたのであろう。

一〇番目は野中ボケ山古墳で誤差が多いが、軽里大塚・誉田御廟山両古墳によって位置決定されている。方位線は軽里大塚古墳の中心線から五〇度であり、五二・五度を意図したのであろう。距離は八九七メートルで四〇〇〇尺－三メートルであり、中心線は方位線から八八度で、直角を意図したものとおもわれる。誉田御廟山古墳からの距離は軽里大塚古墳までと同じく一三六四メートルで六〇〇〇尺＋一四メートルであり、中形の二等辺三角形である。

一一番目は白髪山《しらがやま》古墳であり、野中ボケ山・軽里大塚両古墳によって位置決定されている。方位線は野中ボケ山古墳の中心線から六六度であり、六七・五度を意図したのであろう。距離は九〇九メートルで四〇〇〇尺＋九メートルであり、中心線は方位線から直角である。軽里大塚古墳からの距離は四二四メートルで二〇〇〇尺－二六メートルで誤差が多いが、小形の二等辺三角形になっている。なお、軽里大塚古墳以後開きを増した前方部はこの古墳のときEFが九単位になり、墳丘長を上まわっている。

一二番目は高屋築山《たかやつきやま》古墳であり、白髪山・軽里大塚両古墳から位置決定されたのであろうが、丘を利用してつくっており、墳形もやや不整である。理由はわからないが設計比もCDが三単位から四単位に増し、新応神陵型古墳のⅣ型である。方位線は白髪山古墳の中心線から一五度であり、距離は白髪山古墳から八四八メートルで四〇〇〇尺－五二メートルであり、不適合といえる誤差である。方位線は白髪山の中心線から八度であり、七・五度を意図したのであろう。軽里大塚古墳からの距離は五七七メートルで二五〇〇尺＋一五メートルである。

佐紀・盾列との比較と問題点

古市古墳群でも佐紀・盾列古墳群と同じように方位角と距離による位置決定がおこなわれており、市庭・ウワナベ両古墳のように、市野山古墳以後すべて二基の古墳で位置決定され、二等辺配置も増えている。佐紀・盾列古墳群の石塚山古墳が三古墳の位置決定をしているように誉田御廟山古墳も四古墳の位置決定をしており、一万尺の使用も共通する。

これに対して異なるのは、佐紀・盾列古墳群の古墳の多くが主軸をほぼ南北方向に向けて並んでいるのに対して、古市古墳群はまちまちであることと、使用尺の違いである。前者は地形的条件や方位観の違い、後者はこの勢力集団の技術的伝統や系統の違いであろうか？ 仁徳陵型古墳を採用しなかったのも後者と同じ原因かもしれない。

市野山古墳が誉田御廟山・津堂城山両古墳によって位置決定されたことも、津堂城山古墳の権威が高まったのか、佐紀・盾列の例にならったにすぎないのか検討が必要であるが、つぎの岡ミサンザイ古墳の位置が市野山古墳から一万尺、津堂城山古墳から八〇〇〇尺の地点であり、津堂城山・市野山・岡ミサンザイ古墳が巨大な二等辺三角形配置になっているのは前者である可能性がつよい。そして、古市古墳群がつくられた地域は佐紀・盾列勢力が早くからおよんだ誉田御廟山古墳周辺の旧勢力地と、馬見勢力との関係が考えられる大和川左岸の津堂城山古墳をつくった新勢力地を考えてみる必要がありそうである。最大級の古墳は旧勢力地につくられたが、そのあと新勢力地がふたたび重要性をもってきたのであろうか？

岡ミサンザイ古墳は津堂城山古墳と同形の周濠をめぐらしているが、墳丘は百舌鳥古墳群のニサンザイ古墳（土師《はぜ》古墳）のように前方部の開きが増した新応神陵型古墳である。その後さらに開きを増しながら規模が縮小していくが、百舌鳥古墳群にはニサンザイ古墳につづく古墳がみられない。不思議な現象であり、古市古墳群に大きな変化が生じたようにおもわれるが、このことについてはつぎの章で取り上げる。

一五章　百舌鳥古墳群の形成

位置決定法の再検討

百舌鳥古墳群は古市古墳群の西方約一〇キロメートルの大阪府堺市にあり、わが国最大の大山《だいせん》古墳に代表される。つづく陵山《みささぎやま》古墳も三位であり、両古墳は大阪湾に入って堺港に近づく船から巨大な墳丘側面がみえる場所につくられたといわれてきた。また、森浩一氏が早くから指摘したように、この地の古墳は墳丘中心線の方向が北北東と東南東の二方向に分かれる顕著な特徴があり、このことは百舌鳥勢力成立時の謎を物語っているようでもある。

検討には国土地理院発行の一万分の一地形図「堺」を使い、南東隅にあるニサンザイ古墳が一部しか入らないため、「松原」の西端部を切って貼った。また、土取り工事で消滅した大塚山古墳と、乳《ち》の岡古墳の失われた前方部を「文化財分布図」をもとに復元した（**図69**、**図70**）。検討はこれまでと同じ方法で築造順を調べ、歴史への接近を図った。対象にした古墳は大塚山・乳の岡両古墳を加えた八基で、最初に設計型をみると日葉酢媛陵型は平地（海岸平野）につくられた乳の岡古墳一基だけで、ほかは台地上にあり、いたすけ・大塚山・陵山三古墳

図 69　百舌鳥古墳群の工事基準点を結んで距離と方位角を測る（国土地理院発行 1 万分の 1 地形図「堺」と「松原」の一部を使用）

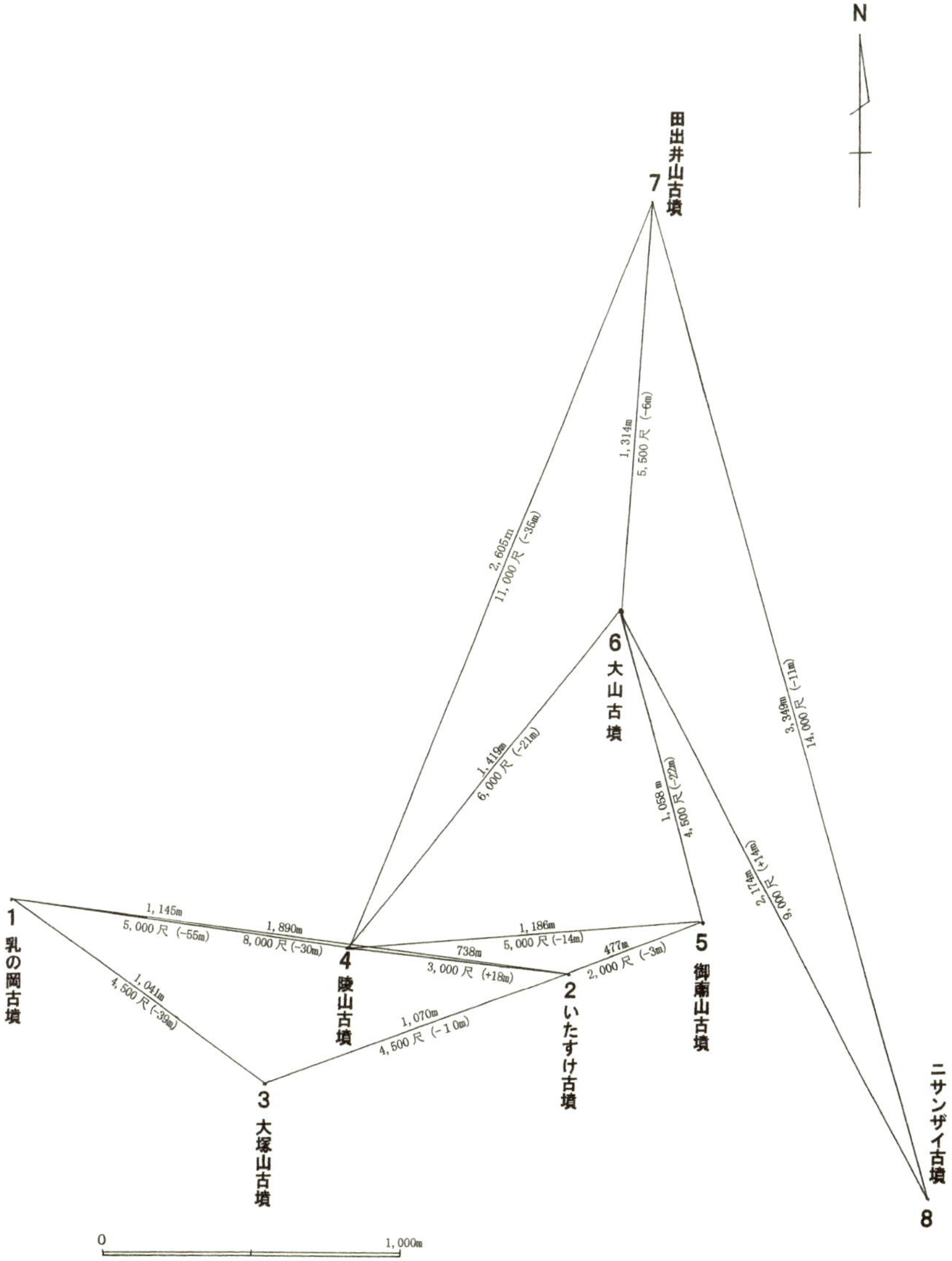

図70　百舌鳥古墳群の工事基準点間距離と24cm尺の適合状態

表16　百舌鳥古墳群の設計型・工事基準点間距離・方位角など

24cm 尺…晋尺か？

古墳名＼項目		墳丘長（m）	設計型（細分型）	設計比 AB：CD（C′ D′）：EF	埴輪（式）	工事基準点間距離（m）	24cm 尺数と誤差（尺・m）	1尺の長さ（cm）	方位角 中心線（°）	方位角 方位線（°）
1	乳の岡	155	日葉酢媛陵型（Ⅱ）	8：4（？）：？	—	—	—	—	N〜30	中心線〜67.5
2	いたすけ	146	応神陵型（Ⅱ）	8：4：5	—	乳の岡〜1,890	8,000 − 30	23.63	方位線〜11	〃〜36 〃〜11.5
3	大塚山	159	〃（Ⅱ′）	8：3.5：5.5	Ⅲ	いたすけ〜1,070 乳の岡〜1,041	4,500 − 10 4,500 − 39	23.78 23.13	〃〜30	—
4	陵山	360	〃（Ⅱ′）	8：3.5：5.2	Ⅲ	いたすけ〜738 乳の岡〜1,145	3,000 ＋ 18 5,000 − 55	24.60 22.90	〃〜67.5	〃〜58
5	御廟山	186	仁徳陵型（Ⅰ）	8：3.5：5	Ⅳ	陵山〜1,186 いたすけ〜477	5,000 − 14 2,000 − 3	23.72 23.85	〃〜11	〃〜67.5
6	大山	486	〃（Ⅰ）	8：3：5	Ⅳ	御廟山〜1,058 陵山〜1,419	4,500 − 22 6,000 − 21	23.51 23.65	〃〜43	〃〜24
7	田出井山	145	〃（Ⅰ）	8：3：6	Ⅳ	大山〜1,314 陵山〜2,605	5,500 − 6 11,000 − 35	23.89 23.68	〃〜11	〃〜30
8	ニサンザイ	290	応神陵型（Ⅲ）	8：3：6	Ⅳ	田出井山〜3,349 大山〜2,174	14,000 − 11 9,000 ＋ 14	23.92 24.16	〃〜60	—

（埴輪は川西編年による）

が応神陵型、御廟山・大山・田出井山《たでいやま》三古墳が仁徳陵型、最後のニサンザイ古墳が新応神陵型である。

　三設計型がそろっているのは佐紀・盾列古墳群、新応神陵型古墳があるのは古市古墳群と共通するが、三設計型はいずれもほかの古墳群で生まれたもので、新応神陵型だけが後述するようにこの地で生まれた可能性が高い。そのため、外部からの影響を受けてきた勢力といえるが、のちには最大規模の大山古墳をつくり、ニサンザイ古墳の同一型が高槻市の今城塚《いましろづか》古墳（一九〇メートル）や群馬県藤岡市の七輿山《ななこしやま》古墳などにみられるのは、古市古墳群が岡ミサンザイ古墳以後新型に変わったこととともに、百舌鳥勢力が最大の勢力になったことを示している。

　検討結果は**表16**にまとめたが、百舌鳥古墳群でも纒向古墳群以来の方位角と距離による位置決定がおこなわれ、その多くが二基の古墳から決められている。問題は使用尺の長さで、纒向、佐紀・盾列両古墳群に戦国・前漢尺（二三・一センチ）、古市古墳群に周尺（二二・五センチ）が適合するのに対し、百舌鳥古墳群では乳の岡古墳からの距離をのぞいて二三・七〜九センチ尺がよく適合し、この長さは西晋《しん》時代（二六五～三一六）の二四センチ尺に近い。

　最初の古墳は平地につくられた日葉酢媛陵型の乳の岡古墳である。前方部がないため全体の設計比がわからないが、長さと後円部の比率からみてCD四単位のⅡ型である。墳丘中心線の方位は子午線から東に三〇度ふれ、陵山・大山両古墳とほぼ同方向である。

　二番目は台地上にある応神陵型Ⅱ型のいたすけ古墳で、佐紀・盾列古墳群のコナベ古墳と同一型である。位置は乳の岡古墳の工事基準点から決められ、墳丘中心線から六七・五度の方位線上一八九〇メートルの地点である。二四センチ尺で割ると八〇〇〇尺－三〇メートルであり、誤差一・六パーセントである。**図70**と**表16**のように、乳の岡古墳からをのぞき誤差の多くは二〇メートル以内であり、距離を測定してつくらないかぎり前記古墳群と同じようにこのようにはならないであろう。中心線は方位線から一一度である。

　三番目は土取り工事で消滅した応神陵型Ⅱ′型の大塚山古墳で、佐紀・盾列古墳群のヒシアゲ古墳と同一型である。位置決定はいたすけ古墳とともに乳の岡古墳からもおこなわれたようであり、いたすけ古墳からの方位線は三六度であるが、三七・五度を意図したものとおもわれる。距離は一〇七〇メートルで四五〇〇尺－一〇メートルであり、中心線は方位線から三〇度である。乳の岡古墳からの距離は二九メートル短いが二等辺を意図したものとおもわれ、戦国・前漢尺の使用が考えられる。

　四番目は陵山古墳で同じくⅡ′型であり、EFの幅がすこし狭い。大塚山古墳といたすけ古墳からの位置決定を考えたが、大塚山古墳からの距離は五二三メートルで大型古墳の位置を決めるのには短く、誤差も四三メートルあって八パーセントであるのでのぞいた。いたすけ古墳からの方位線は一一・五度、距離は七三八メートルで三〇〇〇尺＋一八メートルである。この位置は乳の岡・いたすけ両古墳の工事基準点を結んだ線に近く、八〇〇〇尺を三〇〇〇尺と五〇〇〇尺に分けて位置を決めた可能性もある。中心線は方位線から六七・五度である。乳の岡古墳からも決めた場合は、方位線六七・五度、距離一一四五メートルで、五〇〇〇尺－五五メートルであるが、誤差が大きすぎる。

五番目は御廟山古墳で、仁徳陵型である。この設計型の採用はいたすけ・大塚山両古墳が佐紀・盾列のコナベ・ヒシアゲ両古墳にならったように、ウワナベ古墳にならったのであろう。位置決定は陵山・いたすけ両古墳からおこなわれ、陵山古墳からの方位線の五八度は六〇度を意図したものであろう。距離は一一八六メートルで五〇〇〇尺－一四メートル、いたすけ古墳からの距離は四七七メートルで二〇〇〇尺－三メートルである。陵山古墳のところで陵山・乳の岡・いたすけ三古墳の工事基準点がほぼ一直線にならぶことを書いたが、御廟山・いたすけ・大塚山三古墳の工事基準点も同一線上に並ぶ。中心線は方位線から一一度である。

六番目は巨大な大山古墳で仁徳陵型である。これまでの五基はほぼ東西方向につくられてきたが、ここから北側に向かい、御廟山・陵山両古墳によって位置決定がおこなわれている。御廟山古墳からの方位線は六七・五度、距離は一〇五八メートルで四五〇〇尺－二二メートル、陵山古墳からの距離は一四一九メートルで六〇〇〇尺－二一メートルである。なお、大山古墳の位置決定にいたすけ古墳の工事基準点が使われたとはおもえないが、その距離が一一九八メートルで五〇〇〇尺－二メートルであることと、陵山・御廟山両古墳間の距離に等しいことを書いておく。大山古墳の中心線は御廟山古墳の方位線から四三度であるが、四五度を意図したものであろう。なお、陵山古墳からの方位線が中心線から一〇度、大山古墳の中心線が方位線から一一度であるため、両古墳は一度の差でほぼ同じ方向にならぶ。

七番目は田出井山古墳で、同じく仁徳陵型である。大山・陵山両古墳によって位置決定がおこなわれ、大山古墳からの方位線は二四度であるが、二二・五度を意図したものとおもわれる。距離は一三一四メートルで五五〇〇尺－六メートル、陵山古墳からは二六〇五メートルで一万一〇〇〇尺－三五メートルであり、約二倍の距離である。中心線は方位線から一一度で、百舌鳥古墳群には一一・五度とともに四カ所に使われており、このことから、すでに書いたように佐紀・盾列の五社神古墳の中心線が子午線から一一度であることへのとまどいが解けた。正確には一一・二五度で直角の八分角である。

八番目はニサンザイ古墳で、新応神陵型である（図71、図72）。大山古墳以後北に向かった位置を一転して南にもどり、向きも設計型も変えている。田出井山・大山両古墳によって位置決定がおこなわれ、田出井山古墳か

図71　空からみたニサンザイ古墳（野上丈助氏撮影）

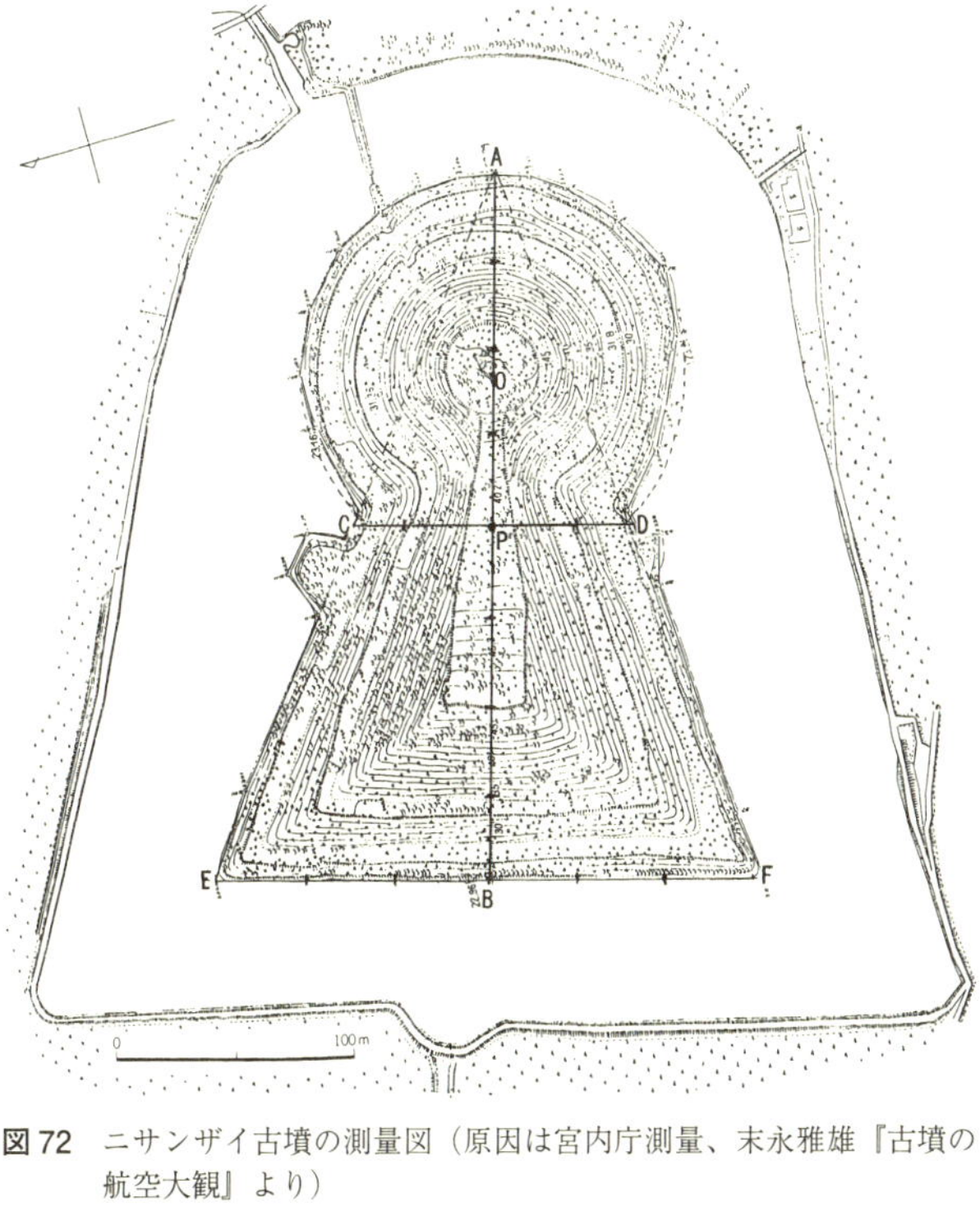

図72　ニサンザイ古墳の測量図（原因は宮内庁測量、末永雅雄『古墳の航空大観』より）

らの方位線は三〇度、距離は三三四九メートルで一万四〇〇〇尺－一一メートル、大山古墳からは二一七四メートルで九〇〇〇尺＋一四メートルであり、中心線は方位線から六〇度である。応神陵型の再採用は後円部の比率を大きくするためであり、ヒシアゲ型にもどるのではなく、CDを半単位減らして三単位にし、EFを半単位増やして六単位にしたことに特色があり、Ⅲ型とした。その意図は前方部の開きを大きくするためで、開きを決めるCDとEFの差を二単位から三単位に増やしたのである。こうした変化はすでに大山古墳にはじまり、**表16**の設計比欄のようにCD三・五単位を三単位にし、田出井山古墳はEF五単位を六単位にし、ニサンザイ古墳と同一比であり、このことは新応神陵型（Ⅲ型）がこの地で生まれたことを示しているようにおもわれる。

以上のことから百舌鳥古墳群にも纒向古墳群以来の位置決定法がひきつがれており、つぎのような特色がある。

第一は、起点古墳から南に向かってつくられるのではなく、ほぼ東西方向につくられたあと北に向かいそのあと南にもどっていること。

第二は、三基の古墳の工事基準点がほぼ同一線上に位置するものが二例みられること。

第三は、乳の岡古墳からの距離だけに戦国・前漢尺が適合し、その後の古墳間距離には晉尺が適合すること。

第四は、森浩一氏の指摘のように墳丘中心線が二方向に分かれること。

ニサンザイ古墳につづく古墳は？

百舌鳥古墳群にはニサンザイ古墳を最後に大型古墳がみられず、つづく時期とおもわれる古墳が古市古墳群でつくられている。このことに誤りがなければ、古市勢力の墓域が百舌鳥勢力の墓域になったということであり、大きな出来事があったようにおもわれる。つづく時期の古墳は岡ミサンザイ・はざみ山・軽里大塚・野中ボケ山・白髪山の五古墳であり、最後につくられた高屋築山古墳はCD四単位のⅣ型である。最初の岡ミサンザイ古墳は周濠形の違いと後世の墳丘の変形から、ニサンザイ型にみえないが同一設計比であり、〝巨大な二等辺三角形〟の一角を構成する重要な古墳である。そのため、百舌鳥勢力のニサンザイ古墳と関係があったようにおもわれる。

古市古墳群の西側にある三三四メートルの墳丘をもつ河内大塚古墳もニサンザイ型古墳である（**図73**）。明治時代まで平らに削った前方部に村があったというが、墳形も周濠形もニサンザイ古墳に似ている。羽曳野市と松原市にまたがり、岡ミサンザイ古墳との工事基準点間距離が二五一五メートルで一万一〇〇〇尺＋四〇メートルである。距離的には同一古墳群ともみられるが、大きさからみて古市勢力とは異なる首長墓であるとおもわれる。後円部の西南側に露出する石材から横穴式石室が推定されているのでニサンザイ古墳より新しく、ニサンザイ古墳につづく百舌鳥勢力の大首長墓の可能性もある。そのため、今後岡ミサンザイ古墳などとの関係を調べる必要がある。

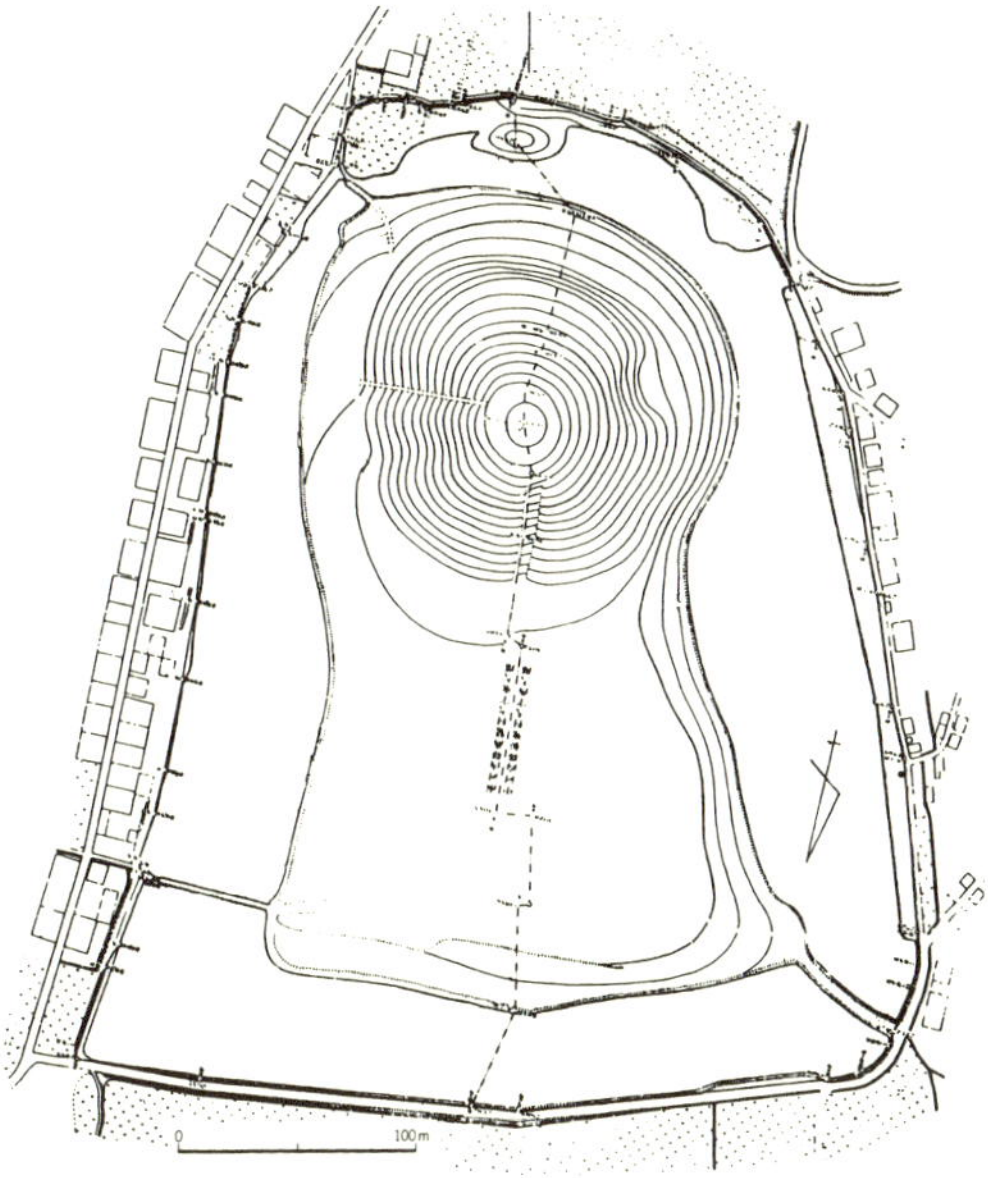

図73　河内大塚古墳の測量図（梅原末治『大阪府に於ける主要な古墳墓の調査其二』大阪府史蹟名勝天然記念物調査報第5輯、1934より）

関東に多い仁徳陵型古墳

四章に書いたように仁徳陵型古墳は三設計型

表17　埼玉古墳群の設計型・工事基準点間距離・方位角など

23.1cm 尺…戦国・前漢尺

	古墳名＼項目	墳丘長（m）	設計型（細分型）	設計比 AB:CD:EF	埴輪（式）	工事基準点間距離（m）	23.1cm 尺数と誤差（尺・m）	1尺の長さ（cm）	方位角 中心線（°）	方位角 方位線（°）
1	稲荷山	120	仁徳陵型（Ⅰ）	8：2：5	Ⅳ Ⅴ	—	—	—	N～40	中心線 ～15 ～60
2	二子山	138	〃（？）	8：3：5.5	Ⅴ	稲荷山～368	1,600 − 2.3	23.00	方位線 ～15	〃～24 ～8.5 ～52.5
3	将軍山	102	〃（Ⅱ）	8：2.5：6	Ⅴ	稲荷山～231 二子山～255	1,000 ± 0 1,100 + 0.9	23.10 23.18	〃　～80	—
4	鉄砲山	109	〃？	8：2.5：5	Ⅴ	二子山～276	1,200 − 1.2	23.00	〃～22.5	〃～38 ～7.5
5	瓦塚	75	〃？	8：3.5：5	Ⅴ	二子山～230	1,000 − 0.9	23.00	〃　～0	—
6	愛宕山	53	〃？	8：2：4	Ⅴ	二子山～180	800 − 2.1	22.50	〃　～40	—
7	中の山	79	〃？	8：2：5	Ⅴ	鉄砲山～181	800 − 1.2	22.63	〃　～60	—
8	奥の山	70	応神陵型（Ⅱ′）	8：3.5：5.5	Ⅴ	鉄砲山～138	600 − 7	23.00	〃　～7.5	—

（埴輪は川西編年による）

古墳のなかでもっとも少なく、設計型を調べた一六八一基中一七五基で、一〇・四パーセントにすぎない。このうち関東には七九基もあって全国の四五パーセントを占め、その約七六パーセントが千葉・埼玉両県に集まっている。千葉県三三基、埼玉県二七基で、顕著な特色といえる（**表5**）。なお、両県の設計分析した前方後円墳の総数に対する比は千葉県が一七パーセント、埼玉県が四二パーセントで、前者は総数とほかの設計型古墳が多いことを、後者は総数が少なく仁徳陵型古墳が多いことを示している。また、後者がこの時期まで後進的地域であって、五世紀中ごろから急速に荒川流域と利根川右岸の開発が進んだことを示している。

　このことは、五世紀中ごろからの関東の歴史を知るうえで重要で、畿内のどの勢力の影響がおよんだのかを知る必要がある。三大古墳群のうち仁徳陵型古墳があるのは佐紀・盾列に一基、百舌鳥に三基で、佐紀・盾列にはウワナベ古墳につづく古墳がなく、百舌鳥の仁徳陵型はウワナベ古墳にならったとおもわれるので、

図 74　埼玉古墳群の工事基準点間距離と戦国・前漢尺の適合状態（原図は埼玉県教育委員会発行『埼玉稲荷山古墳』1980 より）

百舌鳥勢力とみてまちがいない。

千葉・埼玉両県の仁徳陵型古墳の分布は、百舌鳥勢力の影響がとくに関東南東地域に強かったことを示し、東京湾から入り内陸部におよんだのであろう。また、太平洋側からも入っており、茨城県にある関東第二位の墳丘をもつ舟塚山古墳も仁徳陵型である。関東東南地域が百舌鳥勢力とどのような結びつきがあったかについては今後の課題であるが、埼玉古墳群の稲荷山古墳出土の金錯銘鉄剣はその一端を示すものであろう。

埼玉古墳群は、初めて各古墳の工事基準点を直線で結んで距離と使用尺を調べた古墳群である。五世紀末ごろから七世紀初めごろにかけて形成されたものであろうが、戦国・前漢尺がひじょうによく適合する。**図74**のように稲荷山・二子山両古墳間一六〇〇尺、二子山古墳と鉄砲山・瓦塚《かわらづか》・愛宕山三古墳間一二〇〇・一〇〇〇・八〇〇尺、鉄砲山古墳と中の山・奥の山両古墳間八〇〇・六〇〇尺で誤差がわずかなものが多い。横穴式石室内から多くの華美な副葬品が出た将軍山古墳は傍系的な配置で、稲荷山古墳からちょうど一〇〇〇尺であり、二子山古墳から一一〇〇尺+〇・九メートルである。そのため、両古墳によって位置決定がおこなわれたと考えられ**表17**では三番目にしたが、副葬品からみてもっと新しい時期のものであろう。この位置決定を加えると二子山古墳の工事基準点に集まる連結線は五本になり、被葬者の存在の大きさを物語っている。

再検討の結果、方位角と距離によって位置決定がおこなわれていることが明らかになったが、稲荷山古墳の中心線は子午線から約四〇度であり、三七・五度を意図したとすると誤差が大きすぎる。

一六章　三大古墳群の歴史への接近

佐紀・盾列、古市、百舌鳥三古墳群は、それぞれ始原期と終末期が異なりながら存続期間に重なりがあり、四世紀前半から二世紀以上にわたる畿内の歴史的様相や動きをある程度知ることができる。**表18**は三古墳群の古墳を設計型や築造順で作成したが、各古墳間の期間が不明であるため、正しく位置づけることができず、参考程度のものであるが、この表を手がかりに歴史に接近してみたい。

佐紀・盾列勢力

佐紀・盾列古墳群を残した勢力が、盆地北部の丘陵に箸墓規模の五社神古墳をつくったのは四世紀に入ってからである。日葉酢媛陵型Ⅱ型古墳で盆地の南東部より一世紀あるいはそれ以上遅れてつくられたようであり、正確な時期は不明であるが前半期の初めか中ごろであろう。そのためここには纒向型前方後円墳も日葉酢媛陵型Ⅰ型古墳もないが、東方四キロの若草山にある鶯塚《うぐいすづか》古墳（一〇三メートル）はⅠ型のようであり、今後の検討が必要である。

表 18　設計型からみた畿内三大古墳群の年代的位置づけ（試案）

古墳群 / AD	佐紀・盾列古墳群		古市古墳群		百舌鳥古墳群	
	古墳名	設計型（細分型）	古墳名	設計型（細分型）	古墳名	設計型（細分型）
4世紀	五社神	日葉酢型（Ⅱ）				
	佐紀石塚山	〃（Ⅱ）				
	佐紀陵山	〃（Ⅱ）				
					乳の岡	日葉酢型（Ⅱ）
	宝来山	応神型（Ⅰ）				
	コナベ	〃（Ⅱ）	津堂城山	応神型（Ⅱ′）		
5世紀					いたすけ	応神型（Ⅱ）
	ヒシアゲ	〃（Ⅱ′）	野中宮山	〃（Ⅱ′）		
	市庭	〃（Ⅱ′）			大塚山	〃（Ⅱ′）
			墓山	〃（Ⅱ′）		
	ウワナベ	仁徳型（Ⅰ）				
			仲津山	〃（Ⅱ′）		
					陵山	〃（Ⅱ′）
					御廟山	仁徳型（Ⅰ）
			誉田御廟山	〃（Ⅱ′）		
					大山	〃（Ⅰ）
					田出井山	〃（Ⅰ）
			市野山	〃（Ⅱ′）		
					ニサンザイ	応神型（Ⅲ）
			岡ミサンザイ	〃（Ⅲ）		
6世紀			軽里大塚	〃（Ⅲ）		
			野中ボケ山	〃（Ⅲ）		
			白髪山	〃（Ⅲ）		
			高屋築山	〃（Ⅳ）		

最初から箸墓級のものをつくっているのは、かなり強大な勢力がこの地を墓域に定めたと考えられ、丘陵に造墓地がなくなると平地にもとめて、広大な墓域を形成したのである。しかし、現在のところこの勢力の居住域も出自地域もわかっていない。

日葉酢媛陵型Ⅱ型古墳はⅠ型古墳より後円部の比率が大きいCD四単位の古墳であり、桜井市にはないが天理市には柳本に石名塚《いしなづか》古墳（一一一メートル）、櫟本《いちのもと》に和爾下《わにしも》神社古墳（一〇五メートル）がある。しかし、佐紀・盾列の古墳との新旧関係がわかっていないため、どちらが影響を与えたのか不明である。なお、吉備にはⅠ型古墳の時期にCD四単位のものがかなりあるので、この地方との関係も考えられる。

佐紀・盾列勢力は、古墳を丘陵につくっていた時期から周辺地域に影響を与えていたことが一〇〇〜一五〇メートル級古墳の分布によってわかり、遠くは関東にまでおよんでいる。その後平地につくられた宝来山古墳（応神陵型Ⅰ型）の影響はさらに大きく広域にわたり、この勢力がいかに強大であったかを示している。

つぎのコナベ古墳の影響は、群馬県の太田天神山古墳や百舌鳥古墳群のいたすけ古墳におよんでいるが、つづくヒシアゲ型古墳の影響は関東にまったくみられない。太田天神山勢力が力を失ったためか、関東にまで手が回らなくなったためとおもわれ、太田市周辺に天神山古墳につづく応神陵型古墳がないのはおそらく前者の理由によるものと考えられる。

ヒシアゲ型古墳の影響は盆地内でも馬見古墳群に近似型の築山《つきやま》古墳（二一〇メートル）があるだけで、柳本古墳群にはない。こうした一方、生駒・金剛《こんごう》山地をこえた古市古墳群とその西方の百舌鳥古墳群には一五〇メートル級と二〇〇メートル級のものがあいついでつくられ、京都府の久津川車塚《くづがわくるまづか》古墳（一八〇メートル）も兵庫県の雲部車塚古墳（一四〇メートル）もヒシアゲ型である。このことは、佐紀・盾列勢力が盆地内トップ勢力として近隣地域に強い影響力を与えていたことを示し、同時に近隣諸勢力の伸長も示しており、競合などから東国経営（?）が後退したのであろう。

同じヒシアゲ型の市庭古墳も、つづく仁徳陵型のウワナベ古墳も二五〇メートル級の大古墳であるが、この古墳群はウワナベ古墳をもって終わる。それが何によるものであるか不明であるが、古市・百舌鳥両勢力の墳丘規模をめぐる競い合いがはじまるのはウワナベ古墳がつくられたあとであるので、佐紀・盾列勢力が滅亡したことも考えられる。

以上のことから佐紀・盾列勢力は、〝謎の世紀〟といわれてきた四世紀最大の勢力といってよく、すでに書いたように立地や墳形変化にみられる変革への積極性がこの勢力の特性であったといえるであろう。そして、そのために一世紀以上にわたって強大な勢力を維持し、広域に大きな影響を与えたのであろう。

古市勢力

古市古墳群は奈良盆地に比較的近いが、生駒・金剛山地によって隔てられ、北側を大和川、東側を石川で画されている。大和川右岸に松岳山古墳などの日葉酢媛陵型Ⅰ型古墳があるのは、早くから在地の首長がいたことと、大和川の重要性を示し、石川左岸には一〇〇メートル級と一五〇メートル級の日葉酢媛陵型Ⅱ型古墳が三基あり、すでに佐紀・盾列勢力の影響がおよんでいたことを示している。

この地に最初につくられた応神陵型古墳は大和川左岸の津堂城山古墳である。ヒシアゲ型であるので、三〇年ぐらいの空白期のあとであり、前方部の開きをおさえた馬見型であるのは馬見勢力と関係があった首長墓であろう。時期は四世紀末ごろとおもわれる。

つぎのやや小型の野中宮山古墳も馬見型であるが、なぜ二・五キロも南に離れた場所につくられたのか不明である。そのあと、近い場所に佐紀・盾列勢力と同じヒシアゲ型の墓山古墳がつくられ、つづく仲津山・誉田御廟山・市野山三古墳も同型である。このことは佐紀・盾列勢力との関係がひじょうに強まったことを示しており、佐紀・盾列では市庭古墳のあと仁徳陵型のウワナベ古墳がつくられたが、古市勢力はこれを受け入れていない。そして、百舌鳥勢力と墳丘規模を競うなかでヒシアゲ型最大の誉田御廟山古墳をつくっている。

市野山古墳は、墓山・仲津山・誉田御廟山古墳と同じ設計比でありながらやや異なり、前方部の上辺を半単位減らして開きを少し広げている。これは、Ⅱ′型からⅢ型への過渡期型とみられ、岡ミサンザイ古墳よりも早く百舌鳥勢力の影響がおよんでいるようである。

もしこの推定が正しかったら、誉田御廟山古墳から六〇〇〇尺、津堂城山古墳から一万尺の地点につくられた市野山古墳にも、岡ミサンザイ古墳の位置決定と同じように百舌鳥勢力がかかわっていたことになりそうである。また、岡ミサンザイ古墳から軽里大塚古墳までの距離は、津堂城山古墳と岡ミサンザイ古墳の距離と同じ八〇〇〇尺であり、津堂城山古墳の被葬者は百舌鳥勢力との間になにか関係があったようにおもわれる。そして、このことと百舌鳥古墳群にニサンザイ古墳につづく首長墓がないことから、古市勢力の墓域が百舌鳥勢力の墓域に変わったようにおもわれる。

しかし、軽里大塚古墳の位置は岡ミサンザイ古墳と誉田御廟山古墳、野中ボケ山古墳の位置は軽里大塚古墳と誉田御廟山古墳によって決められ、誉田御廟山古墳の被葬者も尊重されている。なお、ニサンザイ古墳にはじまった新応神陵型古墳は、軽里大塚古墳からさらに前方部の開きを増し、白髪山古墳で極限に達したあと、CD四単位、EF六単位の高屋築山古墳が丘を利用してつくられている。応神陵型Ⅳ型古墳の出現であり、この墳形は奈良盆地の北葛城や天理市などにみられる。

百舌鳥勢力

この地に残る最初の大型前方後円墳は海岸平野にある乳の岡古墳であり、日葉酢媛陵型Ⅱ型である。海産物や交易、海上交通などの富で成立した勢力の首長墓とおもわれ、おそらくⅠ型古墳もあったであろう。

一五〇メートル級の墳丘はかなり有力な首長であったことを示しているが、奈良盆地内勢力の古墳はこれを一〇〇メートル前後上回り、勢力に隔たりがあったことを物語る。この時期のトップ勢力は佐紀・盾列勢力であるが、この勢力の墳形変化をもっとも忠実に受容しているのが百舌鳥勢力である。乳の岡古墳は佐紀石塚山古墳の同型か近似型であり、応神陵型はⅠ型がないが、いたすけ古墳は例が少ないコナベ古墳と同じⅡ型である。つづく大塚山古墳と陵山古墳はヒシアゲ古墳と同じⅡ′型であり、御廟山・大山・田出井山三古墳はウワナベ古墳と同じ仁徳陵型である。

百舌鳥勢力が強勢になったのは大塚山古墳がつくられたあとで、つぎの三六〇メートルの墳丘をもつ陵山古墳は、古市の仲津山古墳（二九〇メートル）よりも盆地内の渋谷向山《しぶたにむこうやま》古墳よりも長い。その原因は平地の古い勢力と台地上の新勢力とが連合あるいは統合したためではないかとおもわれ、いたすけ古墳から使用尺が変わり、乳の岡・いたすけ両古墳の方向の違いが最後までつづき、同族とはおもえないものが感じられるからである。乳の岡・陵山・大山・田出井山四古墳は海に側面を向けてほぼ北北東にならび、いたすけ・大塚山・御廟山・ニサンザイ四古墳は奈良盆地の南東部を望むようにほぼ東南東に分布する。

陵山古墳が大型化したのは古市で大型化がはじまった仲津山古墳のころで、仲津山古墳を意識してつくられた可能性があり、超された古市では陵山古墳の規模をこえる誉田御廟山古墳をつくり、百舌鳥ではさらにそれを上まわる巨大な大山古墳をつくったのではないだろうか?　それは、宮殿・大寺院・都城のように高度の総合技術を必要とする以前の土木事業ではあるが、二重の周濠(三重目は新設)に囲まれた四八六メートルの墳丘はまさに偉容である。そして、古市・百舌鳥両勢力競合の古代史ドラマといえる。

巨大古墳づくりは百舌鳥勢力に軍配が上がったが、関東の千葉・埼玉両県にみられる仁徳陵型古墳の集中現象は、百舌鳥勢力の東国への伸長を示すものとおもわれ、五世紀中ごろ以後の東国の歴史を知るうえで重要である。

仁徳陵型の田出井山古墳につづくニサンザイ古墳は、位置を大きく南側に移したことと応神陵型をふたたび採用したことで、最後の一時期を画した古墳といえる。なぜ南に移したかは不明であるが、応神陵型を採用したのは後円部の比率と前方部の開きを増すためであり、この型はすでに書いたようにこの地で生まれた可能性が高い。このⅢ型は古市古墳群と河内大塚古墳、高槻市の今城塚古墳、関東の七輿山古墳と内裏塚《だいりづか》古墳などに同型がみられ、百舌鳥勢力がひきつづき周辺地域にも関東にも影響を与えていたことがわかる。二九〇メートルの墳丘は巨大古墳づくりのピークを過ぎた時期としてはなお大きい。

しかし、百舌鳥にはニサンザイ古墳につづく大型古墳がみられず、古市でニサンザイ古墳と同じ応神陵型Ⅲ型古墳がつくられつづけているのは奇異な現象であり、このことは百舌鳥勢力が滅亡したとも、古市勢力の墓域が百舌鳥勢力の墓域になったともみることができる。しかし、ニサンザイ古墳と同一型の古墳が近隣地域にも関東にもみられることはおそらく、後者であったろう。

古市では、津堂城山古墳が古墳の位置決定にかかわるようになった市野山古墳のときから百舌鳥古墳群の影響があらわれはじめており、津堂城山・市野山両古墳間と市野山・岡ミサンザイ両古墳間の距離がともに一万尺で、津堂城山・岡ミサンザイ両古墳間が八〇〇〇尺であるのは非常に意図的な配置であり、このときなにか大きな歴史的出来事があったようにおもわれる。また、馬見色をもつ津堂城山古墳の被葬者の権威が急に高まったのは背後に多分に政治的なものが感じられる。そして、その力は百舌鳥勢力以外には考えにくいが、百舌鳥勢力による墓域の占有が古市勢力の滅亡を意味するのか、統合などによる結果であるのかは不明であり、今後の研究課題である。

さらに問題になるのは松原市にある応神陵型Ⅲ型の河内大塚古墳をどうとらえるかであり、ニサンザイ古墳につづく大首長墓の可能性があるが、これも今後の課題である。なお、古市古墳群で最後につくられた応神陵型Ⅳ型古墳は奈良盆地内と群馬県に多く、このことは、政治の中心舞台がふたたび奈良盆地にもどったことと、原東山道によってこの地の政権と東国との新しい関係がはじまったことを物語る。

第Ⅳ部　古代の土木設計を追って

第Ⅳ部では、まず一七章で第Ⅲ部までの一連の研究からはずした南関東弥生時代の「胴張《どうば》り隅円《すみまる》長方形《ちょうほうけい》住居」と呼ばれてきた竪穴住居の研究を最初に取り上げる。場所を分けたほうがたがいによいとおもったのと、弥生時代こそ私の勤務校の生徒たちが八王子市内の宇津木町向原の丘で多摩地方最初の竪穴住居を発見し、研究テーマにかかげて二五年間掘りつづけてきた時代だからである。

つぎの一八章は、第Ⅱ部のなかにおさめきれなかったことや、おさめにくいことなどを集めたもので、個人的な体験なども加えた。

最後の章は、たまたま古代の土木設計一筋に研究をつづけてきた四〇数年間をかえりみたもので、研究をはじめたころのこと、先行研究への疑問と批判、前方後円墳の起源説、方格法の渡来が果たした変革的役割などについて記し、本書のまとめとする。

一七章　中心角とモノサシを使った弥生住居

南関東の胴張り隅円長方形住居

中野犬目境《なかのいぬめざかい》遺跡でつくりと保存状態がよい鬼高《おにだか》期の竪穴住居を掘った五年後の一九七〇年の夏、今度は二〇〇メートル西方にある戸板女子短期大学構内で、弥生時代後期のすばらしい竪穴住居にあたった。南関東の中・後期に多い「胴張り隅円長方形住居」で、平面形の曲線がこれまで掘ったりみたりしたもののなかでもっとも美しかった。この長い呼び名は四隅が円く胴部も外側に張っているためであるが、なぜ住居の輪郭をこのような形にしたのか疑問でならなかった。また、類型的な形なので一定の作図法があるようにおもわれた。

この竪穴住居についてはこのあとくわしく書くが、円をもとに作図した図形であること、二本の水糸を円の中心点を通るようにX字形に張り、その中心角で住居の幅を決めていること、この水糸上に隅円半径の中心点をとっていること、そのあと、X字形の水糸を十字形に張りかえて円周との交点を中心点にして連結弧を描いていることなどを私に教えてくれた。

数日後にはその中心角が七五度であることと、直径の長さが二センチの誤差で戦国・前漢尺の二〇尺であることもわかり、これまでに掘ったものにもよく適合したので鬼高期の竪穴住居で晉尺《しん》の使用を知ったとき以上に大きな驚きであり、喜びであった。

しかし、土を掘ってつくったものなので不安も残ったが、このときから三二年後の二〇〇二年に三世紀の纒向《まきむく》古墳群が方位角と戦国・前漢尺によって位置決定されていることがわかり、この竪穴住居跡から学んだことの正しさが裏づけられた。

考古学との出合い

私が勤務校の社会研究部の部長から執拗に考古学部の結成と担当教師を頼まれて引き受けたのは、三〇代半ばの一九六一年四月である。考古学のことはなにも知らなかったし、前年の夏の終わりごろから高熱がつづいて左の肺にこぶし大のカゲができ、三カ月間保養所生活をして定時制から全日制の勤務にかえてもらったばかりである。そのため断りつづけたが、発掘をしたい気持ちが満面にあふれた部長の顔に負けてしまったのである。そして、前年地元の八王子市で結成された多摩考古学研究会に部員たちと入会して考古学のにわか勉強をし、七月下旬に最初の発掘を神奈川県相模原市橋本瑞光寺遺跡で甲野勇先生をはじめとする指導でおこなった（**図75**）。縄文時代中期（加曾利E式期）の凸字形祭祀遺構にあたったが、三カ月半後、この発掘が部員たちの心に強い影響を与えていたことを知った。

出土遺物などを展示した文化祭が終わると、部員たちは土曜日の午後、自主的に土器片採集をして、宇津木町向原の丘で多摩地方最初の弥生住居跡を発見し、長い時間私の家を探しまわって知らせてくれたのである。翌日、私はその畑を調査させてもらうために農家を訪ね、麦蒔きを一週間延ばしてもらうことができて、緊急発掘が実現した。発掘は放課後の短い時間と日曜・祝日をつかっておこなった。

その結果、二七個体分の大小さまざまな土器と約三〇〇粒の炭化米が出土し、赤く塗った大型壺には篠竹《しのだけ》の篭《かご》で包んでいた跡がありありと残っていた。このため、部員たちと弥生時代研究をテーマにして毎年この丘を掘りつづけていくことを決めた。

翌年の夏休みにもほぼ同じ時期の弥生住居跡にあたって一三個体分の土器が出たが、三年目には掘れなくなってしまった。この丘が中央高速自動車道八王子インターチェンジ用地に決まったためであり、やむなく代わるべき弥生遺跡を平地の川口川下流域に探し求めることになった。幸い、楢原町に近い中野原屋敷で弥生住居跡にあたり、形のよい土器七個と炭化稗《ひえ》を掘った。このあと、戦前ゴボウ畑から赤く塗った壺などが出て帝室博物館員が調査に来たという同町山王林の微高地を六次にわたって調査し、胴張り隅円長方形住居四軒とやや古そうな楕円形住居二軒を掘った。

図75 発掘指導者の甲野勇先生（宇津木向原遺跡にて、1962年）

一九六九年の夏休みにおこなった第六次山王林遺跡調査は遺構にあたらず、急遽友人の紹介で西方一・七キロにある犬目町甲原の畑を掘らせてもらうことになった。ここでは方形周溝墓にあたり、土壙《どこう》内から八個のガラス小玉や炭化麦、鏃形石製模造品などが出土した。なお、宇津木向原遺跡をふくめた二五年間の発掘調査は、会誌の『多摩考古』にほとんど報告したが、高校生と市民にわかりやすく伝えるため、写真や図をたくさん入れた

図 76　中野明神社北遺跡を調査する高校生たち（1968 年）

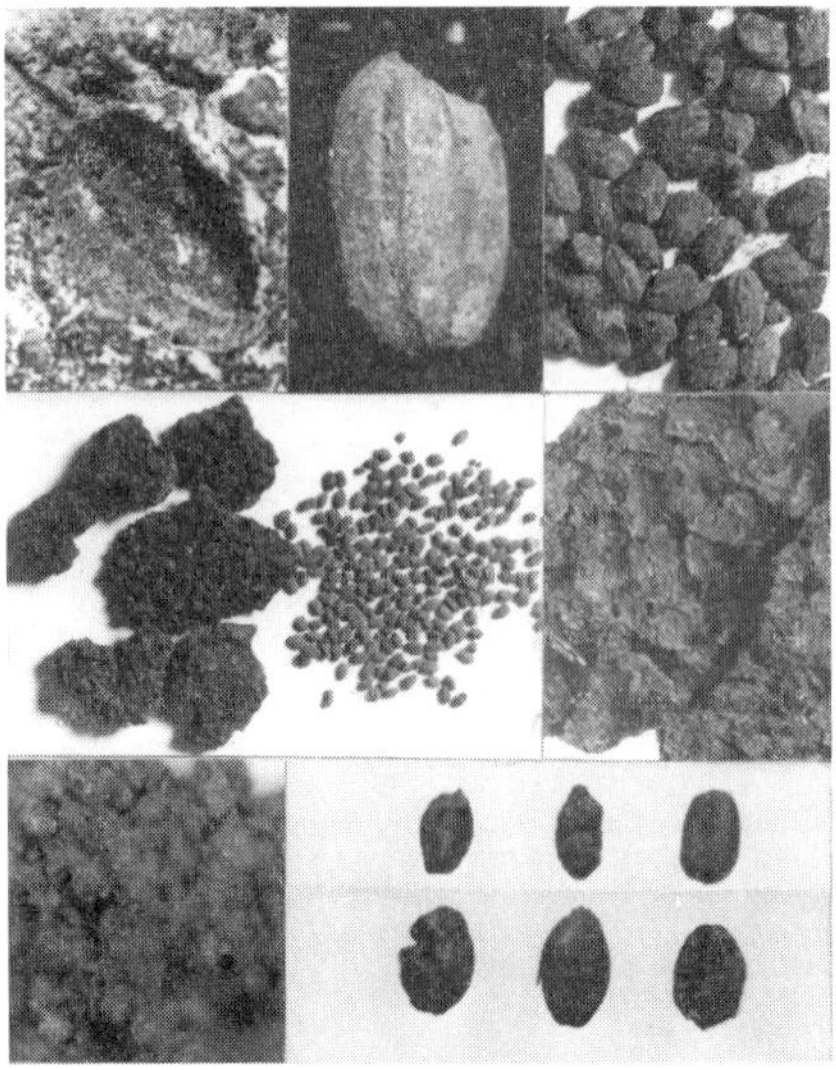

図79　発掘した炭化食糧など（上・中段：宇津木向原遺跡1号住居出土の土器底の籾痕・炭化米・台付甕で煮て炭化したもの、下段：左・中野原屋敷遺跡出土の炭化稗、右・犬目甲原遺跡の方形周溝墓土壙内出土の炭化小麦と大麦）

図 77　高校生と 25 年間つづけた発掘調査の記録

図78　宇津木向原遺跡と川口川下流域遺跡群で掘った弥生時代後期から古墳時代初めにかけての土器

ブックレット『高校生の発掘——川口川下流域遺跡群25年間の調査』（図76〜79）を一九九五年に市内の揺籃社《ようらんしゃ》から刊行した。

戸板女子短大内遺跡での発見！

方形周溝墓を掘ったことから翌一九七〇年四月に農道とフェンスを隔てた西側の戸板女子短期大学構内を調査させてもらえることになった。テニスコート南側の草地でもと畑であった場所である。このときは弥生住居にあたらず小型の鬼高期住居を調査したが、調査中にふと「胴張り隅円長方形住居の四隅の半径は同じではないだろうか？」とおもった。この形のことがいつも頭のなかにあったためであろう。

七月下旬におこなった第二次調査では、おもいが通じたように曲線が美しく攪乱がまったくない弥生住居跡にあたった。それも地表面からわずか二五センチ掘ったところで輪郭を確認できた。そのため、まず輪郭に線を引いて写真を撮り、測量もした。そのあと、掘り下げていくと床面はローム層で、周壁の高さも約二五センチだった。火災の跡がわずかに残り、四柱穴はなく南壁近くに径四〇センチ、深さ二二センチの穴があった。炉跡は中央よりやや北東寄りにあり、細長い石が置かれていた（図80）。土器は弥生町式である。

測量がすむとすぐ平板を三脚からはずし、用意していたディバイダーで四隅の弧の半径を調べてみた。開きや針の位置を変えて一方の針が弧の上を正しく通るようにして中心点と半径を求め、この半径でほかの隅の半径を調べると、すべて同じで予想が的中した。つぎに四つの中心点を対角線状に結んで、その交点を中心点にして四隅の弧に接する円を描くと、北西隅がわずかに外側に出たがほかはぴたりと接し、円をもとに作図したことと、X字形直径（二本の水糸を使用）上に四隅の弧の中心点をとっていることが明らかになった（図81）。つづいて、四隅の弧をつなぐ連結弧の中心点の位置もすぐわかった。四隅の弧を半円大に描き、四交点を結ぶように水糸を張りかえ（十字形直径になる）、円周との交点を中心点にすればよいのである。文で書くとむずかしそうであるが、小学生でも簡単にできる図形である。

その数日後、新たに二つの発見があった。X字形直径の中心角が七五度であったことと、直径の長さが四・六四メートルであったことである。七五度角は直角と六〇度角の中間角であるので測ったものにちがいなく、四・六四メートルは二センチ長いが、戦国・前漢尺の二〇尺である。半径は一〇尺であり、四隅の弧の半径は原円半

図80　戸板女子短大内遺跡で掘った弥生時代後期の美しい平面形の竪穴住居跡

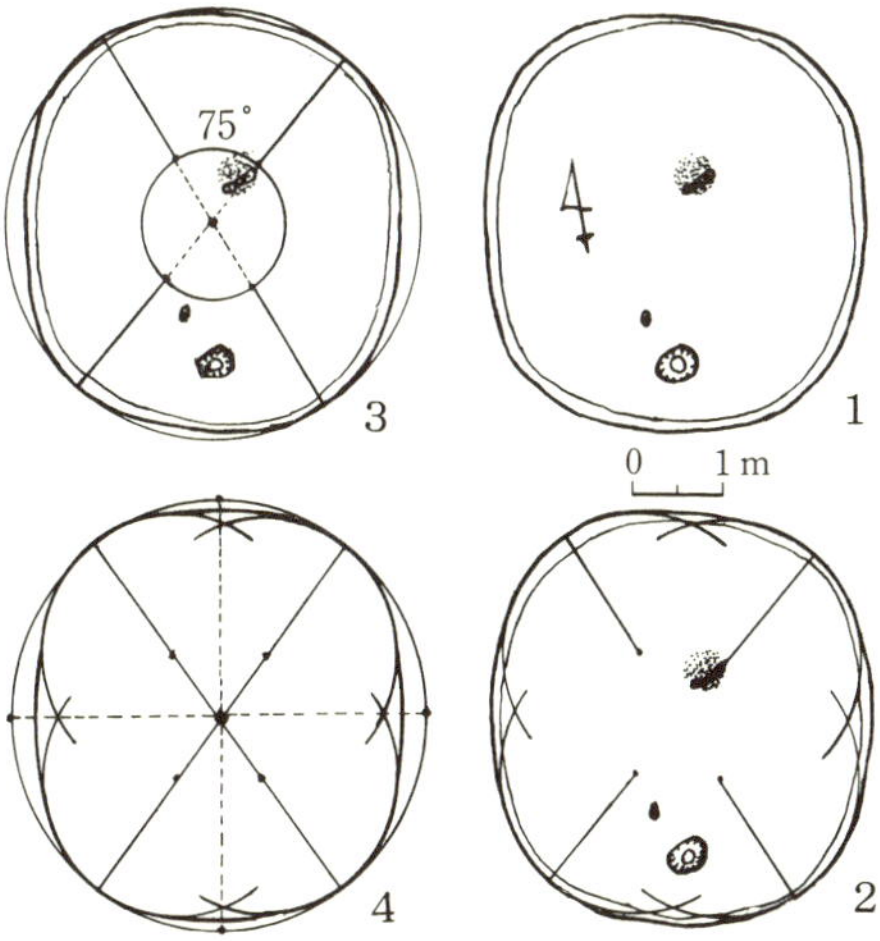

図81　測量図から明らかになった平面形の作図法

径の三分の二であった。ここまで調べたのは、そのころ前方後円墳の斜面角や使用尺を調べていたためであり、X字形直径はここだけに原円の直径が残る場所であり、胴張り隅円長方形住居の幅の違いが中心角にあるとおもったためである。そして、山王林遺跡の平面形がよく残っていた7号・8号住居の測量図を調べると、前者が直径四・六二メートルで二〇尺±〇、中心角九〇度、後者が直径四・〇四メートルで一七・五尺－〇・三センチ、中心角七五度であった。

これらの竪穴住居はいずれも弥生時代後期弥生町期のもので、三世紀ごろのものと考えていたので、古墳時代以前からすでに古代中国尺と角度が使われていることを知ることができたのである。なお、胴張り隅円長方形住居は中期後半期（宮ノ台期）のほか、前半期（須和田期）にも一部みられるので、モノサシと角度の渡来と使用は紀元前後かそれ以前までさかのぼりそうである。

円弧連結形住居の分類と直線化

胴張り隅円長方形住居の名は具体的であるが、胴部が張っては長方形といえないので円弧連結形住居と呼んだほうがよいとおもう。その形は円の中心角と隅円半径と連結半径によって決まり、隅円半径が原円半径の三分の二以上で連結半径の中心点が円周上に位置するものが多い。住居の周りに丸みをもたせた形であるが、後期後半のある時期から隅円半径が短くなり、その反対に連結半径が長くなって直線化がはじまる。この変化は古墳時代の土師器文化の浸透にともなうものとおもわれるが、はっきりした理由は南関東と周辺地域に円弧連結形住居が多いことともに不明である。

胴張り隅円長方形住居のなかにまじる楕円形状の住居は中心角がゼロで、二つの半円を短い弧でつないだものである。便宜的にこれをA型とし、胴張り隅円長方形住居をB型、隅円長方形住居をC型としたが、B型を連結半径の中心点の位置によって三型、C型を隅円部の大小によって二型に分けた。B型の連結半径の中心点は原円の中心点から原円半径を単位として決められ、一単位（円周上）と二単位と四単位のものがある（**図82**）。

土師器文化の影響が入ってくるのはB型Ⅱの時期からであるが、ひきつづき中心角が使われ、さらに一九六四年七月末に宇津木町向原の丘で発見されたB型ⅢとC型の時期の方形周溝墓にも使われていた（**図83**）。なお、方形周溝墓の名は中央高速道八王子地区遺跡調査団長の大場磐雄國學院大学教授によって命名されたものである。

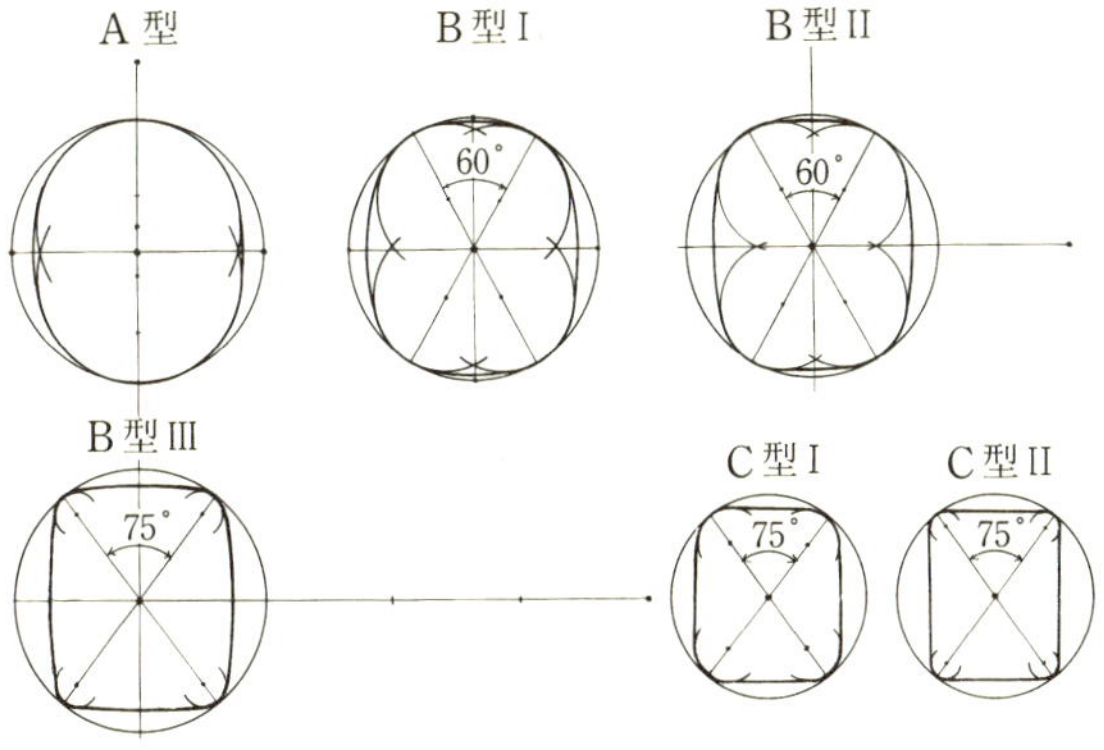

図82　円弧連結形住居の分類と直線化

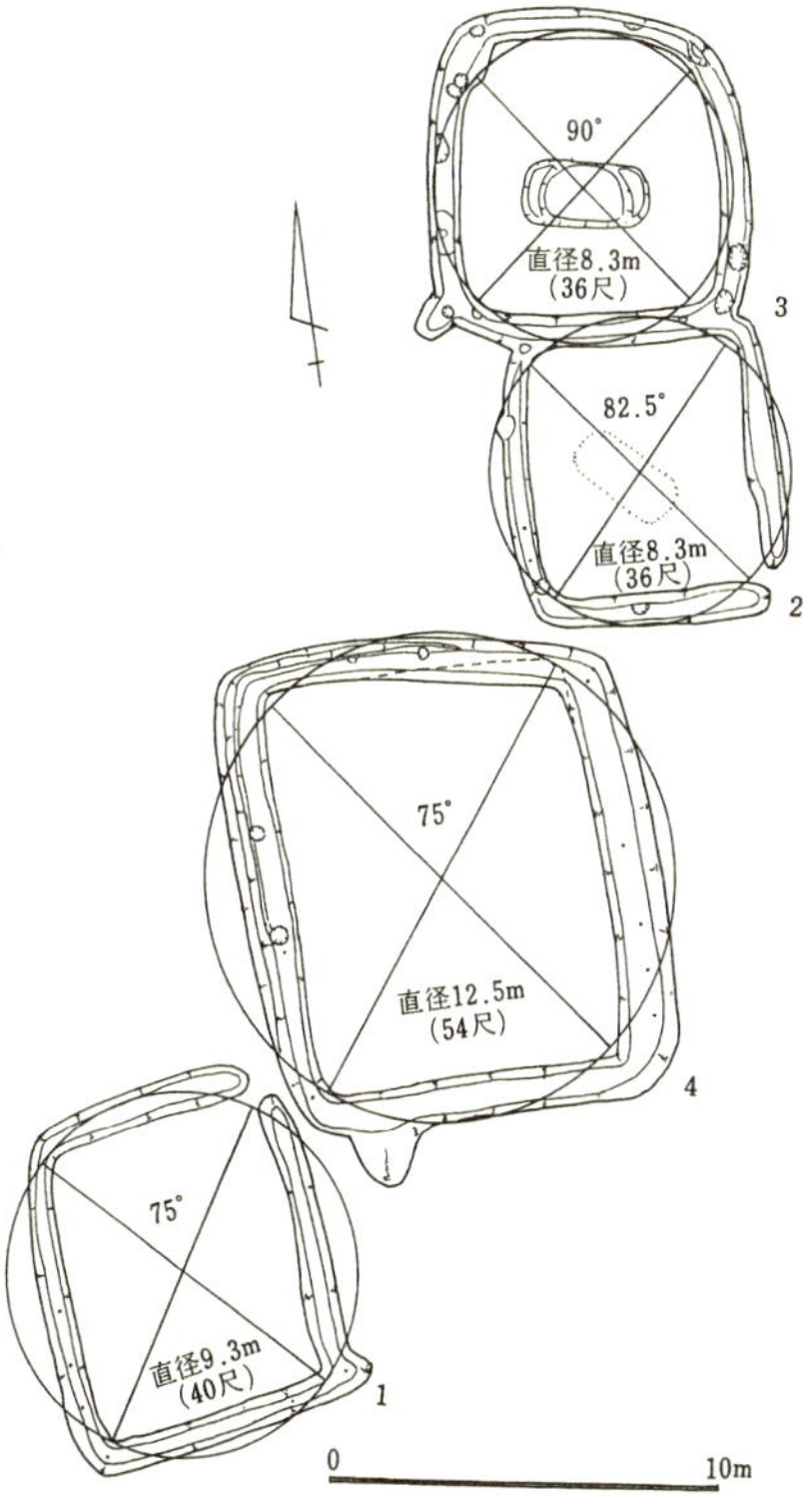

図83　宇津木向原遺跡の方形周溝墓にみる中心角（原図は『宇津木遺跡とその周辺―方形周溝墓初発見の遺跡』1973より）

四基の方形周溝墓は辺や隅を接して南北方向にならんでいたが、最初につくられたとおもわれる北端の3号墓は丸みがあって円をもとに作図したことを示しているようであった。直径は八・三メートルで三六尺、中心角は九〇度である。辺をともにする2号墓は直径が等しく、中心角は八二・五度である。最大の4号墓は直径が一二・五メートルで五四尺、中心角は七五度であり、隅の近くで接する南端の1号墓は直径九・三メートルで四〇尺、中心角は同じく七五度である。出土土器はすでに古墳時代の土師器であり、三世紀末ごろから四世紀にかけてのものであろう。

川口川下流域で生徒たちと掘った微高地上と河岸段丘上の弥生住居は一七軒で、いずれも後期中ごろ以降のものであるが、A型：二軒、B型Ⅰ：九軒、B型Ⅱ：四軒、B型Ⅲ：二軒で、C型はない。立地別にみると、微高地の山王林遺跡はA型：二軒とB型Ⅰ：四軒、原屋敷遺跡はB型Ⅱ：一軒である。河岸段丘上の戸板短大内遺跡はB型Ⅰ：二軒とB型Ⅱ・Ⅲ：各一軒、井戸尻上遺跡はB型Ⅰ：三軒とB型Ⅱ・Ⅲ：各一軒、椚原遺跡はB型Ⅱ：一軒である。これに対して加住《かすみ》南丘陵上の鞍骨山《くらほねやま》遺跡（山王林遺跡の北西）は一三軒すべてがB型Ⅱである。宇津木向原遺跡の場合は四七軒中B型Ⅱ：二二軒、B型Ⅲ：一五軒、C型Ⅰ・Ⅱ：各五軒でA型もB型Ⅰもない。さらに時期的に新しい椚田《くぬぎだ》丘陵上の神谷原《かみやはら》遺跡は一三六軒中B型Ⅱ：一〇軒、B型Ⅲ：三六軒、C型Ⅰ：五〇軒、C型Ⅱ：四〇軒でC型が三分の二を占めており、この地方の弥生時代後期中ごろから古墳時代前期にかけての生活場所や集落規模を示している。

これらについては、一九八二年に『多摩考古』第15号に「南関東における弥生時代竪穴住居の平面形」という題で発表し、翌年六興出版から出た『古代の土木設計』にくわしく書いたので省略するが、このあと、円弧連結形住居と同じ形の環壕集落が神奈川県から発見されているのを知って驚いた（**図84**）。一九八四年から翌年にかけて調査がおこなわれた横浜市港南区の殿屋敷遺跡群C地区で明らかになったもので、弥生時代後期中ごろのムラである。環壕の南側が内側に入りこんでいるのは、地震や豪雨で崩落があって掘りなおしたもので、当初は破線で書いた位置であったろう（『横浜市港南区殿屋敷遺跡群C地区発掘調査報告書』一九八五年、同調査団、担当河合英夫・田村良照）。

この測量図を使って隅円半径の中心点を求め、X字直径の交点を中心にして円を描くとかなりよく四隅の弧に接した。中心角は六〇度で、原円半径と隅円半径の長さを下のスケールから算出すると四三メートルと二八メー

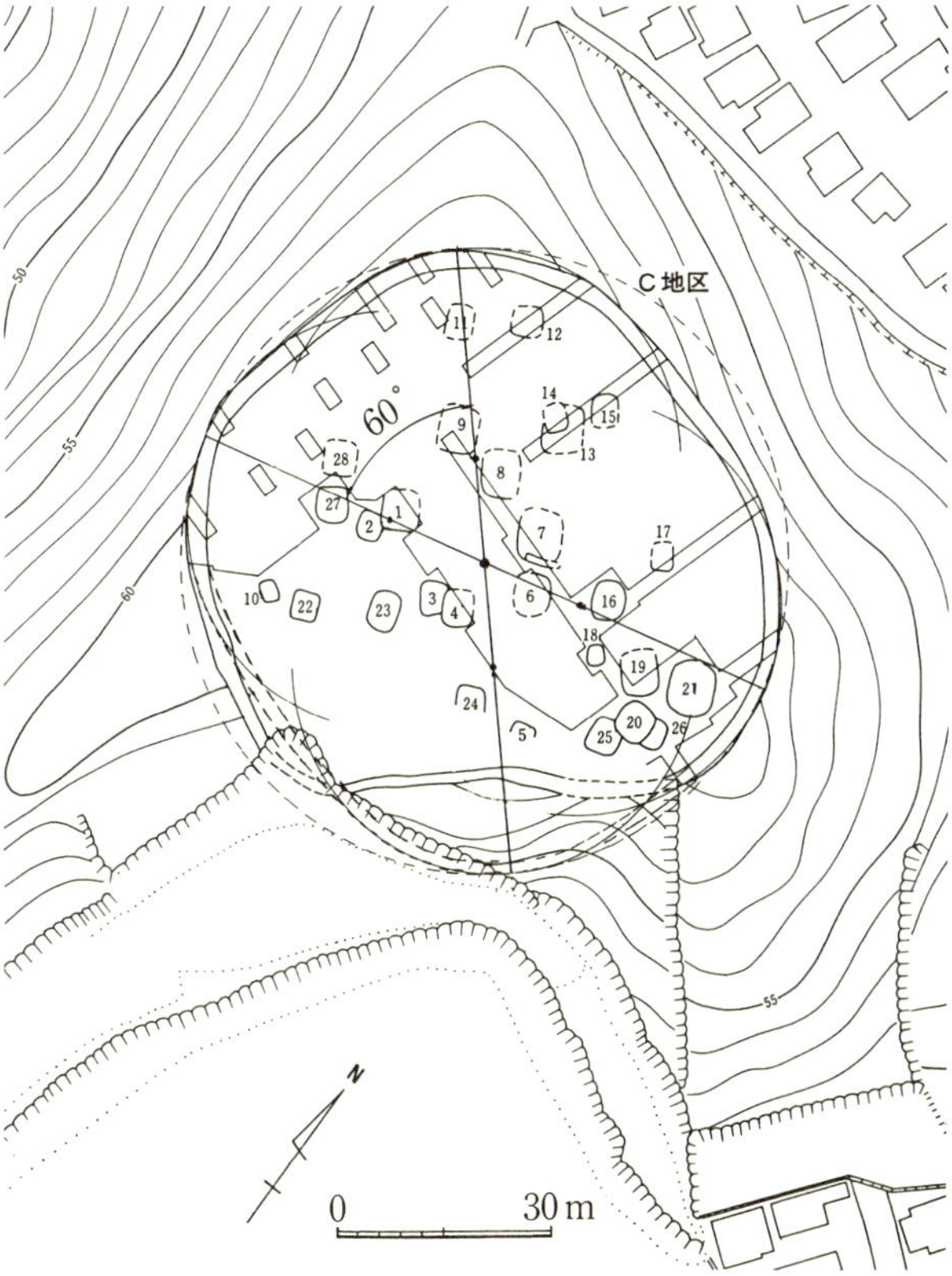

図84 竪穴住居と同じ平面形の環壕をめぐらした弥生時代後期の集落（原図は『横浜市港南区殿屋敷遺跡群C地区発掘調査報告書』より）

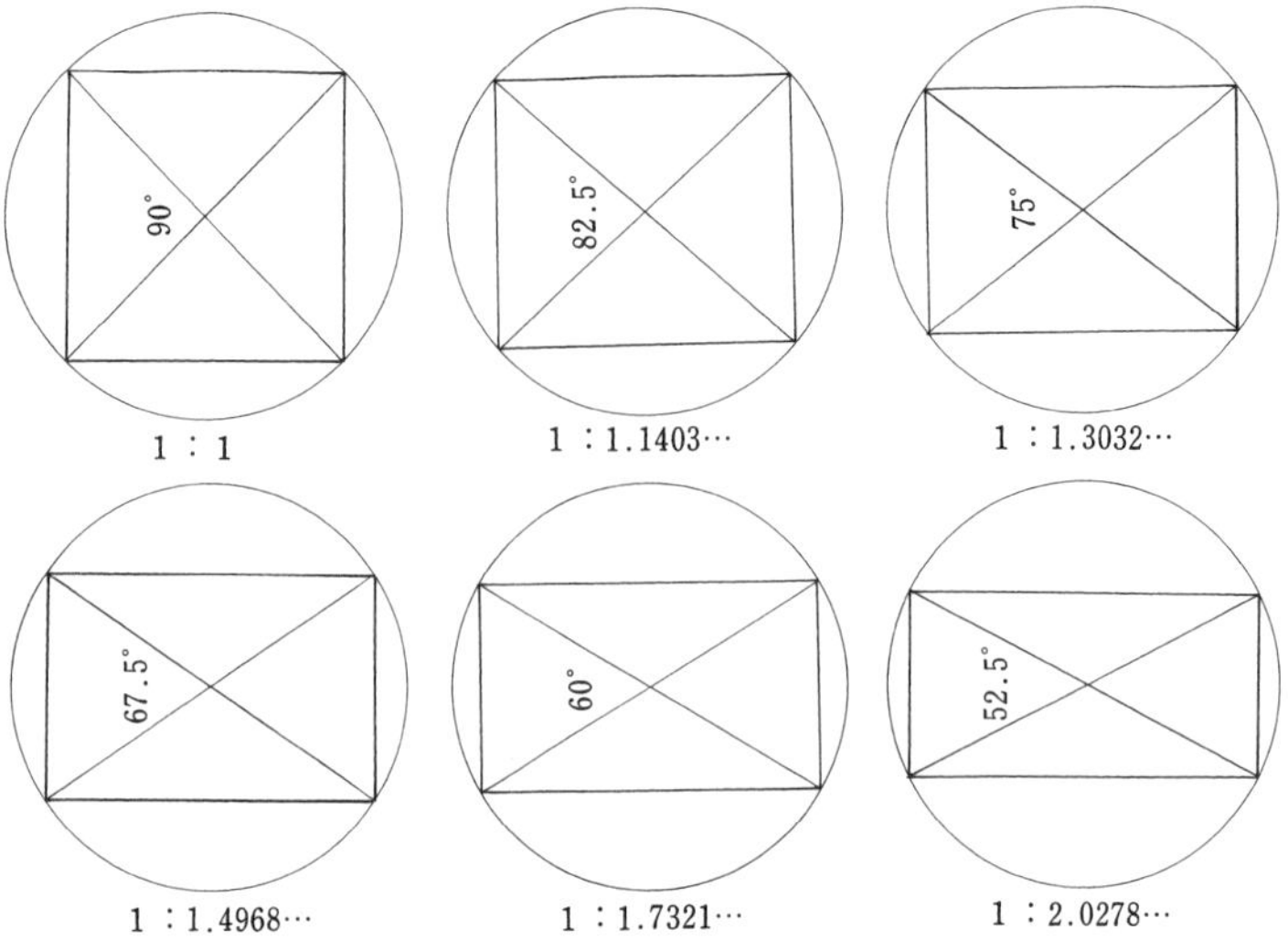

図85　中心角による長方形の規格化

トルになった。戦国・前漢尺数にすると一八六・一尺と一二一・二尺であり、これを歩《ぶ》の単位になおすと一歩は六尺であるので原円半径三〇歩＋六・一尺（一・四メートル）、隅円半径二〇歩＋一・二尺（二八センチ）になる。隅円半径が原円半径のちょうど三分の二であり、連結半径の中心点が円周上にあるので、典型的なB型Ⅰの竪穴住居と同じ平面形の環壕集落である。

中心角による長方形の規格化

胴張り隅円長方形住居の直線化が進んでC型の隅円長方形住居になっても中心角が使われていることから、その後の長方形住居にも使われたかもしれないとおもった。現在では長方形をつくるとき、短辺を一として長辺をその一・二倍とか、一・五倍とか、二倍にするが、地面に円を描いて二本の糸か紐で中心角を決めてX字形直径に張り、円周との四交点を直線で結べば長方形ができる。大きな集落遺跡の竪穴住居群に中心角が直角の正方形住居のほかに数種類の同形とおもわれる長方形住居がみられるのは、おそらく中心角で長方形を規格化したものであろう。

図85は円の二四分角（一五度角）と四八分角（七・五度角）の単位で規格化したもので、前者は九〇度、七五度、六〇度の長方形、後者は八二・五度、六七・五度、五二・五度の長方形ができ、四八分角もよく使われている。参考までに短辺を一とした長辺の比の算出値をのせたが、六七・五度角と五二・五度角の比をみてもらいたい。前者は1：1.4968…で1：1.5に、後者は1：2.0278…で1：2にきわめて近く、短辺を一として長辺を決めたとおもってしまうであろう。円と方は形が大きく異なるが、円のX字形直径は方形や長方形の対角線であり、その交点は中心点であるので両者は親縁関係にあるといえる。

円と中心点・天円地方観・心柱めぐり

弥生時代にはいろいろな円図形がみられ、この時代の特色の一つである。その具体例はここでは省略するが、壺などの装飾に好んで使われた木葉文はそのシンボルといえるものである。この文様は木の葉をモチーフにしたものではなく、X字形直径と円の分角や垂直二等分線を立てるときに使う円弧による幾何学文様にちがいない。そして、円と中心点は当時の人びとの生活、観念、思想、信仰、習俗などのなかに入っていたと考えられ、大陸文化の影響によるものであろう。

円は中心点からすべての点が等距離にある完全図形で、ヒモがあれば容易に描けるため、人類の遠い時代から描かれ、古代ギリシアで幾何学の対象になって発達した。同じように中国やインドでも発達し、中国では戦国時代から発達して漢代に開花した。また、円は正方形とともに天円地方の宇宙観になり、円の中心点と正方形の対角線の交点（中点）は天心と地心であり、両者を結ぶ柱や橋が考えられた。これは天神と地神が行き交う通路であり、神を一柱、二柱と数えるのはそのためであろう。そして、弥生時代には地上に円を描いて中心点に柱を立てて神を招き、周囲をめぐった祭りや儀礼があったようにおもわれる。時代が下がるが、記紀神話の男女二神（伊邪那岐命・伊邪那美命）が天の御柱の周りを回って出会い、国生みをするのも、正方形プランの出雲大社に「心御柱《しんのみはしら》」があり、参拝者が社殿の周りをめぐるのもそれを継承するものであろう。

一八章　方格法の渡来と広がり

あいつぐ築造企画論

戦後の日本考古学界の顕著な特色に、前方後円墳の築造企画論があいついだことがある。もっとも早かったのは一九五〇年に発表された上田宏範《ひろのり》氏の説であり、説の数は主なものだけで一〇数説あり、一九七八年には『考古学ジャーナル』一五〇号（ニュー・サイエンス社）が、「古墳の企画性」を特集した。

このことは、考古学研究者たちの前方後円墳への関心がいかに強かったかを示しているが、その説は私の方眼設計法をのぞいて、すべて上田説と同じように後円部を正円とした立論である。上田説の魅力と与えた影響の大きさを物語るものであるが、ここでは個々の説については取り上げず、上田説については終章でくわしく述べる。

後円部をもとにした立論は、円という図形の特性と偉力から理解できるが、前方後円墳にしても前方後方墳にしても二つの図形を一体化した複合形であり、それをわざわざ切り離して後円部をもとの正円にもどし、それをもとに前方部を考えるのは誤りである。また、後円部が墳丘全体のなかで占める大きさの比率はさまざまであるのに、直径を6や8と決めて全体や各部の比を求めるのも誤りであり、二つの図形をどこでどのように連結したかを考えることが必要である。

築造企画論があいついだのは、この国にある巨大な前方後円墳を自由に研究できる時代になったことも大きな原因であったとおもう。戦前、天皇陵や陵墓参考地の測量図をみることができたのはごく一部の高名な学者に限られ、飛行機で天皇陵の上を飛ぶことも許されなかったという。それだけに、戦後初めて天皇陵などの測量図を使った上田宏範氏の研究は新鮮な魅力に満ち、研究者をはじめ多くの人たちの心をとらえたのである。

方眼設計法と「方格法」の出合い

前方後円墳が方眼を使って設計され、墳丘長の八分の一が基準単位（モジュール）であることを知ったのは、一九六九年の一一月ごろである。前方後円墳のタテ・ヨコ設計基準線の位置探しをはじめた一年数カ月後で、『信濃』第21巻第4号に「前方後円墳の設計について——畿内中後期前方後円墳の場合」を書いた年の秋である。

ふり返ってみると、タテ・ヨコ設計基準線をもとに設計法を考え、墳丘長をもとに各部の比を求めたことがよかったとおもうが、いずれも鬼高期の竪穴住居の設計研究で学んだものである。モジュールやグリット・プランという建築用語を知ったのもこの研究のなかである。

驚いたのはヨコの設計基準線がもつ重要な役割であり、複合形古墳はこの線を使って二つの図形をさまざまな大きさと形に連結し、前方後円墳の三設計型もここから生まれたといえる。また、纏向型前方後円墳は連結弧の中心点をタテ・ヨコの方眼線の交点にとって設計・作図しており、方眼が地上に拡大相似形物をつくるために不可欠な媒体であることを示している。

この方眼設計法が後漢の天文学者張衡《ちょうこう》が創始した方格法であったことを知ったのは、一二章に書いたようにジョゼフ・ニーダムの書『中国の科学と文明　第6巻　地の科学』であるが、自説を発表してから三〇年もたった二〇〇一年であり、漢代の方格法と私の方眼設計法とが二〇〇〇年近い時を隔てて出合ったのである。

「方格法」の創始者張衡と裴秀の六原則

ニーダムは『地の科学』「第二二章　地理学と地図学（d）東西における定量的地図学（5）科学的地図学・継続した中国の方格法」の最初に、「いま考えねばならない本質的な点は、ギリシア人の科学的な地図学があたかもヨーロッパの舞台から消えつつあったときに、違った形の同じ科学が中国人の間で育成されはじめたということである。（中略）あのティルスのマリヌスと同時代の張衡（＋七八～＋一三九）の仕事のなかから生まれたのである。」（海野一隆訳）と、中国漢代の地図の世界史的重要性と方格法の創始者張衡の名をあげている。張衡が天地に座標の網をかけ、それをもとに計算したことや地図の作成に没頭し、一一六年に「地図」を皇帝に献呈したことも記しているが、張衡以上に晉代の地図学者裴秀《はいしゅう》についてくわしく書いている。裴秀はフランスの中国学者シャヴァンヌ（一八六二～一九一六）から「中国科学的地図学の父」と呼ばれ、初代の皇帝から若くして建設大臣に任命されている。古い地図や文献の批判的研究をして『禹貢《うこう》地域図』を作成し献上したが、その序文のなかに地図の作成にあたって遵奉しなければならない六原則を記している（『晉書』巻三十五）。

一、目盛りのある区分（分率）
二、方格（準望）
三、直角三角形の辺を歩測すること（道里）
四、高低（高下）

五、直角・鋭角（方邪）
六、曲線・直線（迂直）

分率は地図の縮尺、準望（方格）は二次元における平行線で各部分の関係を正しく描く方法、道里は歩いて行けない間隔を測る方法であり、それぞれの重要性についてのべたあとに、「しかしこれらすべての原則の組み合わせによって作成された地図を検討すれば、真の距離の比例表現が方格によって決められていることを知る。また関係位置の真実性は直角三角形の歩測した辺（道里）の使用によって達成され、度数の真の比例は高下・方邪・迂直の決定によって再現される。」と書いている。

裴秀がめざした地図はフランスのシャヴァンヌの称賛にふさわしいものであろうが、三章に書いた馬王堆《まおうたい》三号墓発見の地図は三〇〇年もさかのぼるものであり、九六センチ四方の帛布《はくふ》に約四〇〇里四方の県級居住地間距離が一〇里を一寸（一八万分の一）に縮尺して描かれているという。驚くべき精度をもった古代地図であり、すでに方格を使った正確な測地と地図化がおこなわれていたことを示すものである。紙の発明者とされる後漢の蔡倫《さいりん》（生没年不明）より古い時代の遺跡から紙が発掘されているように、古代の発明は歴史に名をとどめた発明者の年代よりさかのぼるのであろう。なお、裴秀の活躍期は三世紀中ごろ以降でわが国古墳時代の初期、張衡は後漢の中ごろの人で弥生時代後期にあたる。

「方格法」の渡来期

方格法のわが国への渡来は、裴秀の活躍期にはすでに纒向型前方後円墳がつくられているのでこの時期よりも早く、三世紀の初めか二世紀後半ごろまでさかのぼりそうである。現在はここまでしかわからないが、複合形古墳の出現を渡来期とみてよさそうである。その理由は、古墳には円墳や方墳のような単一形古墳と前方後円墳や前方後方墳のような複合形古墳があり、単一形古墳は半径や辺の長さを変えるだけでさまざまな規模の拡大相似形を地上に作図できるが、複合形古墳は方格盤か方格布に設計し、それをもとに基準単位の長さを一〇〇倍、数一〇〇倍して地上に拡大相似形化しなければならないからである。とくに後円部側が正円でない纒向型前方後円墳の場合は、タテ・ヨコ設計基準線や方格線の交点を使ってきちんと設計・作図しないかぎり、正確な拡大相似形化がむずかしい。そのむずかしい纒向型前方後円墳が古墳時代の開幕期につくられ全国的に広がったのであるから奇異な現象であり、方格法の渡来を考えないではいられないのである。弥生時代から古墳時代への急速な変化も同様である。

「方格」という言葉は青銅鏡の方格規矩四神鏡の様式名から知っていたが、身辺の国語辞書にのっていないため、「方格法」がこの国で果たした大きな歴史的役割など知るはずもなかったが、早くから方眼設計法に気づいていたので漢代の方格法に結びついたのである。ニーダムは地上に大きな方格の網をかぶせてそのなかの地物の位置関係・形状・規模などを測り、小さな方格に縮小図化した地図を称賛したが、わが国では小さな方格の上に複合形古墳を設計し、地上に大きな方格を使って巨大な拡大相似形物をつくりだしたのである。

私と方格図法

私が方格法という言葉を八、九年前まで知らなかったように、知らない人が多いとおもうが、子どものころ方眼（方格）を使って映画スターの写真や地図を拡大したことがないだろうか？　これが方格図法であり、漢代の発明だったのである。

私の最初の方格図法との出合いは小学校二、三年生のときである。学校からの帰り道に映画館の前を通ると看板屋が入口の上に飾るスターたちの大きな看板を描いていたのである。立ち止まってみていたが、看板屋は映画雑誌から切り取ったような写真ページをタテ・ヨコの線で覆い、それをみながら描いていた。看板のほうはかなり描き進んでいて線はあまり残っていなかったが、こうした方法で写真や絵を拡大することを知った。中学校に入ってからは、地理の時間に地図帖に鉛筆で方眼線を引き、全紙大の模造紙にも同じように方眼線を引いて拡大した記憶がある。

青年期には、ロダンやブルデルなどの彫刻が最初から現在みるような大きさにつくられたのではなく、小さい原作に大きく拡大するための印（方眼線の交点の部分）をつけてつくったことを知った。さらに考古学をはじめてからは、縄文時代の石囲い炉や配石遺構の上に水糸を二〇センチ間隔でタテ・ヨコに張り、それをもとに方眼紙に縮小作図した。また、八王子城跡の御主殿地東側に残る石垣跡を水糸・錘球・モノサシ・白墨などを使って方格で覆い、実測した。

このように小学校の二、三年生のとき以来さまざまな方格図法との出合いがあったが、ニーダムの書を読むまでそれが人類に貢献した発明であることに気づかなかった。媒体で目立たないうえに身近すぎたためであろうが、大きな見落としであった。

すこしわきにそれるが、方格法がつくりだした造形美に空からみた古墳がある。セスナやヘリコプターに乗って三〇〇メートルぐらい上空からみる前方後円墳はじつに美しく、周濠に水をたたえた保存状態がよい古墳はとくにすばらしい。二七年前のことになるが、ＮＨＫの「歴史への招待」〝前方後円墳の謎〟で、高名な建築家が「古代人は鳥のように空からみられないのにどうしてこのようなものをつくることができたのだろうか？」と言うのをすぐそばで聞いた。そのとき、「建築家がなぜこんなことを？　古墳を空からみるのは設計者が方眼設計盤に墳形をデザインする視角と同じではないか！」とひそかにおもったが、こうした言葉が建築家の口をついて出るほど美しく、空からみる前方後円墳はまさに方格法がつくりだした造形美の傑作である。

組み合わせ使用と複合形文化

方格法とは直接関係がないが、弥生時代から古墳時代への変化のなかに器物の組み合わせ使用と複合形の尊重がある。いずれも大陸文化の影響によるものであろうが、吉備の特殊器台と特殊壺の組み合わせ使用や複合形古墳の出現に代表される。

古墳時代に入ると、上に木器をのせたとおもわれる小型の器台形土器や下に台を置かなければ安定しない丸底の壺や坏《つき》（皿）がつくられ、これも組み合わせ使用である。土器からわかること以外にさまざまな組み合わせ使用が生活のなかにあったであろう。

弥生時代と古墳時代の違いを視覚的によく示しているのが壺型土器である。弥生時代の壺は底部から胴部、頸部を経て口縁部にいたる曲線と曲面の変化が連続的で美しいが、古墳時代の土師器の壺は胴部・頸部・口縁部を結合したような形である。この違いは弥生時代の壺が単一体のつくりであるのに対して、土師器の壺は各部を結合した複合体あるいは連結体のつくりといえ、美意識に大きな違いがある。なお、私が川口川下流域で掘った弥生壺は土師器の影響がないものよりもあるもののほうがやや多く、これを土師器文化の浸透現象としてとらえてきたが、胴張り隅円長方形住居の直線化現象に対応している（**図78**）。

図86は一九七二年に北京で刊行された『新中国出土文物』（中国外文出版社）のなかの戦国・漢代の銅器と陶器の壺（上段）と、西晉・東晉時代の青磁壺（下段）をスケッチしたものである。前者は胴部から口縁部まで連

続した曲面であるが、後者は胴部・頸部・口縁部を結合したようなつくりであり、弥生土器と土師器の違いと同じである。そのため、中国における変化がわが国におよんだものとおもわれるが、制作工程の違いによるものかもしれない。

図87は一九三六年と翌三七年に京都大学と奈良県がおこなった唐古池の発掘調査で出土した弥生時代前期の木製組み合わせ長脚高杯《たかつき》の実測図である。私がこの図を知ったのは一九六六年に河出書房新社から刊行された『日

図86 戦国・漢代と晋代の壺にみられる形の変化。曲面の連続的変化から非連続的結合へ。上段：戦国・漢代の銅器と陶器、下段：晋代の磁器（『新中国出土文物』中国外文出版社、1972より）

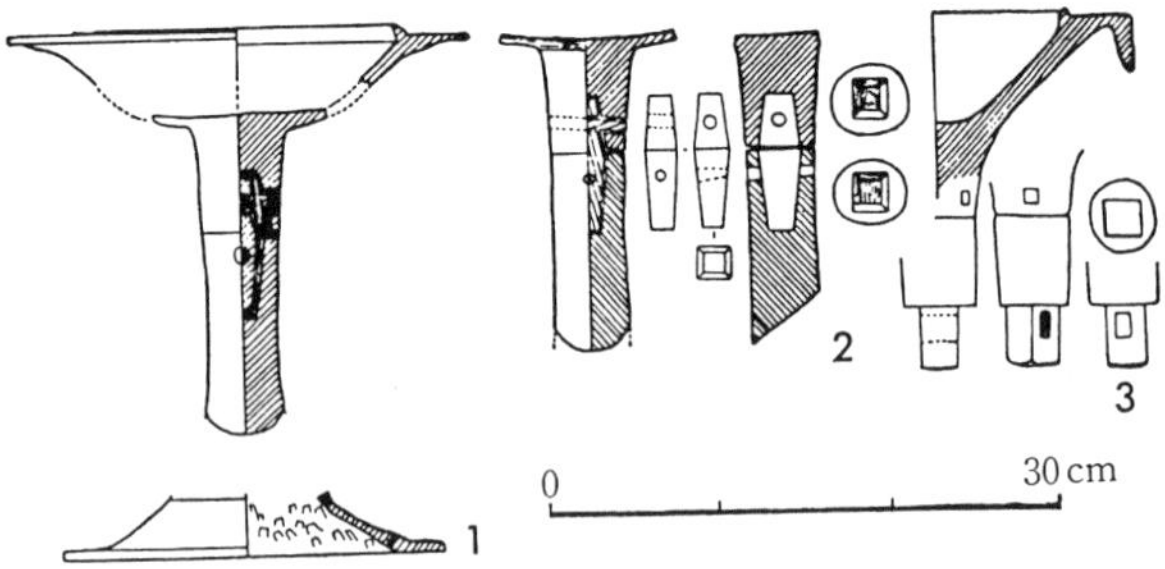

図87 唐古池出土の弥生時代前期の木製組み合わせ長脚高杯（小林行雄・末永雅雄「大和唐古弥生遺跡の研究」『京都帝国大学文学部考古学研究報告』第16冊、1943より）

本の考古学Ⅲ　弥生時代』（和島誠一編）であるが、高度な木工技術に目を見張った。図の１・２は杯部と脚台部の二部分連結、３は両者の間につなぎ部を入れた三部分連結である。枘《ほぞ》接合はすでに縄文時代の建築部材にもみられるが、１・２はともに直径四センチの両者に枘穴をあけて枘木を入れ、目釘で固定している。この高杯は杯部と脚台部をほかのものと交換して使った互換性を示す貴重な遺物であり、製作に精密な寸法と高度な技術が使われたことも示している。この地でつくられたものか、渡来品であるかは不明であるが、戦国時代末期からの目覚ましい諸技術の発達を背景としたものであろう。弥生時代はこれまで考えられてきた以上に技術が進んでいたようにおもわれるので、今後両国のさまざまな技術面からの研究が必要であろう。

終章　獲物を追う猟人のごとく

古墳の設計研究をはじめたころ

私が前方後円墳の設計法を知るためにタテ・ヨコ設計基準線の位置探しをはじめたのは一九六八年の八月である。早くも四〇年余りたったが、そのころすでにあった前方後円墳の築造企画論は上田宏範氏と甘粕健氏の二説であった。上田氏がもっとも早く、『古代学研究』第2号に「前方後円墳築造の計画性」を発表したのは、まだ戦後の混乱がつづいていた一九五〇年である。前方後円墳の型式学的研究であり、墳形の変遷研究については昭和初期（一九二九〜三六）に森本六爾・後藤守一・浜田耕作氏によっておこなわれているが、新しい方法で普遍的な広域研究をめざしたのである。そのため、戦後の考古学の開始期にふさわしい研究といえる。そのきっかけは、コナベ古墳と出合って墳形につよい興味をもったことからのようであり、師の末永雅雄氏を通して帝室林野局が大正末年と昭和初年に測量した天皇陵などの精密な測量図に接する好運に恵まれたのである。

上田説は一九六三年の「前方後円墳に於ける築造企画の展開」（橿原考古学研究所編『近畿古文化論攷』吉川弘文館）で完成し、六年後の一九六九年に学生社から『前方後円墳』が刊行されると、考古学研究者をはじめ多くの人たちに強い感銘と影響を与えた。

甘粕氏が『東洋文化研究所紀要』第37号に「前方後円墳の研究――その形態と尺度について」を発表したのは一九六五年であり、上田説にはないクビレ部に着目してその位置決定法を加えているが、学史的に重要であるのは、主要な大型前方後円墳の墳丘長から約二三センチと二五〜二六センチと三五センチの三種の中国尺を算出したことである。

私の設計法は、一九六九年三月に『信濃』第21巻第4号に「前方後円墳の設計について――畿内中後期前方後円墳の場合」を発表し、四月には日本考古学協会第35回総会の研究発表会で「前方後円墳の設計型について」の題で報告した。しかし、このときにはまだ墳丘長八分比設計に気づかず、気づいたのはその年の一一月ごろであり、翌年六月の第36回総会時の発表をめざしたが、突然の流会で、レジュメ発表しかできなかった。それもまだ未熟さがめだち、説としてほぼ完成したのは四年後の一九七三年である。同じく『信濃』で、第25巻第4号に「複合型古墳の設計――各種の古墳にみられる中心線（墳丘長）八分比設計の実例」の題で発表した。

あとになって知ったが、私が研究に着手した前年の一九六七年には秋山日出雄氏が「前方後円墳の企画性と条理制地割」（『末永先生古稀記念古代学論叢』）、櫃本誠一氏が「前方後円墳の企画に関する一試論（上）」（『関西大学考古学年報』Ⅰ）を発表しており、その後一九七二年には平田信芳氏が「前方後円墳の計測学的研究」（『鹿児島史学』18）を発表し、前方後円墳の築造企画論が使用尺論とともにあいついだ。

上田説への疑問

図88は上田宏範著『前方後円墳』の六八ページにのっている前方後円墳の部分名と計測点であり、百舌鳥《もず》古墳

群の土師古墳（ニサンザイ古墳）をモデルに使った模式図である。墳丘中軸線のBD（墳丘長）をC（後円周と中軸線との交点）でBC（後円部径）とCD（前方部長）に分け、CD上に前方部の稜線によってP点を求め、CP（前方部後長）とPD（前方部前長）とし、BCを6とする比を求め、その数値の違いを墳形変化の指標とみた。そして、PDが半径3より小さいか、同じか、大きいかで三大別し、それをA型式、B型式Ⅰ、B型式Ⅱ、

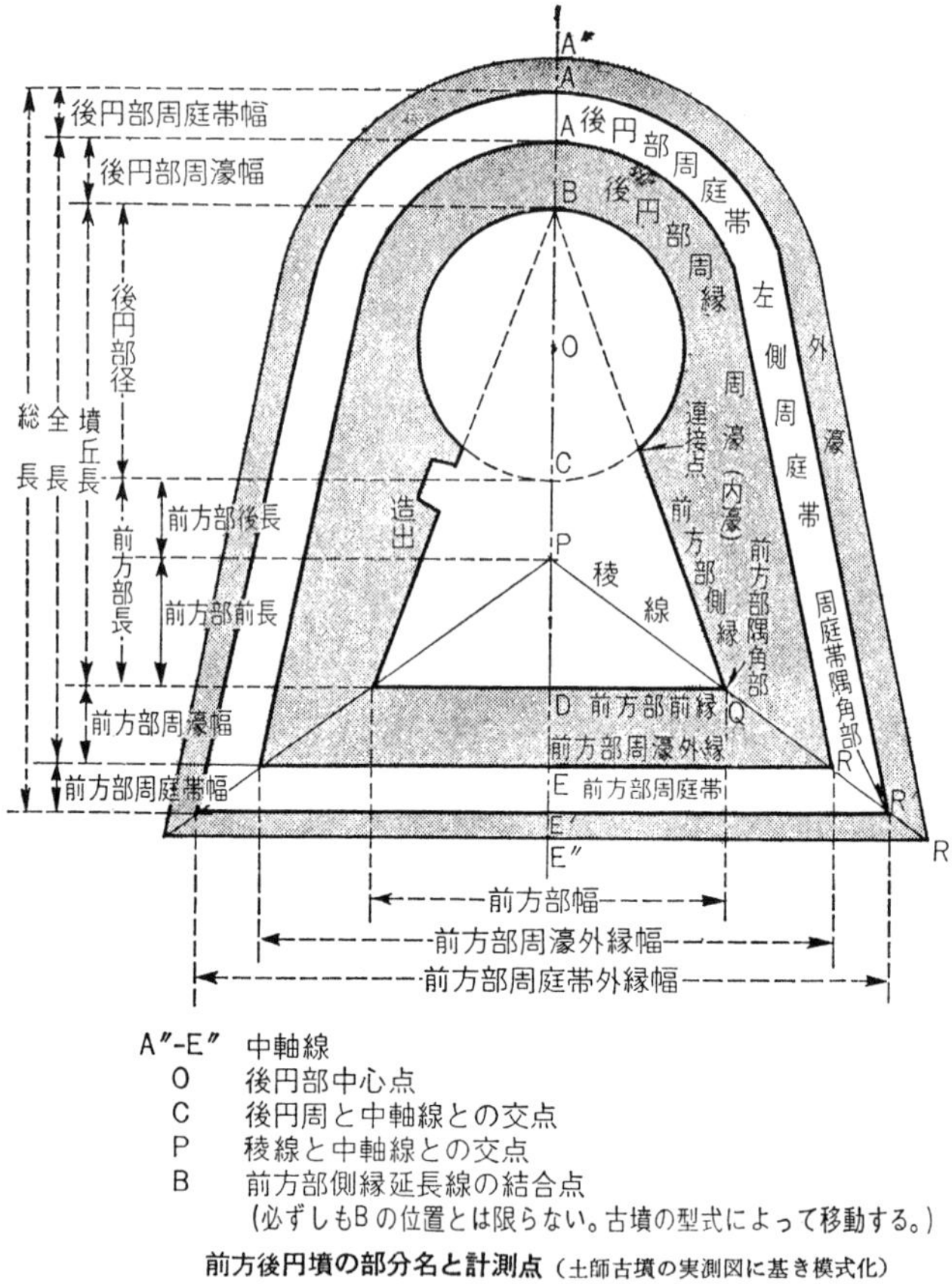

図88　上田宏範氏の説に使われた模式図と計測点（上田宏範『前方後円墳』学生社、1969より）

B′型式、C型式、D型式、E型式に分類し、各地域の分布や編年を求めた。

墳形分類はいろいろな方法があってよいとおもうが、設計して地上に拡大相似形物をつくるためにはタテ・ヨコ・高さの決定が必要である。ところが、上田説には高さはもとより幅を決める規定（ヨコの設計基準線）もなく、墳形分類を中軸線（タテの設計基準線）だけでおこなっている。そのため設計論とはいえず、私には受け入れられないものであった。

また、前方部を前後に分けるP点も、前方部の稜線がはっきりしない古墳や周濠がない古墳も多いので信じられなかった。さらに問題であるのは、後円部の直径を6とした根拠がまったく記されていないことであった。

その後、一九六八年に雄山閣から刊行された『新版考古学1　通論（上）』の「前方後円墳」のなかに上田氏が「数々の試みの結果、後円部の径BCを6とするとこれらの関係がもっとも数化しやすいことが判った」と書いているの知った。正直な記述であり、調べてみてその理由がわかった。五章の**表4**（七二〜七三ページ）の応神陵型古墳欄をみると後円部の大きさの比率を決めるCDが三・五単位の著名古墳が一〇基あるが、これらの後円部の半径はすべて二・三八三である。これは、近藤基吉都立大学教授（当時）に教えていただいたピタゴラスの定理の割出し式から算出したもので、これを二倍して直径にし、八分比を一〇分比に直すと五・九五七五…になり、6にきわめて近い。このことは上田氏が墳丘長を10として後円部の直径の比を求めたことを示しており、PDが半径3と同じB型式ⅠでCPが1であることも同じく墳丘長が10であることを示している。ところが、上田氏は後円部の比率を考えずにすべての前方後円墳の直径を6として比を求めたため、矛盾が生じて墳丘長の全数が10を離れて9〜12になってしまったのである。

円にとらわれた他説

前方後円墳の設計・企画論は一〇数説あるいはそれ以上あるが、私の知るかぎりでは他説はすべて後円部をもとにして立論している。櫃本誠一氏も「前方後円墳築造企画論の現状と課題」(『網干善教先生古稀記念考古学論集』一九九八)のなかに、「唯一、椚氏の企画論は後円部を作図上の基点の中心に据えていない」と書いており、まずまちがいない。

前方後円墳の墳形を後円部中心に考えるのは、円という図形の特性と眼球の構造からみてごく自然であり、あちこち欠けた箇所があっても目が補ってみてしまうのである。私が円にとらわれずにすんだのは鬼高期の竪穴住居の設計研究から入ってタテ・ヨコの設計基準線を重視したためであり、円と台形をどこでどのように連結したかが関心事であった。

後円部を重視する説は、測量図上で後円部側を正円に復元して立論しているが、前方後円墳の平面形は円と台形が一体化した複合形で、すでに円でも台形でもなく、両者をどのように連結したかが重要なのである。また、前方後円墳の後円部は墳丘長に対して一定の大きさではなく、帆立貝型古墳のように大きな比率を占めるものと、仁徳陵型古墳のように直径が墳丘長の二分の一しかないものもあってさまざまである。そのため、後円部の中心点の位置は後円部の大きさによって変化し、設計点にも古墳間の距離を測るのにも使えない。不変・不動の真の設計基準点は墳丘中心線の中点であり、墳丘長を直径とする円の中心点といえる。そして、この点を工事基準点としてつぎにつくる古墳の位置を決めているのである。

前方後円墳の起源説

前方後円墳の命名者は江戸時代後期に『山陵志』を書いた蒲生君平（一七六八～一八一三）である。円と方のどちらが前か？　という問題などあるが、広く使われ、よく知られている。その形体や起源については蒲生君平の宮車形象説以来多くの説があり、左記は末永雅雄著『古墳』（学生社、一九六九）の「前方後円墳起源説一覧表」の一五説をもとにし、その後知ったものを加えて一九八三年に二〇説にしたものである。なお、本書では説明しやすいように順を変えた。

①円墳方墳結合説（ゴーランド・梅原末治）
②主墳陪塚連接説（清野謙次）
③首長墓共同墓地連結説（近藤義郎）
④前方部祭壇説（梅原末治）
⑤前方部宣命場説（喜田貞吉）
⑥前方部参道・拝所説（同）
⑦円丘方丘結合説（山尾幸久）
⑧前方部首長権継承場説（水野正好・野上丈助）
⑨丘尾切断説（浜田耕作）
⑩丘阜連接説（末永雅雄）

⑪前方部森厳説（高橋健自）
⑫大陸墓模倣説（森本六爾・後藤守一）
⑬山上築墓風葬説（松本清張）
⑭陰陽冲和説（同）
⑮仏教的宇宙観説（黒川紀章）
⑯自然発生説（斉藤忠）
⑰宮車形象説（蒲生君平）
⑱盾模倣説（浜田耕作）
⑲家屋模倣説（原田淑人）
⑳広口坩模倣説（島田貞彦・上田宏範・藤田友治）

①～⑧までは、前方後円墳を二形体の結合とみてその意味を追ったもので、前方部を後円部に付随するものとして役割を論じたものが多い。⑨～⑯までは発生の契機や意図などを探った説で、⑭の松本説は陰（方）と陽（円）との結合、⑮の黒川説は須弥山《しゅみせん》（円）とインド大陸（台形）とみている。⑰～⑳までは墳形を器物の形でとらえた説である。

三〇年も前にまとめたものであるためほかにもあるとおもうが、そのころの私は中国の天円地方観による天と地を結合した形と考え、機能的には⑧の前方部首長権継承場説を支持していた。しかし、ジョゼフ・ニーダムの書で私の方眼設計法が漢代の方格法であったことを知ったことから、起源論のなかに〈方格法の渡来による大型複合形墳墓づくり〉を提言したい。

纒向型前方後円墳の援軍

研究とはそういうものなのであろうが、四〇年間一つのテーマに取り組んできて、自説というものがいかに理解されないものであるかを痛感した。在野のアマチュア研究者ではあるが、出版社から二冊も本を出してもらっていながらである。

現在私の方眼設計論もほかの一〇数説とともに棚上げ状態であり、このまま埃をかぶって忘れられていくものと半ばあきらめていたが、八、九年前おもわぬ援軍が現れた。後円部が正円でない纒向型前方後円墳と出合ったことからである。

五基や一〇基では特殊例になってしまうが、一六〇基以上あってほぼ全国的に分布していることは、検討ミスなどあっても見過ごせない事実であり、その多くが出現期のものである。このことは、後円部を正円として立論した設計・企画論を根底から揺るがすものであるが、立論者たちは纒向型前方後円墳の設計法をどのように説明するのだろうか?

これに対して方眼設計法は、方眼を使って設計・拡大することによって正円型前方後円墳と同じように地上に拡大相似形物をつくることができるのである。そして、出現期に纒向型前方後円墳がつくられ、広域に広がったのは、纒向型のほうが正円型より複合形として工夫した形であり、新しい設計法の使用しがいがあったためであろう。そしてこのことは、大陸からの方格法の渡来と使用とを示すものである。

方格法の普及は技術革新

纒向型前方後円墳のほぼ全国的な分布は方格法の普及を示し、南は鹿児島県から北は宮城・山形両県にまでつくられているのは驚くべき現象といえる。広がった原因としては二つのことが考えられ、一つは近畿の纒向勢力の権威や影響力が日本列島のほぼ全域におよんでいたこと、もう一つは日本列島の各地に大陸からの文化や技術を受容できる体制をもつ勢力があったことである。おそらく両者であったろうが、方格法の渡来期が弥生時代後期後半の二世紀末ごろか三世紀初めごろであったとすると、後者の原因のほうが強かったであろう。それにしても、この広がり方と、日葉酢媛《ひばすひめ》陵型古墳がみられない鹿児島県にまでつくられているのは、伝播の勢いの強さを示すものであり、一時的に遠隔地まで広がるような強い力が働いたことも考えられ、今後の研究課題である。

渡来した方格法は、大きな複合形古墳づくりとなってほぼ全国的に広がったが、これはわが国古代の技術革新とみることができ、死者を葬る墓としては大きすぎるものをつくったのは、当時つくることができた大きいものが土木的なものにかぎられたためにちがいない。しかし、それでも当時の人びとは驚きの目でこの墓を眺め、首長権はこの墓づくりと祭祀儀礼によって増し、墓にはおそらく「天円地方観」や、「天への柱（橋）」といったような意味づけがなされたであろう。

古墳時代を成立させたもの

古墳時代ほど時代の特色を端的に言い表した時代はない。古墳は日本列島のほぼ全域でつくられ、前方後円墳をはじめとする総数はおそらく万の単位になり、墳丘二〇〇メートル以上の巨大古墳が三〇基もある。弥生時代後期にみられた方形周溝墓、台状墓、四隅突出墓、甕棺墓などの諸墓制は、円墳と方墳をのぞいて前方後円墳を主とする複合形古墳に変わり、古墳時代になったのである。そして、一〇〇メートル級でも大きいといえる出現期古墳がやがて二〇〇メートル級になり、五世紀に四〇〇メートルをこえるものまでつくられているのは、最初から大きいものをつくることをめざしていたことを示しており、それは、いくらでも大きい拡大相似形物をつくることができる「方格法」が備えもつ機能である。そして、巨大な大山《だいせん》古墳も誉田御廟山《こんだごびょうやま》古墳も、おそらくタテ・ヨコ約三七センチ（二一・三一センチ×一六）くらいの方格盤か、一辺がその二、三倍の方格布か方格紙の上で設計されたのであろう。

巨大古墳は六世紀に入ってもつくられているが、韓半島から高度な建築・造瓦・造仏・工芸などの諸技術が渡来すると、力を傾ける対象が壮大な宮殿や寺院の造営、さらに都城建設へと変わっていく。そのため、古墳時代は土木技術中心の巨大な墓づくり時代であったといえ、それを可能にしたのが方格法とそれにともなう技術である。そのため、方格法の渡来がわが国の古墳時代を成立させたといえるであろう。

図89　大池に長大な墳丘の影を映して横たわる箸墓古墳

ふたたび纒向古墳群へ

三〇年間以上追いつづけてきた私の前方後円墳研究に新しい局面を開き、出現期の様相やその背景に気づかせてくれたのは、奈良盆地南東部の纒向古墳群である。正確にいうと、纒向型前方後円墳にも方眼を使った墳丘長八分比設計がおこなわれていることを最初に教えてくれたのは千葉県市原市の神門《ごうど》4号墳であるが、調査終了後削られ、いまは跡形もない。

纒向古墳群は、突出して大きい正円有段型の箸墓《はしはか》古墳をのぞき、ほかはすべて一〇〇メートル前後の纒向型前方後円墳である。墳丘が低いため見映えがしないが、方格（方眼）を使って後円部側を半円や過半円と弧の連結形にしているのは、高さよりも平面形を重視したのである。

石塚古墳にはじまる勝山・矢塚三古墳はつくるたびに墳形を変え、小さな二等辺三角形状にならぶ。つづく東田大塚古墳は石塚古墳から一里、箸墓古墳は東田大塚古墳から二里に位置し、ホケノ山古墳は箸墓古墳から一里、茅原大墓《ちはらおおはか》古墳はホケノ山古墳から一里であり、この三古墳も二等辺三角形状にならぶ。

このことはたまたま明らかになったことであるが、これまで弥生時代といわれてきた三世紀の初めごろからすでに方位角と戦国・前漢尺を使った古墳の位置決定がおこなわれていたのである。東アジア史の視点からみれば当然のことであろうが、私にとっては研究をはじめて以来最大の驚きであり、喜びであった。なかには保存状態が悪いものがあるが、一八〇〇年近い歳月に耐えて奇跡的に残りつづけてきたのであり、至宝ともいえる史跡である。

このことから、二五年前に試みた佐紀《さき》・盾列《たてなみ》、古市《ふるいち》、百舌鳥三大古墳群の形成過程を方位角も加えて再検討したが、古代史ドラマの一端をのぞきみることができて面白かった。また、『前方後円墳集成』のおかげで、全国各地の古墳の設計型と分布状況を知ることができた。

明治以来、学者をはじめ多くの人たちが前方後円墳という巨大な墓とこの時代の解明につとめてきた。私もその一人として四〇年間追い求めてきたが、行きついたのは、研究をはじめて一年三、四カ月後に知った方眼設計法と同じ、漢代の「方格法」の渡来であった。いうまでもなく関連諸技術をはじめさまざまなものをともなってこの国に入ってきたのであろうが。

三輪山麓に巨体を大池に映して横たわる箸墓古墳は黙して語らないが（**図89**）、この地に秘められた歴史や謎は限りなく深く、私がのぞきえたのはその一端にすぎないのであろう。

おわりに

　私は足が遅い猟人のような研究者で、ときどき道草も食い、四〇年間「古墳の設計」という獲物を追いつづけてきた。行けども、行けども原野のなかであったが、八、九年前、纒向古墳群の研究をはじめたことから突然目の前が開け、古墳時代のムラの入口がみえてきた。そして、なかから私の方眼設計法の援軍まで現れた。

　三輪山麓の纒向古墳群を序章とし、終章の末尾も纒向古墳群で結んだのはそのためであり、末永雅雄先生が一九八〇年二月にお送りくださった豪華な大冊『古墳の航空写真集』（私家版）の箸墓古墳の写真を序章の初めに掲載させていただいた。

　四〇年間の研究をまとめておきたいとおもったのは三、四年前で、若い友人に教えてもらったパソコンのキーボードをぽつん、ぽつんと打ちつづけた。ときおり、時間が味方してくれるだろうか?という心配もあったが、幸いできあがった。

　研究にあたっては原理・原則と帰納法を尊重した。四〇年間行きづまらないできたのはそのためであろうが、当時使われた方格（板・布・紙など）はもとより、モノサシも角度定木も未発見である。発見されれば大きく報道されるであろうが、モノサシで測ってつくった物はすべてモノサシの長さになり、古墳の測量図から方眼を使った墳丘長八分比設計が明らかになったように、発見されていないことは存在しないことではなく、考古学は未発見の存在物にも接近できるのである。しかし、発見されて「方格法」の渡来が実証される日が一日も早く訪れることを願わないではいられない。

はじめに書いたように、私がたまたま考古学の道に入ったのは三〇代の中ごろであるが、多くの優れた方たちに出会って学恩を受けた。直接ご指導いただいた甲野勇・藤森栄一・三木文雄先生のほかに、東京では和島誠一・直良信夫・大場磐雄先生と数学者の近藤基吉先生、近畿以西では末永雅雄・近藤義郎・森浩一・嶋田暁・伊達宗泰先生のお世話になった。また、野上丈助氏からは古墳の航空写真撮影の機会を与えていただいた。さらに、八二歳の現在まで毎号『多摩考古』に小論文を発表させていただくことができたのは、多摩考古学研究会代表の和田哲先生のおかげであり、坂詰秀一先生には長年にわたって温かいご交誼とご指導をいただいた。このほか、私の研究を励まし支えていただいた方に橋本義夫（故人）・高橋磌一（同）・色川大吉先生と陶芸家の井上郷太郎（故人）氏、妻の古世古和子（児童文学）・平井達郎・菊地幹雄・米田徳治の諸氏がいる。論文発表の場を与えていただいた金井塚良一・杉山博久両氏と、測量図と写真でお世話になった小川貴司・藤田憲司・寺沢薫三氏とともに心から感謝し、お礼を申し上げます。

本書の刊行にあたっては、三四年前『古墳の設計』を出していただいた築地書館に再びお世話になった。築地書館とのご縁は、一九七一年の春、地学団体研究会の小森長生さんから同社刊行の『国土と教育』への原稿を頼まれ、8号・9号に「古代の土木設計」という題で書いたことにはじまる。三八年前である。旧著では土井庄一郎前社長と編集者の中嶋孝二さん、本書では土井二郎現社長と編集者の橋本ひとみさんのお世話になった。本書の内容は旧著の継続・発展で一体のものであり、四氏に心から感謝し、お礼を申し上げます。なお、橋本ひとみさんの終始木目こまやかな助言・指導と、ディクションの小堀有香さんの校正によってきれいで正確な書にしていただいた喜びを書きそえておきます。

二〇〇九年三月

椚　國男

参考文献（＊印は本研究にとってとくに重要であったもの）

■単行本・報告書

藤田元春『尺度綜攷』刀江書院、一九二九
東京府『東京府下の古墳』東京府史跡名勝記念物調査報告書第十三冊、一九三六
土木学会編『明治以前日本土木史』岩波書店、一九三六
＊小林行雄・末永雅雄『大和唐古弥生式遺跡の研究』京都帝国大学文学部考古学研究報告第一六冊、一九四三
ホグベン『百万人の数学』（今野武雄・山崎三郎共訳）日本評論社、一九四五
柴田常恵・森貞成『日吉加瀬古墳』三田史学会、一九五三
＊『図説世界文化史大系15　中国（1）』角川書店、一九五八
＊ジョゼフ・ニーダム『中国の科学と文明　第6巻　地の科学』一九五九、日本版（東畑精一・藪内清監修・海野一隆・橋本敬造・山田慶児訳）一九九一
日本考古学協会『日本農耕文化の生成』1・2、東京堂、一九六〇、一九六一
＊末永雅雄『日本の古墳』朝日新聞社、一九六一
斎藤　忠『日本古墳の研究』吉川弘文館、一九六一
大場磐雄「狛江町亀塚古墳」『東京都文化財調査報告書』一五、北多摩文化財総合調査報告書　第一冊、一九六一
上田宏範・中村春壽『桜井茶臼山古墳』奈良県史跡名勝天然記念物調査報告一九、一九六一
「五領遺跡B区の発掘調査」『台地研究』第13号、一九六三
＊藪内　清『中国古代の科学』（角川新書）角川書店、一九六四

＊森　浩一『古墳の発掘』（中公新書）中央公論社、一九六五
大塚初重・梅沢重昭「東京都港区芝丸山古墳群の調査——丸山古墳の実測調査と第一号墳・第四号墳発掘調査」『考古学雑誌』第五一巻第一号、一九六五
和島誠一編「弥生時代」『日本の考古学　Ⅲ』河出書房新社、一九六六
近藤義郎・藤沢長治編「古墳時代」『日本の考古学　Ⅳ・Ⅴ』河出書房新社、一九六六
大場磐雄・内藤政恒・八幡一郎監修「原史文化」上・下、『新編考古学講座　4・5』雄山閣、一九六六
＊八王子市中田遺跡調査会『八王子中田遺跡』資料編Ⅰ・Ⅱ・Ⅲ、一九六六〜六八
＊夏見台遺跡調査団『夏見台——古墳時代集落址・工房址の発掘調査』ニュー・サイエンス社、一九六七
＊『世界歴史シリーズ3　古代中国』世界文化社、一九六八
三殿台遺跡発掘調査報告刊行会『三殿台——横浜市三殿台遺跡集落址発掘調査の記録』一九六八
上田宏範『前方後円墳』学生社、一九六九
八王子市船田遺跡調査会『船田——東京都八王子市船田遺跡における集落址の調査』一九六九
森　浩一『古墳』（カラーブックス）保育社、一九七〇
坪井清足・岸俊男編『古代の日本　5』近畿、角川書店、一九七〇
杉原壮介・竹内理三編『古代の日本　7』関東、角川書店、一九七〇
＊藪内清『中国の科学文明』（岩波新書）岩波書店、一九七〇
＊小林行雄編『論集日本文化の起源1　考古学』平凡社、一九七一
八王子市谷野遺跡調査団『鞍骨山遺跡』一九七一
原島礼二『大王と古墳』学生社、一九七一
文化財保存全国協議会『古墳発生をめぐるシンポジウム』（資料）一九七一
＊『新中国出土文物』中国外文出版社、一九七二
野上丈助『河内の古墳』羽曳野市教育委員会、一九七三
＊中央高速自動車道八王子地区遺跡調査団『宇津木遺跡とその周辺——方形周溝墓初発見の遺跡』一九七三

＊末永雅雄『古墳の航空大観』学生社、一九七四
樋口隆康『古代中国を発掘する――馬王堆・満城他』（新潮社選書）新潮社、一九七五
金井塚良一『吉見百穴横穴墓群の研究』校倉書房、一九七五
『纒向――奈良県桜井市纒向遺跡の調査』奈良県橿原考古学研究所編、桜井市教育委員会発行、一九七六
＊奈良県橿原考古学研究所編『メスリ山古墳』奈良県史跡名勝天然記念物調査報告第35冊、一九七七（伊達宗泰、墳丘報告に上田・
　梆両説のほか石部・田中・宮川・堀田説が加わる）
＊馬王堆漢墓帛書整理小組編『古地図――馬王堆漢墓帛書』文物出版社、一九七七
『稲荷山古墳――鉄剣が秘めた古代の謎』埼玉新聞社、一九七八
戸室子ノ神遺跡調査団『子ノ神』厚木市教育委員会、一九七八
＊埼玉県教育委員会『埼玉・稲荷山古墳』一九八〇
宮内庁書陵部陵墓課編『書陵部紀要所収陵墓関係論文集』学生社、一九八〇
斎藤忠・大塚初重『稲荷山古墳と埼玉古墳群』三一書房、一九八〇
金井塚良一『古代東国史の研究――稲荷山古墳出現とその前後』埼玉新聞社、一九八〇
＊森　浩一企画、寺沢　薫・千賀　久共著『日本の古代遺跡5　奈良中部』保育社、一九八〇
近藤義郎『楯築遺跡』（山陽カラーシリーズ）山陽新聞社、一九八〇
＊八王子市梆田遺跡調査会『神谷原Ⅰ』一九八一
＊奈良県立橿原考古学研究所編『磯城・磐余地域の前方後円墳』奈良県史跡天然記念物調査報告第42冊、一九八一
＊楯築墓発掘調査団「岡山県楯築弥生墳丘墓の発掘」『日本考古学協会第49回総会研究発表要旨』一九八三
＊森　浩一編『前方後円墳の世紀』（日本の古代5）中央公論社、一九八六
＊沈　仁安『倭国と東アジア』（東アジアのなかの日本歴史1）六興出版、一九九〇
＊近藤義郎編『前方後円墳集成』全五巻、山川出版社、一九九一～一九九四、「補遺編」二〇〇〇
三木文雄『日本出土青銅器の研究――剣・戈・矛・鏡・銅鐸』（全二冊）第一書房、一九九五
＊森　浩一編著『古代探求』（森浩一七〇の疑問）中央公論社、一九九八

北條芳隆・溝口孝司・村上恭通『古墳時代像を見なおす』青木書店、二〇〇〇
＊奈良県立橿原考古学研究所編『大和前方後円墳集成』学生社、二〇〇一
奈良県立橿原考古学研究所編『ホケノ山古墳』（調査概報）学生社、二〇〇一
＊近藤義郎『前方後円墳と吉備・大和』吉備人出版、二〇〇一
森　浩一『地域学のすすめ――考古学からの提言』（岩波新書）岩波書店、二〇〇二
森　浩一『わが青春の考古学』（新潮文庫）新潮社、二〇〇三
小川良祐・狩野　久・吉村武彦編『ワカタケル大王とその時代――埼玉稲荷山古墳』山川出版社、二〇〇三
＊沈　仁安『中国からみた日本の古代――新しい古代史像を探る』（藤田友治・藤田美代子訳・古田武彦解説）ミネルヴァ書房、二〇〇四
辻　秀人『ふくしまの古墳時代』歴春ふくしま文庫50　歴史春秋出版、二〇〇三
三浦基弘・岡本義喬編『日本土木史総合年表』東京堂出版、二〇〇四
椙山林継・山岸良二編『方形周溝墓研究の今』雄山閣、二〇〇五
坂詰秀一『私の考古遍歴』雄山閣、二〇〇六
坂詰秀一監修・品川区立歴史館編『東京の古墳を考える』雄山閣、二〇〇六
石野博信『古墳時代を考える』雄山閣、二〇〇七
沼澤　豊『前方後円墳と帆立貝古墳』雄山閣、二〇〇七
金井塚良一『馬冑が来た道――古代東国研究の新視点』吉川弘文館、二〇〇八

■論文1（古墳などの設計と尺度）

上田宏範「前方後円墳築造の計画性」『古代学研究』第二号、一九五〇
清水潤三「日吉普通部校庭に於ける土師出土竪穴の調査」『史学』二八巻三・四合併号、一九五九
坂詰秀一「土師竪穴建築の計画性」『立正史学』第二四号、一九六〇

尾崎喜左雄「大化二年三月甲申の詔を中心とした墓制について」『日本古代史論集　上巻』一九六二
上田宏範「前方後円墳に於ける築造企画の展開（その一）」、橿原考古学研究所編『近畿古文化論攷』所収、吉川弘文館、一九六三
＊曾　武秀「中国歴代尺度概述」『歴史研究』一九六三、三期
甘粕　健「前方後円墳の性格に関する一考察」、考古学研究会十周年記念論文集『日本考古学の諸問題』所収、一九六四
上田宏範「前方後円墳における築造企画の展開（その二）」『橿原考古学研究所論集』一九六四
三木文雄「銅鐸の形態研究」『考古学雑誌』第五一巻第一号、一九六五
＊甘粕　健「前方後円墳の研究――その形態と尺度について」『東洋文化研究所紀要』三七、一九六五
尾崎喜左雄「古墳と尺度」『考古学ジャーナル』13号、一九六六
久永春男・斎藤嘉彦「尾張・三河地方における後期古墳の横穴石室に使用された尺度について」『天神山古墳群』一九六七
秋山日出雄「前方後円墳の企画性と条理制地割」『末永雅雄先生古稀記念古代学論叢』所収、一九六七
櫃本誠一「前方後円墳の企画に関する一試論（上）」『関西大學考古学研究年報』1、一九六七
羽鳥英一・椚國男「武州八王子城出土の物尺について」『計量史研究』3・4号、上智大学計量史研究室、一九六七
八幡一郎「日本古代の尺度について」『鎌田博士還暦記念歴史学論叢』所収、一九七〇
渡部保忠「東京都中田遺跡の復元住居（続）」『考古学ジャーナル』44号、一九七〇
石部正志・田中英夫・宮川　徏・堀田啓一「古市・百舌鳥古墳群における主要古墳間の連関規制について」『古代学研究』60、一九七一
平田信芳「前方後円墳の計測学的研究」『鹿児島史学』一九七二
＊馬王堆漢墓帛書整理小組「長沙馬王堆三号漢墓出土地形地図的整理」『文物』一九七五年、第二期
上田宏範・小沢一雅「前方後円墳の型式学ならびに計測学的研究」『歴史研究』第一九四号、一九七七
白崎昭一郎「古墳の発生と展開」『東アジアの古代文化』第12号、一九七七
氏家和典「東北における大型古墳の企画性と編年」『東北歴史資料館研究紀要』第4号、一九七八
石部正志・田中英夫・宮川　徏・堀田啓一「メスリ山古墳の墳丘築造企画の復元について」『メスリ山古墳』（奈良県史跡名勝天然記念物調査報告第35冊）所収、一九七八

＊『考古学ジャーナル』一五〇号特集「古墳の企画性」ニュー・サイエンス社、一九七八
末永雅雄「古墳築造の企画性」
坂詰秀一「古墳の企画性について」
上田広範「前方後円墳の築造企画と型式学的研究」
椚　國男「前方後円墳の設計法と中国漢代の棋盤と地図」
櫃本誠一「前方後円墳の企画とその実態」
石部正志・田中英夫・宮川　徏・堀田啓一「前方後円墳築造企画の基準と単位」
梅沢重昭「毛野の古墳の系譜――5世紀型の前方後円墳の構築企画を中心にして」
平田信芳「土師部の造形理念――前方後円墳および坏の造形数値」
小沢一雅「前方後円墳の形態研究とその計数的方法の試み」『考古学研究』第25巻第2号・通巻98号、一九七八
石部正志・田中英夫・宮川　徏・堀田啓一「畿内大形前方後円墳の築造企画について」『古代学研究』89号、一九七九
櫃本誠一「前方後円墳の企画について――調査における二、三の検討」『ヒストリア』第84号、一九七九
宮川　徏「前方後円墳築造企画の「基準尺度」について」『橿原考古学研究所論集』4、一九七九
石部正志・田中英夫・宮川　徏・堀田啓一「帆立形古墳の築造企画」『考古学研究』第27巻第2号・通巻一〇六号、一九八〇
和田晴吾「向日市五塚原古墳の測量調査より」『王陵の比較研究』、一九八一
堅田　直「前方後円墳の墳丘について――築造の原則」『小林行雄博士古稀記念論文集』平凡社、一九八二
加藤　稔「最上川流域の前方後円（方）墳」『最上川』山形県総合調査会、一九八二
『季刊考古学』第3号特集「古墳の謎を解剖する」雄山閣、一九八三
大塚初重「古墳の築造と技術」
網干善教「墓地の選定と墳形の選択」
宮川　徏「前方後円（方）墳の設計と尺度」
堀田啓一「誉田山・大山古墳の特徴と土木技術上の分析」
相原俊弘「構造工学からみた古墳の墳丘」

泉森　皎「封土の積み方と葺石の敷き方」
梅沢重昭・櫻場一壽「横穴石室構築の技術」
矢野和之「建築学からみた横穴式石室」
（付）この他にも関係論文約一〇編
小沢一雅「前方後円墳の統計的形態分析」『考古学と自然科学』17号、一九八三
宮川　徏「築造企画からみた毛野の一首長墓の性格――綿貫観音山古墳をめぐって」『古代学研究』一〇〇号、一九八三
甘粕　健「古墳の造営」『講座日本技術の社会史』日本評論社、一九八四
宮川　徏「築造企画からみた前方後円墳の群的構成の検討」『橿原考古学研究所論集』6、一九八四
甘粕　健「前方後円墳の技術史」『第5回日本土木史研究発表会論文集』一九八五
宮川　徏「前方後円墳の築造企画の立体的観察」『末永先生米寿記念献呈論文集』一九八五
北條芳隆「墳丘に示された前方後円墳の定式とその評価――成立当初の畿内と吉備の対比から」『考古学研究』32-4、一九八六
西村　純「畿内大型前方後円墳の築造企画と尺度」『考古学雑誌』第七三巻第一号、一九八七
寺沢　薫「纒向型前方後円墳の築造」『考古学と技術』一九八八
会津大塚山古墳測量調査団『会津大塚山古墳測量調査報告書』一九八九
堂ケ作山古墳調査団『堂ケ作山古墳』Ⅰ・Ⅱ・Ⅲ（会津若松市）一九九一〜九六
岸本直文「前方後円墳築造企画の系列」『考古学研究』39-2、一九九二
千塚山古墳測量調査団『千塚山古墳測量調査報告』（宮城県村田町）一九九四
櫃本誠一「前方後円墳築造企画論の現状と課題」『網干善教先生古稀記念考古学論集』一九九八
＊東北・関東前方後円墳研究会第4回大会シンポジウム「前方後円墳の築造企画」（群馬大学教育学部）一九九九
梅澤重昭「毛野の前方後円墳の系譜」（記念講演）
甘粕　健「前方後円墳の造営企画論と関東・東北の古墳研究」（〃）
石部正志・宮川　徏「東北・関東の前方後円墳の築造企画試案」（基調報告）
椚　國男「方眼を使った墳丘長8分比設計」（〃）

坂本和俊「前方後円墳の築造企画検討のすすめ」（〃）
澤田秀実「前方後円墳築造企画の型式学的研究」（〃）
塚田良道「測量図の比較から古墳の系譜を考える」（〃）
黒田　晃「群馬県高崎市長瀞西遺跡の調査」
若狭　徹「保渡田八幡塚古墳――その規格」
パネラー（梅澤・甘粕・石部・椚・坂本・澤田・塚田）
沼澤　豊「墳丘断面から見た古墳の築造企画」、千葉県文化財センター『研究連絡誌』第60号、二〇〇一
沼澤　豊「前方後円墳の墳丘企画に関する研究」『考古学雑誌』第八九巻第二～四号、二〇〇五

■論文2（古墳時代一般）

浜田耕作「前方後円墳の諸問題」『考古学雑誌』第二六巻第九号、一九三六
笠井新也「卑弥呼の冢墓と箸墓」『考古学雑誌』第三二巻第七号、一九四三
小林行雄「古墳発生の歴史的意義」『史林』第三八巻第一号、一九五五
後藤守一「古墳の編年研究」、古代史談話会編『古墳とその時代』所収、一九五八
大塚初重「前方後方墳序説」『明治大學人文科学研究所紀要』第一冊、一九六二
末永雅雄「古墳文化の発達」『改訂新版図説日本文化史大系　第一巻』所収、小学館、一九六五
西嶋定生「古墳出現の国際的契機」『日本の考古学　Ⅳ』「月報」、河出書房新社、一九六六
石田茂輔「日葉酢媛命御陵の資料について」『書陵部紀要』九号、一九六七
長広敏雄「古代美術の流れ」『古代中国』世界歴史シリーズ3、世界文化社、一九六八
石部正志「百舌鳥三陵への疑義」『古代学研究』50号、一九六八
近藤義郎「前方後円墳の成立と変遷」『考古学研究』57号、一九六八
白石太一郎「畿内における大型古墳群の消長」『考古学研究』61号、一九六九

甘粕　健「横浜市稲荷前古墳群をめぐる諸問題」『考古学研究』62号、一九六九
小野山節「五世紀における古墳の規制」『考古学研究』63号、一九七〇
野上丈助「摂河泉における古墳群の形成とその特質」『考古学研究』63・64号、一九七〇
甘粕　健「武蔵国造の反乱」『古代の日本　7』関東、角川書店、一九七〇
水野正好「埴輪芸能論」『古代の日本　2』風土と生活、角川書店、一九七一
野上丈助「古墳と古墳群の理解をめぐって」『考古学研究』73号、一九七二
杉山晋作「千葉県木更津市手古塚古墳の調査速報」『古代』第56号、一九七三
橋本敬造「漢代の機械」『東方学報』京都第四六冊、一九七四
市毛　勲「前方後円墳における長方形周濠について」『古代学研究』71号、一九七四
佐原　真「青銅器の変遷」『古代史発掘　5』講談社、一九七四
栗原文蔵「さきたま古墳群の問題点」『考古学ジャーナル』一一二号、一九七五
＊田中新史「市原市神門4号墳の出現とその系譜」『古代』第63号、一九七七
橋本博文「利根川流域の古墳と豪族」『多摩のあゆみ』20号、一九八〇
王　仲殊「日本の三角縁神獣鏡の問題について」『考古』一九八一年第四期、科学出版社
白石太一郎「古墳の周濠」、角田文衛博士古稀記念『古代学叢論』、一九八三
坂本和俊「埼玉古墳群と无邪志国造」『群馬考古学手帳』6、一九九六
倉林真砂斗「畿内中枢の構造的把握」『古代学研究』一四三、一九九八
石野博信「大和・纏向遺跡と邪馬台国」『東アジアの古代文化』一二九号、二〇〇六

■論文3（著者）

「竪穴住居の設計計画」『考古学雑誌』第五二巻第四号・第五三巻第二号、一九六七
「竪穴住居の形態変化」『研究紀要』都立八王子工業高校、一九六七

「武州八王子城出土の物尺について」（羽鳥英一氏と共著）『計量史研究』3・4号、一九六七
「竪穴住居の柱穴位置」『台地研究』18号、一九六八
「土器の寸法」『考古学ジャーナル』17号、一九六八
「鬼高住居の設計について」『日本考古学協会43年度大会研究発表要旨』一九六八
「前方後円墳の設計について」『信濃』第21巻第4号、一九六九
「前方後円墳の設計型について」『日本考古学協会第35回総会研究発表要旨』一九六九
「土壙からムギ・柿などが出土した方形周溝墓」、大場磐雄・内藤政恒・八幡一郎監修『新版考古学講座4原史文化（上）』月報、雄山閣、一九六九
「前方後円墳の設計――とくに設計基準線と設計型について」『歴史地理教育』一六五、一九七〇
「古墳の設計にみられる十字形設計基準線と中心線（墳丘長）八分比設計について」『日本考古学協会第36回総会研究発表要旨』、一九七〇
「古代の土木設計」『国土と教育』8・9号、築地書館、一九七一
「胴張り隅円長方形住居の設計――とくに円の十字形直径とX字直径の問題について」『日本考古学協会第37回総会研究発表要旨』一九七一
「鬼高住居のカマドの設計」『小田原考古学研究会会報』第4号、一九七一
「古墳の立面設計とその技術的背景（1）」『考古学ジャーナル』70号、一九七二
「宇宙観で飾られた墓」『国土と教育』14号、築地書館、一九七二
「複合型古墳の設計――各種の古墳にみられる墳丘長八分比設計の実例」『信濃』第25巻第4号、一九七三
「弥生時代の円図形と中心尊重の思想について」『日本考古学協会』第39回総会研究発表要旨、一九七三
「住居址の形態と分布」、中央高速道八王子地区遺跡調査団『宇津木遺跡とその周辺――方形周溝墓初発見の遺跡』一九七三
「二子塚古墳の設計型と設計比について」、秦野市教育委員会『秦野下大槻』、一九七四
「応神陵の企画」『応神陵外郭発掘調査概要』未刊、一九七五
『古墳の設計』築地書館、一九七五

「弥生・古墳両時代における土木設計法と地割の単位について」『古代学研究』75号、一九七五
「前方後円墳の設計法と中国漢代の棋盤と地図」『考古学ジャーナル』一五〇号、一九七八
「コンピュータを使った前方後円墳の類似度研究を読んで――小沢論文の疑点と相似図形への考察」『考古学研究』第26巻第1号・通巻101号、一九七九
「八王子市犬目甲原遺跡の方形周溝墓と竪穴住居群の調査報告」『多摩考古』14号、一九七九
「前方後円墳の設計型から見た武蔵国の成立過程」、色川大吉編多摩史研究会論文集『民衆文化の源流――東国の古代から近代へ』、平凡社教育産業センター、一九八〇
「前方後円墳の設計法と築造の契機」『歴史公論』54号、雄山閣、一九八〇
「前方後円墳の濠形変化」『小田原考古学研究会会報』第9号、一九八〇
「武蔵国の古墳」『古代を考える』25号、古代を考える会研究発表記録、一九八一
「南関東における弥生時代竪穴住居の平面形――川口川下流域遺跡群二十年間の調査結果より」『多摩考古』15号、一九八二
「設計法からみた箸墓古墳築造の画期」、小野忠煕編『高地性集落の総合的研究』雄山閣、一九八三
『古代の土木設計』六興出版、一九八三
「弥生時代（三章）・古墳時代（四章）」『稲城市史』一九九一
「野毛大塚古墳の設計と設計型からみた4・5世紀の南武蔵」『多摩考古』22号、一九九二
「設計型からみた畿内前方後円墳の変遷と歴史」『考古学研究』40号、一九九三
『高校生の発掘――川口川下流域遺跡群二五年間の調査』揺籃社ブックレット2、揺籃社、一九九五
「韓国の前方後円墳（設計）」『多摩考古』27号、一九九七
「奈良盆地の前方後円墳――設計型からみた古墳群の消長と歴史」『郵政考古紀要』23、一九九七
「設計型からみた前方後円墳の全国的様相――分布図から見えてきた歴史」『網干善教先生古稀記念考古学論集』一九九八
「方眼を使った墳丘長8分比設計」、東北・関東前方後円墳研究会大会・第4回シンポジウム「前方後円墳の築造企画」発表要旨、一九九九
「設計型からみた関東の前方後円墳――その様相と歴史への接近」『多摩考古』30号、一九九九

「弥生時代の多摩丘陵」、稲城市教育委員会『稲城市文化財研究紀要』第4号、二〇〇一
「纒向型前方後円墳の設計と箸墓古墳の出現」『多摩考古』31号、二〇〇一
「ホケノ山古墳新測量図の設計分析とその後の考察」――「纒向型前方後円墳の設計と箸墓古墳の出現」追補、『多摩考古』32号、二〇〇二
「設計法と築造位置からみた纒向古墳群」、大塚初重先生喜寿記念論文集『新世紀の考古学』、二〇〇三
「纒向古墳群にみる三世紀の測地術と箸墓古墳」『多摩考古』33号、二〇〇三
「多摩川下流域の前方後円墳」、多摩地域史研究会第13回大会『多摩川流域の古墳』発表要旨、二〇〇三
「近畿、中国・四国の纒向型前方後円墳」『多摩考古』34号、二〇〇四
「中部、九州、関東・東北の纒向型前方後円墳」『多摩考古』35号、二〇〇五
「古墳群形成の測地術と方格法の渡来」『計量史研究』(不載)、二〇〇五
「工事基準点と設計型からみた佐紀盾列・古市両古墳群の形成」『多摩考古』36号、二〇〇六
「工事基準点と設計型からみた百舌鳥古墳群の形成」『多摩考古』37号、二〇〇七
「方格法の渡来と古墳時代の成立――古墳の設計研究四〇年間の到達点」『多摩考古』38号、二〇〇八

■論文に準ずるもの(著者)

「前方後円墳は8分比で設計」『科学朝日』第37巻第2号　特集「古墳の謎を解く」、一九七七
「武蔵国の成立」『多摩のあゆみ』20号、一九八〇
「前方後円墳の形態と機能」、野口広編『図形工房』遊びの百科全書4、日本ブリタニカ、一九八〇
「測る――古墳の設計」『教科別学習大事典』別巻「数学の考え方解き方」、旺文社、一九八〇
「武蔵の古墳と争乱」『歴史への招待』12　前方後円墳の謎、日本放送出版協会、一九八一

【ヤ行】

【ラ行】

【ワ行】

【マ行】

【タ行】

【ナ行】

【ハ行】

【サ行】

事項索引

＊人名も含む

【マ行】

【ヤ行】

【ラ行】

【ワ行】

【ハ行】

【タ行】

【ナ行】

古墳名索引

＊古墳群、遺跡、設計型も含む

【著者略歴】

椚　國男（くぬぎ・くにお）

一九二六年　東京都八王子市大横町に生まれる
一九三九年　府立織染学校色染化学科に入学
一九四四年　商工省東京工業試験所に入所
一九四五年　五月入隊が九月に延びて、八月敗戦
一九四六年　春陽会展に「極楽寺境内の梅」入選
一九四九年　八王子市立第五中学校図工科教諭になる
一九五〇年　明治大学文学部地歴科地理（二部）卒業
一九五二年　都立八王子工業高校定時制社会科教諭になる
一九六一年　全日制勤務に移る。生徒の要望で考古学部をつくる
一九七六年　『古墳の設計』と文化財保護運動で第一回藤森栄一賞を受ける
一九七八年　勤務校の『百年史』の編集を終えて定年退職
一九八五年　稲城市史編集委員になる（弥生・古墳）
一九九〇年　多摩考古学研究会世話人代表になる
二〇〇六年　「国史跡八王子城とオオタカを守る会」が第七回和島誠一賞団体賞を受ける
現在　多摩考古学研究会世話人、日本考古学協会会員、ふだん記「八王子・雲の碑」グループ、「高尾山天狗裁判」原告団幹事、国史跡八王子城とオオタカを守る会（前代表）

主な著書　『緑がなくなるとき――ひとつの文化財保護運動の記録』（都立八王子図書館）、『古墳の設計』（築地書館）、『古代の土木設計』（六興出版）、『戦国の終わりを告げた城――八王子城を探る』（六興出版）、『高校生の発掘――川口川下流域遺跡群25年間の調査』（揺籃社）、『土の巨人――考古学を拓いた人たち』多摩歴史叢書4（たましん地域文化財団）、このほか論文・報告書・共著など多数。

現住所　〒一九二―〇〇四二
東京都八王子市中野山王二―一七―六

方格法の渡来と複合形古墳の出現
古墳時代の成立とは

二〇〇九年五月一五日初版発行

著者――椚　國男
発行者――土井二郎
発行所――築地書館株式会社
東京都中央区築地七-四-四-二〇一　〒一〇四-〇〇四五
TEL〇三-三五四二-三七三一　FAX〇三-三五四一-五七九九
ホームページ＝http://www.tsukiji-shokan.co.jp/
印刷・製本――シナノ印刷株式会社
装丁――吉野　愛
 ISBN 978-4-8067-1378-4